足球运动
解剖学

—— 第②版 ——

[英] 唐纳德·T.柯肯德尔　　亚当·L.塞耶斯　　著
（Donald T. Kirkendall）　（Adam L. Sayers）

李海鹏　译

人民邮电出版社

北京

图书在版编目（CIP）数据

足球运动解剖学 / （英）唐纳德·T.柯肯德尔
(Donald T. Kirkendall)，（英）亚当·L.塞耶斯
(Adam L. Sayers) 著；李海鹏译. — 2版. — 北京：
人民邮电出版社，2023.7
　ISBN 978-7-115-52834-6

　Ⅰ. ①足… Ⅱ. ①唐… ②亚… ③李… Ⅲ. ①足球运
动—运动解剖 Ⅳ. ①G843.14

中国版本图书馆CIP数据核字(2019)第290086号

免 责 声 明

　　本书内容旨在为大众提供有用的信息。所有材料（包括文本、图形和图像）仅供参考，不能用于对特定疾病或症状的医疗诊断、建议或治疗。所有读者在针对任何一般性或特定的健康问题开始某项锻炼之前，均应向专业的医疗保健机构或医生进行咨询。作者和出版商都已尽可能确保本书技术上的准确性以及合理性，且并不特别推崇任何治疗方法、方案、建议或本书中的其他信息，并特别声明，不会承担由于使用本出版物中的材料而遭受的任何损伤所直接或间接产生的与个人或团体相关的一切责任、损失或风险。

内 容 提 要

　　本书以四色解剖图讲解足球运动的力量训练，包括国际足联热身运动、核心训练，背部和髋部、腿部、肩部和颈部、胸部、上肢训练，以及针对足球的全身训练。每个训练展示了动作分解步骤和参与的肌肉，以及这些训练如何从根本上与足球运动表现联系起来。本书还包括运动中的足球运动员和足球运动损伤预防的相关内容。本书适合足球运动员、足球教练及足球运动爱好者阅读，可以帮助读者有针对性地进行力量训练，从而有效提升运动技能并预防损伤。

　◆　著　　　[英] 唐纳德·T.柯肯德尔（Donald T. Kirkendall）
　　　　　　　[英] 亚当·L.塞耶斯（Adam L. Sayers）
　　　译　　　李海鹏
　　　责任编辑　裴　倩
　　　责任印制　彭志环

　◆　人民邮电出版社出版发行　　北京市丰台区成寿寺路 11 号
　　　邮编　100164　电子邮件　315@ptpress.com.cn
　　　网址　https://www.ptpress.com.cn
　　　中国电影出版社印刷厂印刷

　◆　开本：700×1000　1/16
　　　印张：16　　　　　　　　　　　2023 年 7 月第 2 版
　　　字数：132 千字　　　　　　　　2023 年 7 月北京第 1 次印刷

著作权合同登记号　图字：01-2014-4932 号

定价：88.00 元

读者服务热线：(010)81055296　印装质量热线：(010)81055316
反盗版热线：(010)81055315
广告经营许可证：京东市监广登字 20170147 号

谨以此书，献给想要不断进步的
年轻球员和教练们。

新版序

　　本书第 1 版名为《足球运动系统训练》，于 2014 年首次出版。本书针对足球运动，以四色解剖图辅以运动原理讲解，从运动中足球运动员、FIFA 热身运动、上肢及颈部、胸部、背部及髋部、腹部、下肢到全身训练等，分门别类地提供了足球运动中各个动作需要运用的肌群的科学锻炼方法，帮助读者有针对性地进行肌肉训练，有效提升运动技能。因此，本书受到了广大读者的认可。为了更直观地呈现图书定位和特点，本书第 2 版书名更名为《足球运动解剖学》。

　　最后，如本书仍有疏漏或尚需改进之处，敬请同行专家及广大读者指正。

资源与支持

配套服务

扫描右侧二维码添加企业微信：

1. 加入交流群。

2. 不定期获取更多图书、课程、讲座等知识服务产品信息，以及参与直播互动、在线答疑和与专业导师直接对话的机会。

前言

　　贝利（Pelé）将足球称为"美丽的运动"，球迷们数十年来都认可这个简单的评论。足球之美首先在于技术。"美丽"在于不可思议的进球，例如 1998 年世界杯上丹尼斯·伯坎普（Dennis Bergkamp）在第 89 分钟时的进球，或者 2006 年世界杯上马克西·罗德里格斯（Maxi Rodriguez）在禁区右侧用胸部停球并用左脚凌空远射完成的进球。"美丽"在于以完美的节奏突破对手的防线，我们往往可以在克罗地亚球员卢卡·莫德里奇（Luka Modric）、比利时球员凯文·德布鲁因（Kevin De Bruyne）或法国球员保罗·博格巴 （Paul Pogba）身上看到这些精彩的表现。"美丽"在于单枪匹马直捣黄龙，例如迭戈·马拉多纳（Diego Maradona）在 1986 年世界杯上，以一己之力过掉 5 名英格兰防守球员破门得分，成为永恒的经典，或者近些年利昂内尔·梅西（Lionel Messi）在比赛中完成的不可思议的进球。"美丽"还在于石破天惊的远射破门，例如保罗·布赖特纳（Paul Breitner）在 1974 年世界杯上的远射，以及 2015 年女足世界杯决赛场上卡莉·劳埃德（Carli Lloyd）充满创意的中场吊射。

　　足球之美还在于精妙的战术。在 2006 年世界杯上，阿根廷对阵塞尔维亚时上演的 25 脚传递后进球；在 2009 年国际足联联合会杯决赛上，美国对阵巴西时的闪电长传进球；以及在 1970 年世界杯上，巴西对阵意大利时的第 4 个进球，至今仍被认为是集合了团队合作精神、技术和战术的精彩呈现。

　　足球和其他团体性运动的目标一样：获得比对手更高的分数。这个看似简单的目标其实非常复杂。为了获胜，一个球队所呈现出的体能、技术、战术和心理素质都必须优于对手。只有集合了所有这些要素，足球才是"美丽的运动"。当其中某一方面与其他方面不协调时，即使球队能够在赛场上拥有掌控权，最终仍可能输掉比赛，正如英国人所说，"他们踢得很好，输得也漂亮"。

　　足球与棒球一样，受某些顽固思想的束缚，如"我们之前从未如此做过，但还是取得了胜利。为何要做出改变呢？"，或者"我从未这样踢过球"。随着比赛对体能和战术要求的提高，这种思想必然会束缚足球的发展。

　　足球运动是如何向前发展的呢？例如，关于比赛跑动距离的早期报道指出，20 世纪 70 年代中期的英国专业运动员（来自埃弗顿足球俱乐部）的平均跑动距离为 8 500 米。目前，这项数据为 10 000 ~ 14 000 米。据报道，相对于男性足球运动员，女性足球运动员虽然心脏较小、血红蛋白水平较低且肌肉质量较轻，但每场比赛的平均跑动距离也可以达到 10 000 米。随着足球比赛对抗强度的不断提高，快速跑动的距离和攻防回合数也在不断增加。对于我们这些常年关注足球运动的球迷来说，近年来职业足球运动员击球的力度也逐渐增大。

其实，足球所带来的益处不仅在于竞技层面。有证据表明，在保持健康和治疗特定慢性病方面，儿童、成年人和老年人（70 岁以上年龄段）定期参加足球运动，可以获得与慢跑等传统有氧运动一样的效果。在大多数情况下，定期参加足球运动给身体带来的好处，要大于跑步或参加一些健身课程。参加足球运动的好处有以下几个：①稳定甚至降低血压；②改善心血管结构，增强心血管功能；③增强身体燃烧脂肪、代谢葡萄糖的能力；④强健骨骼；⑤降低体重。这些好处都在 2 型糖尿病患者、代谢综合征患者、超重者及部分癌症患者身上得到了验证。因此，参加足球运动能给人们的身体带来诸多益处。

包括美国在内的部分国家一直忽略力量训练对提高足球竞技水平的作用。同时，足球运动员也倾向于认为，任何超过足球场长度的跑动都是不必要的；同时，他们抵触任何与足球无关的训练，全身心投入足球专项训练中。问题是，很多教练过于死板地遵循足球专项训练原则（"如果你想成为更好的足球运动员，那么就踢球吧"），同时忽略了力量训练等基础体能训练在提升足球运动表现、避免运动损伤方面的重要作用。

本书较之前版本主要增加了以下两个方面的内容。首先是在写作过程中，引入了一名优秀的教练——亚当·L. 塞耶斯（Adam L. Sayers）博士的相关理念，他根据现代足球发展趋势对训练内容提出了独到的见解。亚当·L. 塞耶斯博士在这方面有着学历及执教经验上的优势。他获得了运动人体科学的博士学位，并持有美国足球联合会（United States Soccer Federation，USSF）及欧洲足球联合会（Union of European Football Associations，UEFA）的 A 级教练证书，把美国东田纳西州立大学女足队打造成了一支常胜之师。他还是美国足球联合会运动科学团队的一员，和 U18、U19 和 U20 的女足球员一起工作。亚当·L. 塞耶斯博士的洞察力在女足球员中受到了广泛好评。其次是增加了一个新的章节，详细阐述了常见的运动损伤及其预防方法，这对于所有的足球专项训练来说都是非常重要的内容。有很多读者可能不太相信训练可以预防损伤，因此我们在第 2 章中专门对预防损伤进行了讨论，并重点介绍了常见的损伤类型及其预防方法（本书数据截至英文版成稿时）。

本书主要讲解针对足球的附加力量训练。如果训练恰当，力量的增强可以让运动员跑得更快、耐力更强、拦截抢球更有力、弹跳更高，同时避免疲劳和预防损伤。大多数足球运动员都对力量训练持否定态度，因为他们认为力量训练是在健身房中进行的且与足球无关。本书在选取训练内容时也对这一方面进行了考虑。大多数日常训练可以在球场上进行，同时部分内容也属于有球训练。

足球运动员或教练确实会对某些力量训练感兴趣，而且他们往往优先考虑腿部训练。但是，正如体能专家所言，平衡问题会影响身体各处，因为身体就像一串链条一样，准备充分的足球运动员可以协调好链条的每个环节，而非一个或两个单独的环节。此外，这些专家还指出，尽管可能有一组肌肉在某项运动中很重要，但是单独训练这一组肌肉而忽视对应的另一组肌肉，将会导致运动或关节出现不平衡。众所周知，不平衡会增加受伤的风险。人们早就知道，强壮的股四头肌和薄弱的腘绳肌会增加关节受伤的风险，有腘绳肌受伤史的运动员不仅腘绳肌薄弱，而且臀肌功能很差。同时，薄弱的腘绳肌也与下背部问题有关。在第 1 版中，我们整理了 73 个训练内容，而在这一版中，训练内容增加到 120 余个，以反映当代足球运动训练的新潮流和趋势。

很多读者都会仔细研究这些训练内容并选择有针对性的部分开展训练。虽然本书中的训练内容可以很好地弥补传统足球专项训练的不足之处，但是随着足球的发展，很多概念会不断地演变，因此先从这些训练内容开始是个不错的选择。经过科学系统的训练，一些足球运动员在比赛中的体能发挥将得到改善——这在传统的足球专项训练中很难得到解决。想要在一直参加比赛的同时保持健康且尽可能减少受伤，足球运动员就必须进行一些体能和力量训练。有些足球运动员忽视体能方面的训练但又想达到更高水平，显然是很难做到的。因此，基础体能训练虽然看起来十分简单，但是在提高竞技能力和改善比赛表现方面非常实用。

本书的独特之处并不在于提供的具体训练内容，因为其他学习资源也会提供这方面的建议。本书真正的价值在于深入阐述运动中所涉及的肌肉以及它们是如何帮助我们完成动作的。本书附带的解剖图以不同颜色来指示各项训练和运动中的主要肌群和辅助肌群。

■ **主要肌群**　　■ **辅助肌群**

通过学习本书的内容，足球运动员可以提高自身技术水平，增强力量和耐力，从而驰骋赛场。对足球运动员而言，关键是选择适合自身年龄、性别、体验和训练目标的训练，即使是年轻的足球运动员也会受益于抗阻训练。青春期前的足球运动员基本上通过增加重复训练次数和训练强度来增强力量（例如，每周 2 天或 3 天不连续地进行 2 组或 3 组 12 ~ 15 次的重复训练）。对于青春期前的足球运动员来说，最佳训练选择是利用自身体重进行抗阻训练。

抗阻训练与其他体能训练一样存在风险。随着足球运动员的成长，他们能够更好地执行、遵循和坚持正确的动作模式以减少受伤风险。通常，在使用哑铃等器材作为外部阻力时，训练的目标之一是使肌肉疲劳。使用自身体重作为阻力的训练往往以最大重复次数为目标。根据训练的目标，负荷必须因人而异且符合其年龄特征。当足球运动员可以在一组内完成目标重复次数而肌肉未达到疲劳状态时，通常可以增加 5% ~ 10% 的阻力。

训练计划的制订应该以训练目标为导向。增强局部肌肉耐力时，足球运动员应考虑多次数（每组重复 20 ~ 25 次）和低强度。肌肉横切面面积的增长是开展更高质量训练的前提，这类训练要求每组重复 10 ~ 20 次，采用中低强度。在基本的力量训练中，需要高强度（达到 80% ~ 90% 的最大强度）和较少的次数（每组重复 2 ~ 5 次）。爆发性力量训练要求更高的强度（达到 90% ~ 95% 的最大强度）和较少的次数（每组重复 2 ~ 5 次）。一般来说，足球运动员在赛季中为了保持状态，应该每周有 2 天进行中低强度、多次数的力量训练，在赛季外则应进行高强度、较少次数的力量训练。

在健身房锻炼时，安全最重要。这具体是指要有工作人员陪同；使用安全的重量或负荷；举杠铃片时，用腿部发力而不是背部；定时补充水分，同时保持正确的动作模式和姿势；穿着恰当，同时注意不要随便解开保护腰带等安全装置；填写训练日志，跟踪训练进展；量力而行，不要在关节疼痛或肌肉异常疼痛时进行锻炼，应该请教专业医生。如果你想在健身房中获得帮助，可以请教体能领域的专家（CSCS 认证）或专业私人教练（CPT 认证）。

目录

第 1 章

运动中的足球运动员

足球是一种团队运动,它不同于高尔夫球、舞蹈、游泳、自行车和跑步等个人运动。运动员在个人运动中主要关注自身表现,而足球等团队运动则涉及对手、队友和规则利用等要素。这些要素综合体现在不断变化的个人、团队及整体进攻和防守战术上。足球等团队运动与个人运动的区别还体现在,团队运动的运动员要做好一系列复杂、困难的身体和心理准备。

团队运动的准备工作包括提高技术水平、布置战术、做好心理准备和开展体能训练等。足球运动需要足球运动员做好与体能相关的各方面的准备。一个训练有素的足球运动员即使没有特别突出的某种素质(足球运动员的灵敏性一般较好),其身体素质也一般是较好的。短跑运动员必须有突出的速度,马拉松运动员必须具备强大的耐力,而举重运动员必须具备充足的力量。但是,足球运动不同于这些运动,足球运动员并不需要在身体素质的某个方面特别突出才能获得胜利。这就是足球的魅力——任何人都可以踢足球。

本章重点阐述足球运动的体能需求,除此之外,还涉及一些基本的战术。战术和体能是密切相关的。了解足球运动员之前,我们必须先了解足球比赛。是球队的战术决定了球员的体能水平吗?或者,只有具备较高体能水平的球队才可以完成更精彩的比赛吗?这是足球运动版本的"先有鸡还是先有蛋"的问题。

足球比赛

从最基本的层面看,足球比赛似乎是一场不停在运动的比赛。足球比赛一般包括两个半场,每个半场计时 45 分钟,当双方踢满 90 分钟但没有分出胜负时,可能会有 30 分钟的加时赛(在青少年足球比赛中,每个半场的时间会稍短一些)。比赛期间没有暂停时间,但是有的地方的比赛是允许停表的。虽然比赛一般不会暂停,但是实际上并非每个球员都需要不停地奔跑 90 分钟。通常,有效的比赛时间只有 65 ~ 70 分钟。所有死球的时间，如进球后中圈开球、发边线球和角球的捡球时间，有球员受伤后进行场上治疗的时间，裁判向球员出示红牌之后，被驱逐球员的下场时间等，都会计入比赛时间。如果裁判认定这些情况缩短了有效的比赛时间，那么在每个半场常规时间结束后，会酌情增加一点儿比赛时间，即所谓的伤停补时。足球比赛的其中一个魅力是，裁判是唯一知道实际比赛时间的人。注意：在美国全国大学体育协会（National Collegiate Athletic Association，NCAA）和很多高中举办的比赛中，边裁可以控制比赛时间，而且裁判可以停表。

　　足球比赛并不是持续不间断的，足球运动员也不需要一刻不停地跑动。有关足球运动的研究表明，在足球比赛中，足球运动员的运动可以描述为在较长时间的低强度活动中，穿插着短时间的高强度、最高强度甚至爆发式活动的运动。具体来说，在场上比赛的足球运动员的运动方式可以分为几个明显的动作：站立、走、慢跑、快跑和冲刺跑。快跑是带有明显目的和意图的跑动，速度介于慢跑和冲刺跑之间。速度高于慢跑的跑动有时会被进一步定义为高强度跑动和超高强度跑动，通常还结合着跳跃、侧面跑动、斜冲刺跑动和后退跑动。一名足球运动员在一场 90 分钟的比赛中，会完成 1 000 ~ 1 200 个不同的动作。足球运动员每 4 ~ 6 秒会变换一次动作。当跑动模式被这样观察时，由于计时器的存在，比赛不再被认为是持续进行的活动。相反，足球比赛涉及很多动作、速度和方向的改变。因为动作经常变化，所以足球运动员经常在敏捷性测试中表现得技高一筹，这是非常正常的现象。然而，大部分关于足球比赛的体能需求数据是基于成年男性足球运动员的相关研究得出的，虽然年轻、缺乏经验、技能水平较低的足球运动员在移动距离和移动速度方面会表现得差一些，但其在比赛中的基本跑动模式与成年男性足球运动员是相对一致的。

　　一支成功的球队，是非常善于利用空间的。足球战术可以归纳为一个简单的理念：进攻时，通过进攻阵形排兵布阵，使赛场空间变得尽可能大；而防守时，通过防守阵形排兵布阵，尽可能压缩赛场空间。这可以分为以下 4 个阶段。

- ·球队 A 获得控球权，而球队 B 并没有布好防守阵形（球队 B 正处在由攻转守的过程中）。
- ·球队 A 获得控球权，而球队 B 的防守阵形已经布好。
- ·球队 B 获得控球权，而球队 A 并没有布好防守阵形（球队 A 正处在由攻转守的过程中）。
- ·球队 B 获得控球权，而球队 A 的防守阵形已经布好。

不同的攻防战术在不同的情况下，会给场上球员的行动带来不同的影响。例如，一支以防守反击为主要战术的球队，在获得控球权后，通常会趁对方的防守阵形还未布好时立刻组织进攻；与之相反的是，一支以控球为主要战术的球队，在获得控球权后，往往会先把球稳在己方脚下而不急于发起进攻，这样对方就会有更充裕的防守布阵时间。

根据一支球队采取的比赛战术体系，教练组所制定的战术策略也会有所不同。战术策略多种多样，但都是基于球队中球员的体能水平和比赛特点而定的。在不同的比赛战术体系和战术策略中，即使是处在相同位置的球员，其在场上的角色和任务也会有巨大的差异。球员的体能水平会在不同的比赛战术体系和战术策略中给比赛带来深刻的影响。

球的运动

足球比赛的目标与其他运动一样：获得比对手更高的分数。通常，每场足球比赛的平均进球数为 1.5 ～ 2 个。通过统计大量比赛的数据我们可以发现，进球的概率非常低，射门次数与射门得分次数的比例大概在 10∶1。在 2014 年巴西世界杯中，每支球队在一场比赛中的平均传球次数是 390 次。这项数据是基于 32 支球队参加的 63 场比赛得出的。但从其中某一场比赛来看，有些球队的数据可能会让人印象深刻。例如 2017 年 10 月，在一场英格兰足球超级联赛（简称英超联赛）中，对阵双方是曼彻斯特城队（简称曼城）和西布朗维奇队，曼城在那场比赛中的传球次数达 844 次之多。足球运动的性质决定了控球权会不断转移。在 90 分钟里，一支球队大概会有 240 次控球机会，每次控球的时间为 10 ～ 11 秒。（一支球队不可能在 90 分钟里一直控球，双方球队都会获得控球权。）

球员因球被抢断、拦截传球、铲球、球出界或进球等失去控球权之前，可以短暂地控球。通过对数以千计的比赛情况进行分析，大约 40% 的控球是个人控球，而 80% 的控球涉及 4 名球员和 3 次或少于 3 次的传球（见图 1.1）。因此，很多小型足球训练活动的形式为 4 对 4：这是足球比赛的精髓。

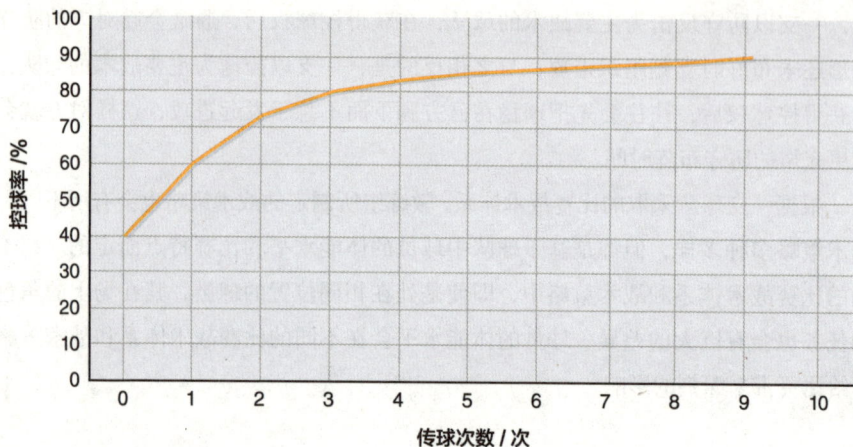

图 1.1 控球率与传球次数

如果己方在对方半场获得控球权，就应该减少传球次数，并迫使对方在接近其自身球门的区域内犯错，从而获得明显的优势。这是一个很重要的概念。在足球比赛中，进球往往并不是进攻球队一连串传球的成果，而是由对方的失误造成的。这听起来有点匪夷所思，在对方的防守端进行高位逼抢是一种重要的进攻战术。因此，足球比赛的魅力不仅包括足球运动员进行高速跑动和急停变向，而且汇集着控球权争夺和快速进攻等战术元素。

在英超联赛中，大约 80% 的球员控球时均采用一脚触球（不停球直接传球）或者两脚触球（一停、一传），几乎没有运球。此外，在英超联赛中，大约 70% 的进球都是接传球后直接破门得分，而大约 66% 的进球是在无人盯防的情况下射门得分。其他进球则来自定位球：任意球、角球和点球。将这些数据和传球次数结合起来分析可以发现，足球比赛在整体上更讲究传球而非控球，传球更多、控球更少时，比赛节奏才会更紧凑。

足球运动员身体素质的要求

多年以前，如果问一名足球运动员在比赛中的总跑动距离是多少，也许有人会回答约 16 000 米。我对此进行了简单的计算，如果说 90 分钟跑约 16 000 米，也就是 9 分钟需要跑约 1 600 米，而这其实不难。但是，通常标准的足球场地的长度约为 100 米，这意味着足球运动员必须以约 178 米 / 分的速度，在球场上完成 80 趟跑步。这显然是不太可能的事情。

　　追踪足球运动员的跑动距离并不容易。我们可以使用纸和铅笔编码系统（在比赛或者观看视频回放时）、计步器、GPS（卫星导航系统）等工具，但不管使用哪种工具，数据的获取都是高强度且费时的。随着现代电子科技的迅猛发展，统计足球运动员在场上的跑动距离的难度大大降低，准确度大幅度提高，且足球运动员在场上的比赛数据能够被实时监测。根据足球比赛体能相关研究所达成的一般共识，成年男子专业足球运动员的平均跑动距离为 9 700 ~ 13 700 米，成年女子专业足球运动员的平均跑动距离大概是 8 000 米。但也有报告显示，女子中场足球运动员的跑动距离可以达到男子足球运动员的水平，即约 9 700 米。青少年足球运动员的比赛节奏明显更慢，且比赛时间更短，因此其跑动距离会大幅度缩短。

　　鉴于足球比赛中有很多不同的节奏变化，因此跑动距离是根据跑动速度划分的。一般情况下，一场足球比赛在 1/2 甚至 2/3 的时间里，都是在较为缓慢且有氧的行走和慢跑中进行的；剩下的时间是在较快速且无氧的跑动及侧向和后退跑动中进行的。此外，跑动距离因足球运动员所处的位置不同而不同。负责中路进攻和争夺控球权的中场球员（中场中路球员）的跑动距离最长，其次是中场边路球员和边后卫、前锋，最后是中卫。相对较慢的移动有时被称为位置性跑动（移动至正确的场上位置所需的移动能力），而较快的移动被称为战术性跑动（制造得分机会所需的快速移动能力）。

　　一次高强度的冲刺可能让球队赢得或输掉比赛，因此很多顶级球队很重视速度快、技术水平高且精通战术的球员，并且明白耐力可以通过训练得以增强。通常，足球比赛中的单次冲刺距离为 9 ~ 27 米，频率为每 90 秒 1 次到每 45 秒 1 次。一个成年男子专业足球运动员的总冲刺距离为 730 ~ 910 米，尽管每次冲刺跑距离只有 9 ~ 27 米。快速跑的频率为每 60 秒 1 次到每 30 秒 1 次，跑动中的间隔时间则用于行走、慢跑或站立。

　　在 2018 年俄罗斯世界杯所有场次的比赛中，每队除守门员外，场上的其余 10 名球员的平均总跑动距离为 104.6 千米。其中，跑动距离最长的球队是塞尔维亚队，平均每场跑动距离达到了 113 千米；而跑动距离最短的球队是巴拿马队，平均每场跑动距离为 97.1 千米。将平均每场跑动距离除以 10，就可以得出一支球队除守门员外的每名球员在一场比赛中的平均跑动距离。

　　我们还可以根据球员在场上的位置，对数据进行进一步分析。国际足联技术委员会针对 2015 年加拿大女足世界杯中场上不同位置球员的跑动距离做了对比分析。分析结果显示，中场中路球员的平均每场跑动距离最长，约为 11 230 米；紧随其后的是中场边路球员，其平均每场跑动距离约为 10 902 米；其次是前锋，其平均每场跑动距离约为 10 781 米；在除守门员之外的所有场上球员中，中后卫的平均每场跑动距离最短，约为 10 012 米；而守门员的平均每场跑动距离约为 5 521 米。以中场边路球员为例，其平均每场跑动距离为 10 902 米，其中进攻时的平均每场跑动距离为 3 854 米，防守时的平均每场跑动距离为 3 635 米，还有 3 413 米的平均每场跑动距离是在死球时间完成的。

还是以中场边路球员为例，其整场的跑动距离按照跑动速度可分为以下几个阶段（有上下限数据的阶段均包含上限，不包含下限，后同）。

· 0 ~ 6 千米 / 时：2 964 米。

· 6 ~ 12 千米 / 时：4 507 米。

· 12 ~ 16 千米 / 时：1 929 米。

· 16 ~ 18 千米 / 时：534 米。

· 18 ~ 20 千米 / 时：393 米。

· 20 ~ 23 千米 / 时：224 米。

· ≥ 23 千米 / 时：351 米。

此外，按照不同的跑动速度阶段，我们可以记录场上各个位置的球员在比赛中的跑动次数、每次跑动的平均距离及两次跑动之间的恢复时间。仍然以中场边路球员为例，上述数据如表 1.1 所示。

表1.1　不同跑动速度阶段的跑动次数、每次跑动的平均距离及两次跑动之间的恢复时间

速度 /（千米·时$^{-1}$）	跑动次数 / 次	每次跑动的平均距离 / 米	两次跑动之间的恢复时间 / 秒
0 ~ 6	394	8	7
6 ~ 12	498	9	8
12 ~ 16	192	10	30
16 ~ 18	54	10	130
18 ~ 20	35	11	223
20 ~ 23	11	17	461
≥ 23	25	14	314

注：有上下限数据的速度阶段均包含上限，不包含下限。

下面是 2015 年加拿大女足世界杯金球奖得主卡莉·劳埃德的个人资料，我们可以通过这份资料，分析该球员在比赛中的表现。

· 球员：卡莉·劳埃德

· 主要场上位置：前腰 / 前锋

- 平均每场跑动距离：11 685 米
- 平均每场比赛中，以 16 ～ 20 千米 / 时的速度跑动的距离：1 214 米
- 平均每场比赛中，以大于 20 千米 / 时的速度跑动的距离：429 米
- 平均跑动速度：7.4 千米 / 时
- 平均最快跑动速度：30.1 千米 / 时

　　这些数据是通过美国全国大学体育协会的 GPS 技术获得的。在 2018 年的整个赛季中，针对比赛的监测数据显示，踢满 90 分钟的球员的平均每场跑动距离为 9 520 米。这包括了平均每场比赛中，在大于 18 千米 / 时的速度下完成的 27 次跑动，共计 428 米；以及平均每场比赛中，在大于 15 千米 / 时的速度下完成的 76 次跑动，共计 962 米。此外，球员在一场比赛中，转身变向的平均次数为 271 次，其中中后卫最多，为 375 次，边后卫最少，为 143 次。

　　不管以怎样的速度跑动，球员的生理负荷在控球时会增加 15%。因此，增加球员运动强度的简单方法就是让其多控球。控球机会较多的小型比赛（4 对 4 或者更少的对阵人数）往往比控球机会较少、球员有更多机会处于站立和行走状态的大型比赛（8 对 8 或者更多的对阵人数）更激烈。

足球运动员的生理指标

　　人们已经多次尝试描述足球运动员的生理指标。观测的基本要素是足球运动员在比赛中的心率。足球运动员慢跑时，心率会快速升高，接着在跑动过程中达到相对稳定的水平。在这种情况下，耗氧量必须与供氧量保持平衡。当慢跑的足球运动员停下来时，心率会快速下降到一个新的但仍比静息心率高的复原稳定心率水平，直到最后恢复为静息心率。图 1.2 显示了训练和恢复期间的耗氧量。

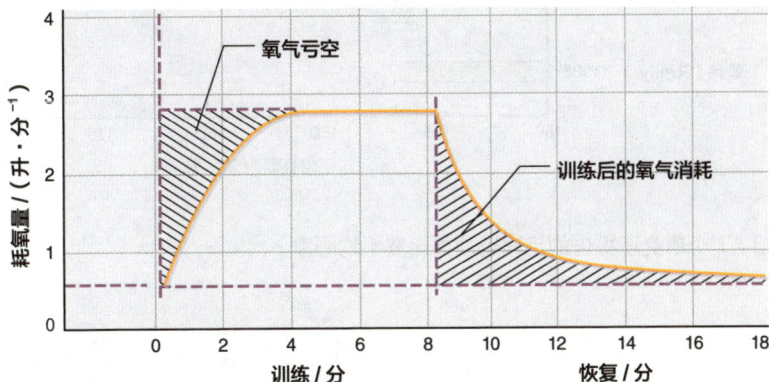

图 1.2　训练和恢复期间的耗氧量

　　足球运动员的心率在比赛中会遵循相似的变化模式，有关报道记录了不同比赛运动员的平均心率（见图1.3）。但是，随着时间尺度的增大，该模式会出现很大的差别并反映出足球比赛的间歇性特质。心率在比赛中几乎没有稳定过。较快速的跑动会使心率短暂且快速地升高，接着在恢复期间心率会快速下降（见图1.4）。大多数报告显示，成年足球运动员在比赛中的一般心率为150 ~ 170次/分，有时候也达到或超过180次/分。大多数足球运动员只发挥了75% ~ 80%的能力。根据运动心率的常见解释，足球是一项有氧运动。

　　身体强烈运动时会产生乳酸。乳酸是无氧代谢的产物。在肌肉锻炼的过程中，乳酸的形成会让人产生疼痛（灼伤）感，但在肌肉恢复过程中，乳酸会消失。乳酸的静止水平大约是1个单位，而大多数运动员所达到的乳酸水平为6 ~ 10个单位。摔跤手和桨手等无氧运动员的乳酸水平可达10个或20个单位以上。足球比赛不要求达到这样的无氧运动强度。

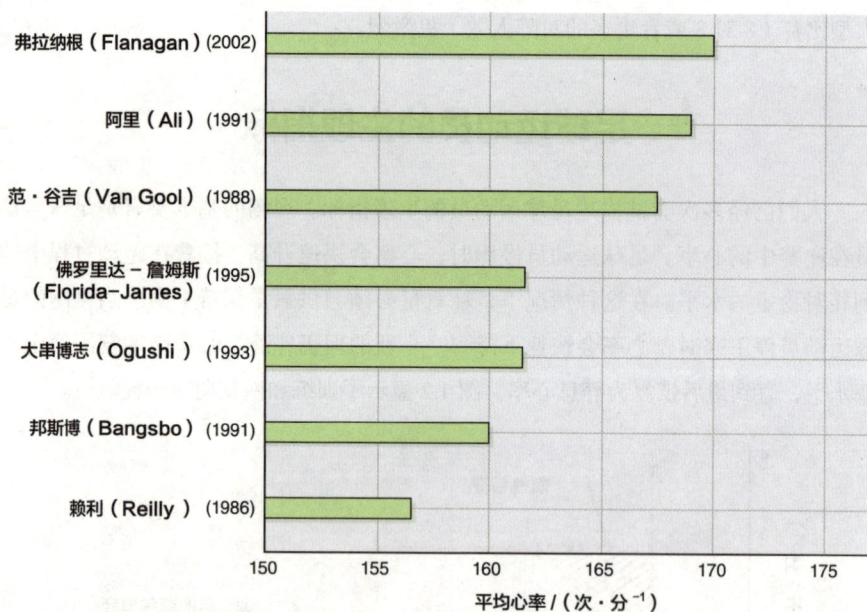

图1.3 7个研究所报告的足球运动员比赛平均心率

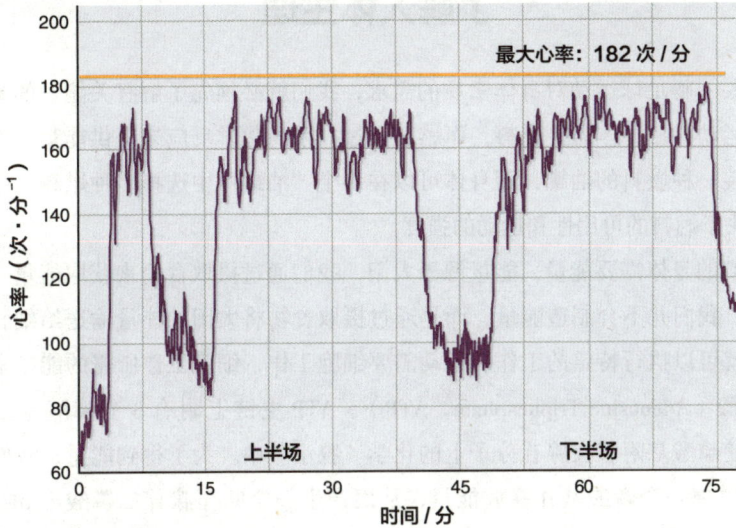

图 1.4　足球比赛中心率的波动

注：由彼得・克鲁斯特鲁普（Peter Krustrup）博士提供。

很多报告显示，比赛中足球运动员的乳酸水平会升高（见图 1.5）。乳酸水平是根据最后强烈跑动到抽血之间的时间得出的，很多研究者是按照固定时间抽血的。如果在全力奔跑后隔一段时间再抽血，那么会测得较低的乳酸水平。一个训练有素的足球运动员的主要生理特征可以在每次全力跑动之后快速恢复，因此足球运动员的乳酸水平看起来很低。足球运动员可以快速去除乳酸，因为足球训练可以让他们的身体快速恢复。

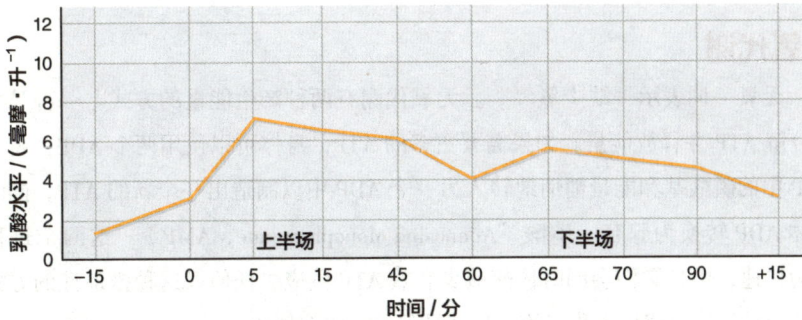

图 1.5　比赛中足球运动员的乳酸水平

注：由彼得・克鲁斯特鲁普博士提供。

了解人体生理

想要了解足球运动对身体素质的需求，我们就必须先了解有关能量的基础知识。在运动时，身体需要燃料，而燃料通过一系列化学反应来提供能量。汽车只有一个装一种燃料的油罐，而身体可以在多个"油罐"中选择多种燃料。燃料的选择取决于燃料的可用性和运动的强度。

我们的身体需要能量，能量源于太阳，我们通过摄取食物来获取能量。从原理上讲，我们并不会制造能量，而是通过摄取食物将太阳的能量输送给细胞，这样细胞就可以执行特定的工作。运动需要细胞工作，细胞工作所需的能量来自腺苷三磷酸（Adenosine Triphosphate，ATP）。ATP 主链上附有 3 个磷酸基。能量存储在使磷酸基附着在腺苷分子上的化学"胶水"中。为了得到能量，我们必须使 ATP 脱掉一个磷酸基并释放能量，从而产生一个叫作腺苷二磷酸（Adenosine Diphosphate，ADP）的二磷酸分子。

酶可以加速这个过程。一旦脱掉磷酸基并释放出能量，我们就必须收集足够的能量将磷酸基重新连接到 ADP 上以便补充 ATP。身体会不断地使用和补充 ATP。我们身体中的 ATP 总量是很少的。这就是我们必须不断补充能量的原因。我们不可能完全处于休息状态，因此身体一直都在使用和补充 ATP。

能量可以用于很多方面。在运动中，能量主要用在非常复杂的机制上，即肌肉收缩。肌肉的机械运动类似于棘轮的转动。肌肉的每次运动都需要能量。

事实上，只有大约 40% 的能量用于肌肉收缩等细胞工作，其余能量为热量。运动中，ATP 快速分解，为肌肉的运动提供能量，从而让身体发热。这些热量需要消散，身体才不会过热。

无氧代谢

无氧一词表示"缺少氧气"。无氧代谢有两种产生能量的方式。一种是简单地分解 ATP 并释放能量。如果需要更多的 ATP，身体可以使用两个 ADP，将一个 ADP 中的磷酸基和能量悄悄地转入另一个 ADP 中以制造出一个新的 ATP，同时，供体 ADP 转换为腺苷一磷酸（Adenosine Monophosphate，AMP）。这两个过程都极为快速，但是它们会同时快速减少有效 ATP 供应。任何以这种排他性的方式运作的活动都将快速耗光我们的能量并导致肌肉收缩停止。

一旦使用了 ATP，就必须进行补充。身体通过将一个磷酸基及其伴随的能量从另一种名为磷酸肌酸（其英文名称可缩写为 PC 或 CP）的高能量分子转移给

ADP 来完成这一过程。这样就产生了新的 ATP 和自由肌酸。必须再次给肌酸供应高能量以便结合磷酸基并为下一次转换做好准备。如果在冲刺时只使用这种燃料源（这是不会发生的情况），那么冲刺最多持续 10 秒。一个简单的 ATP-PC 循环在肌肉收缩的棘轮效应中是不间断的。要想维持这个循环，身体必须持续补充能量和磷酸基，这是在运动中通过碳水化合物（葡萄糖）和脂肪（甘油三酯）的分解来实现的。

另一种为 ATP-PC 循环制造 ATP 和提供能量的方式是糖原的无氧分解。糖原是葡萄糖在身体中的一种存储形式，是存储在身体很多部位的长葡萄糖分子链。在此，我们将重点关注作为能量来源的肌糖原。葡萄糖是一种可以分解为两个三碳分子的六碳分子。这个过程中会产生充足的能量，以使磷酸基重新连接到 ADP 分子上并生成 ATP。实际上，这个过程会生成 4 个 ATP，但是过程的产生需要 2 个 ATP，因此葡萄糖分子的分解最终只得到 2 个 ATP。由于这个过程产生的燃料源（肌糖原）比 ATP 产生的多很多，因此可以使用较长的时间，但是其产生速度较慢而且过程中会出现乳酸积累。乳酸会导致肌肉出现灼伤感。当乳酸产生的速度远快于身体的恢复速度时，局部组织的化学特征会发生改变。为了避免对肌肉细胞造成伤害，代谢过程会减缓。这就是疲劳的一种表现。如果冲刺时只通过葡萄糖的无氧分解来提供燃料（这种情况同样不会发生），那么在乳酸导致细胞终止这种尝试以避免受伤之前，冲刺大概能持续 45 秒。

有氧代谢

葡萄糖的有氧分解与刚才所描述的过程有一点不同。在有氧的情况下，乳酸不会产生，相反，乳酸的前身（丙酮酸）会进入一个衍生二氧化碳（来自原葡萄糖分子的六个碳是必须处理掉的）和大量运载氢原子的化合物（附着在葡萄糖分子的六个碳上的氢原子也是必须被处理掉的）的循环（三羧酸循环）。这些含氢原子的化合物会通过一个过程和一系列的步骤将氢原子传递给最后的接受者——氧原了。每个氧原子会接受两个氢原子，然后生成水。在氢原子传递过程中所产生的充足能量会转移给 ADP，从而保护磷酸基和补充消耗的 ATP。根据不同的情况，单糖分子的完全代谢会产生 30 ~ 40 个 ATP。

葡萄糖是一种碳水化合物，它并不是唯一的有氧代谢物质。脂肪也是能量丰富的燃料源。葡萄糖是一种六碳分子，而脂肪分子包括 1 个甘油头（3 个碳和关联的氢原子）和 3 条脂肪酸链，这些脂肪酸链一般有 10 ~ 20 个碳。在脂肪代谢过程中，每条脂肪酸链可以分成多个二碳片段，每个二碳片段会按照一条类似于葡萄糖有氧分解的路径生成能量。我们知道，1 个葡萄糖分子会分裂成 2 个丙酮酸分子，然后完成能量产生过程。而脂肪则大得多，因为它有 3 条脂肪酸链。3 条脂肪酸链上可能有 18 个碳，同时在能量产生过程中还可获得 2 个碳（不要忘了还有甘油头中的碳），因此脂肪的有氧代谢可能会产生比葡萄糖的有氧代谢多出 10 倍以上的 ATP，同时产生二氧化碳和水。但问题是，脂肪的有氧代谢是最为缓慢的。

蛋白质的有氧代谢同样可以产生能量，但是在运动过程中，蛋白质产生的能量总数相对较小。大多数情况下，运动中，蛋白质产生的能量可以忽略不计。

碳水化合物和脂肪有氧代谢的最终产物是水和二氧化碳，两者相对于乳酸都非常容易释放出来。葡萄糖和脂肪的有氧代谢，比葡萄糖的无氧代谢所需的时间更长，也远远比 ATP-PC 循环需要更长的时间。虽然有氧代谢在产生能量的速度方面稍有欠缺，但是它可以源源不断地在运动中产生能量，因为每个人身上都有供应充足的脂肪。

运动中的能量

这些代谢过程相互作用，关系复杂。任何时候都不是某一个代谢过程或某一种燃料源为运动提供全部能量。运动的强度和持续时间决定了主要的能量产生过程和使用的燃料源。运动的强度和持续时间呈相反关系：运动的持续时间越长，强度就越低；运动的持续时间越短，强度就越高。你不可能以跑百米赛的速度来跑马拉松，你也不会用跑马拉松的速度来跑百米赛。

图 1.6 对这种相互作用做了解释。横轴表示运动持续时间，纵轴表示各种燃料源供应的能量的百分比。对于 40 米冲刺等持续时间非常短的运动，主要的燃料源是 ATP 和磷酸肌酸，但是也有一小部分能量来自葡萄糖的无氧代谢和有氧代谢。随着运动持续时间的增加，大概到 4 分钟时，主要的能量来自葡萄糖的无氧代谢，但是也有一些能量来自其他途径。持续 4 分钟或者更长时间的运动所需要的能量主要来自葡萄糖和脂肪的有氧代谢，也包括其他过程中生成的较小部分的能量。

身体存储的 ATP 和磷酸肌酸所提供的能量非常少；而存储的碳水化合物所提供的能量虽然比较多，但也是有限的；脂肪所提供的有效能量则基本上是无限的。肌肉、器官周围所存储的脂肪远超过运动所需要的数量。但是从脂肪中获取能量需要时间。据估测，如果脂肪是跑步中唯一的燃料源，那么你只能使用 50% 的能力来跑动——最多只能行走或者慢跑。肌糖原也是一种有限的燃料源。当肌糖原耗尽时，运动速度会下降，因为那时的主要燃料源是脂肪了。很多人在大约 90 分钟的运动中会耗尽细胞中的肌糖原。因此，足球运动员在比赛中会用尽肌糖原。为了补充损耗，足球运动员应该通过合理的饮食来增加肌糖原。足球运动员一般都是这样做的。训练并结合高糖类食物的摄入可以让肌肉存储更多的肌糖原，这样可使足球运动员坚持完成比赛，不致耗尽体力。

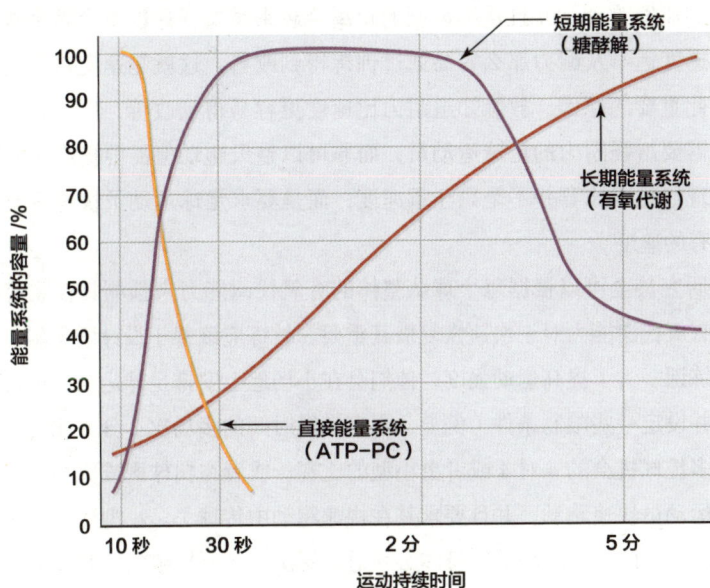

图中标注：

- 短期能量系统（糖酵解）
- 长期能量系统（有氧代谢）
- 直接能量系统（ATP-PC）

纵轴：能量系统的容量 /%（10、20、30、40、50、60、70、80、90、100）

横轴：运动持续时间（10 秒、30 秒、2 分、5 分）

图 1.6　运动持续时间和能量系统的容量之间的关系

注：原书内容如此。

应用到足球比赛中

重新回到足球比赛中。足球比赛是一种复杂运动，它包含许多短距离冲刺和高强度无氧运动，其间还有一些低强度有氧恢复期，以便为下一个高强度运动做好准备。在冲刺、射门、跳动、铲球或者断球时，身体需要消耗 ATP 和利用一些葡萄糖产生能量以供肌肉进行高强度运动。球员在比赛的低强度阶段（如行走、慢跑、站立等）进行恢复，这样 ATP 就得到了补充，同时乳酸也被消除了（乳酸在有氧代谢过程中被消耗了，这也是在减速或停止运动之后呼吸加重的一个原因）。这样就可以准备进行下一个高强度运动了。

球员重新开始高强度运动的时间间隔取决于 ATP 的补充速度、乳酸被消除的数量以及其他一些与肌肉收缩相关的电解加工过程的完成程度。在比赛中，高强度运动主要是以无氧代谢的方式进行的，而恢复是以有氧代谢的方式进行的，因此球队整体的有氧代谢及无氧代谢能力往往能决定比赛的输赢。

恢复是一个有氧过程。这是一个大多数教练和足球运动员都会忘记或者忽略的过程。足球运动员的有氧代谢能力越强，他的恢复速度就越快，全速跑动的频率就越高，从而以最佳状态进行比赛而不感到疲劳的时间就越持久。而有氧代谢能力比较弱的足球运动员在冲刺之后需要较长时间进行恢复，恢复之后才能够再次以较快的速度跑动，并且连续冲刺的距离会越来越短，速度也会越来越慢。研究显示，速度远不及耐力那么容易通过训练得到改善。这就是速度对于足球运动员来说如此重要的原因。教练知道耐力比速度更容易得到改善，所以会挑选那些速度快但需要增强耐力的足球运动员，而非可以整天跑动但需要提高速度的足球运动员。现代足球比赛并不是只注重速度，而是要求足球运动员快速恢复以反复使用其拥有的速度。

有些研究甚至可以根据每个球队整体的有氧代谢能力来预测其在联赛中的最终排名。有氧代谢能力对于快速恢复极其重要。教练应该善于设计增强耐力和恢复能量的训练课。为了提高运动强度，他们会在小场地上安排足球运动员进行短期小型比赛，并设定一些限制条件（例如，限定恢复时间的多场次 2 分钟比赛；足球运动员有更多控球机会的 4 对 4 或者更小型的比赛；或者在罚球区或更小的标记区内迫使足球运动员快速跑动，并且要求其在快速跑动中传球）。小型比赛意味着较少的休息时间，因此足球运动员的身体必须适应每次冲刺所导致的暂时疲劳并快速恢复。耐力训练往往涉及较多的足球运动员和较大的空间，同时规定以固定的节奏保持较长时间的运动（例如，在 3/4 或整个场地上进行 15 ～ 20 分钟的训练，或者 8 对 8 或更大型的比赛，同时规定所有足球运动员在射门之前必须处在进攻区）。具备较强有氧代谢能力的足球运动员的恢复速度比不合格的足球运动员快很多，因而他们能更快地到达指定位置，同时更好地完成较高强度的运动。

虽然在场地或公园里以均衡的节奏慢跑可以增强慢跑能力，但是这样无法训练身体在急启急停的比赛中进行体能恢复的能力。慢跑时，运动员只需在最后进行一次体能恢复。而在足球运动中，体能恢复是反复发生的。一个训练有素的足球运动员能够为肌肉持续地供应 ATP，从而保证 ATP-PC 循环的持续，同时延迟乳酸对局部肌肉的影响。足球运动员如果无法快速地为 ATP-PC 循环补充 ATP，那么他就只能站在一边看着其他足球运动员飞驰而过。

肌纤维募集

我们都拥有如马赛克拼图般独具特性的肌纤维，因此可以完美地适应各种不同的运动。基本上，较大的快肌纤维可以非常快地产生张力，但是无法在多次收缩过程中持续产生相同的张力；较小的慢肌纤维以较慢的速度产生较小的张力，但是可以持续反复收缩。回顾前文关于能量的描述并将之应用到肌纤维类型的概念上，即快肌纤维可以以无氧代谢的方式产生大部分的能量（用于快速产生张力），而慢肌纤维可以以有氧代谢的方式产生大部分的能量（用于反复收缩）。快肌纤维和慢肌纤维的分布在很大程度上是由遗传因素决定的。虽然有些人推论，足球运动员的一种肌纤维应该比另一种更多，但是研究显示，足球运动员的两种肌纤维的比例为 50∶50。足球运动是一项大众运动，因此遗传因素（例如，马拉松运动员通常具备高比例的慢肌纤维，篮球运动员通常拥有较高的身高等）不是参加足球运动的必要条件。

女性运动员

　　全球足球运动的普及很大部分是由女性参与度的提高体现的。虽然规则是一样的，但是细心的球迷非常清楚男性和女性运动之间细微的战术差别。运动的模式大致是相同的，但是女性运动员跑动距离较短、速度较慢，虽然有些女性中场足球运动员可以达到与男性足球运动员一样的平均每场跑动距离，即 9 700 米。大多数情况下，女性运动员在生理方面的各项机能略低于男性运动员，例如女性运动员的肌肉数量、心脏功能、总血量和血红蛋白数量均不如男性运动员。当时间长度、场地大小及跑动距离一样时，女性运动员的运动强度比男性运动员更高。成年女性专业运动员的心率往往高于成年男性专业运动员，因为她们要更努力地跑动。

　　有意思的是，我们可以利用人体测量学和生理特征的差异来衡量对男性运动员和女性运动员在足球运动上的身体素质要求的区别。例如，2019 年，挪威的研究者发布了一篇论文，对此进行了阐述。论文称，女子足球比赛的球门应该比男子足球比赛的球门小（男子足球比赛的球门尺寸为 2.44 米 ×7.32 米，女子足球比赛的球门尺寸应缩减为 2.25 米 ×6.76 米），以及女子足球比赛的场地也应比男子足球比赛的场地小（男子足球比赛的场地大小为 105 米 ×68 米，女子足球比赛的场地大小应缩减为 84 米 ×54 米）。虽然这样做会使男子足球比赛和女子足球比赛看上去更为相似，但目前看来，这种情况应该不会出现。我们会饶有兴趣地看到男子足球比赛和女子足球比赛中的不同之处，因此，并不需要使它们成为完全相同的样子。

　　女性运动员还必须面对其他影响健康的问题。女性运动员三联征指的是饮食紊乱、闭经和早发骨质疏松三者之间相互影响。有些女性运动员的饮食方式不恰当，正常激素平衡遭到破坏，导致明显的月经问题。正常激素平衡被破坏，特别是雌性激素分泌异常，会导致骨密度降低。体能训练的反复影响会导致应力性骨折，尤其是下肢骨折。因为女运动员三联征始于热量摄取的减少和饮食紊乱，所以确保女性运动员摄入足够的热量对于其维持正常的月经功能和健康的骨骼是必需的。

女性运动员还必须摄入适量的铁和钙。即使是素食运动员也可以通过恰当的饮食摄入足够的这类矿物质。国际足球联合会（Fédération Internationale de Football Association，FIFA）（简称国际足联）提供了一本非常不错的针对女性运动员的小册子（见第 237、238 页的参考文献）。

营养和水合作用

我们运动所需的能量来自所摄入的食物。我们有大量的脂肪，但是碳水化合物的存储量是有限的，这意味着我们必须不断地补充碳水化合物。运动中的足球运动员必须具备充足的能量，而能量大多来自碳水化合物。国际足联提供了一本特别针对非专业读者的营养小册子（见第 237、238 页的参考文献）。

足球运动员在比赛中会出现脱水问题。比赛时间过长、跑动强度过大、恶劣天气和缺乏有计划的暂停都会导致足球运动员在比赛中无法获得必要的体液。即使是 2% 的体液缺失——一名 68 千克的足球运动员缺失了 1.36 千克的体液——都会影响足球运动员的发挥。

足球运动员可以利用正常的比赛中断的时间喝水或喝运动饮料。为了保持体液水平，足球运动员可以在球门旁和边线外放置水瓶，然后在伤停或死球情况下喝水。中场足球运动员离球场边线最远，他们最难利用比赛中断的时间，因此他们必须清楚放置水瓶的位置。同时，教练必须确保在比赛中断的时间内足球运动员可以得到体液补充。

足球运动员出汗时会失去很多盐分，因此他们都倾向于选择含盐分的运动饮料并在饮食中添加额外的盐分。足球运动员的运动服上会出现一些硬的物质，因为衣服上汗水中的水分蒸发了，剩下了盐。球员穿深色运动服时，汗渍会尤其明显。

液体补充建议

很多足球运动员都没有按照要求摄入相应的液体和营养。持续进行的关于欧洲冠军联赛的调查报告显示，一些运动员在训练或比赛后 24 小时之内，身体仍然会处于脱水的状态。美国运动医学会（American College of Sports Medicine，ACSM）对于训练前、训练中和训练后的液体补充给出了相当全面的建议。

训练前

1. 在训练前的几个小时，运动员就应该摄入水分。
2. 稍微咸一点的小食或正餐，搭配含钠的饮料或水，可以引起口渴的感觉，并有助于维持已摄取的水分。

训练中

1. 在训练中摄取水分的目标，并不是补充所有因流汗而损失的水分，而是保证将因训练而流失的水分控制在体重的 2% 以内。在训练前和训练后进行称重，可以让运动员很直观地了解到在训练中流失了多少水分，以及需要补充多少水分。
2. 饮用含有一定量（8% 以下）的碳水化合物和电解质（20 ~ 30 毫摩 / 升钠离子，205 毫摩 / 升钾离子）的饮料，可以在保证训练效果的同时，维持运动员的体液与电解质的平衡。如果运动员出汗格外多，那在训练中摄入含钠的饮料会感觉更加可口舒适。
3. 不建议在训练和比赛中摄入过多的水分，在马拉松这样的比赛中过多地摄入水分可能会导致运动员受伤，甚至死亡。在训练后进行称重，体重不可以超过训练前的体重。

训练后

1. 在训练后 24 小时内，训练中体重每减轻约 0.5 千克，就需摄入约 710 毫升的液体。饮料中含有一点儿钠，有助于帮助身体锁住水分，并引起口渴的感觉。
2. 如果摄入含有咖啡因或酒精的饮料，则会使补液过程变慢。

药物与食物补充

很多投机取巧的运动员都会服用所谓的提高成绩药物（Performance Enhancing Drugs，PED），但是足球运动中几乎没有药物的滥用记录。这可能是因为 PED 可以优化的某种特定因素并不会影响足球比赛的结果，但是合成类固醇会影响举重运动员的比赛表现，而红细胞生成素会影响公路自行车运动员的比赛表现。国际足联的统计数据中包含极少数阳性药物测试数据，而这些阳性药物中大多数都是娱乐性药物，而非 PED。

在运动员中，服用非处方且大多数为非必要的营养补品的比例非常高。据报道，来自某些国家的某些运动项目的奥运运动员几乎 100% 会服用营养补品。最常见的营养补品是各种维生素，但这并不是最重要的。营养补剂产业并不完全遵循美国食品药品监督管理局（Food and Drug Administration，FDA）制定的食物和药物产业规则。因此，标签上的内容与瓶子实际装的东西不一定完全相符。

国际奥林匹克委员会（International Olympic Committee，IOC）走进一些营养补剂商店，随机选择了一些可供运动员使用的营养补剂。国际奥林匹克委员会对这些产品做了测试，发现接近 1/4 的产品会出现阳性药物测试结果。在比赛中，运动员往往必须为阳性药物测试结果承担责任。任何打算以后参加大学赛事、国际组织赛事或者专业赛事的运动员都会面临阳性药物测试，同时运动员还必须非常注意所摄取的食物。

如果食物很全面，运动员可以选择各种各样新鲜的食物，那么营养补剂只会增加你的尿液和掏空你的钱包。来自英国拉夫堡大学的罗恩·莫恩（Ron Maughan）博士说过这样一句格言："如果有效果，那么可能是禁药。如果未被禁止，那么可能不起作用。"何苦这样做呢？

足球运动员可能面临的另一个问题是，在训练或比赛过程中，他们经常没有摄入充足的水分。据报道，一支球队中大约 40% 的球员在进入赛场之前，可能处于脱水状态。

标准的补液公式为体重每减轻约 0.5 千克，需补充的液体约为 710 毫升。足球运动员可按照这个公式，根据自身体重进行定期检查。身体补液不可能在稍作休息后就完成，它需要一整天的时间。足球运动员要注意观察尿液的颜色：如果尿液看起来像稀释的柠檬水，那么就是可以的；如果尿液看起来像苹果汁，那么就需要补充更多的液体。

热疾病

在北半球的很多国家，足球是一项适合从秋天到春天开展的运动，夏天则休赛。在美国，专业足球比赛与棒球联赛是在同一时间段举行的，都是从春天持续到秋天。根据一年中比赛的时间，美国南部的各州会在极其严酷的条件下进行比赛。所有夏季联赛和锦标赛必须做好应对运动员遭受热疾病的全方位计划。在比赛中遭受热疾病的足球运动员，一开始可能会出现一些中暑性痉挛的症状，但是这个问题会快速演变成诸如热虚脱和中暑等更加严重的疾病，进而可能导致身体控制温度的能力丧失，这将是致命的。在美国足球运动员中曾经出现过与热疾病相关的死亡事件。

　　身体的热量流失主要有 4 种方式：热辐射、对流（如站在风扇或空调面前）、传导（即直接与较凉爽的表面接触，如将冰凉的毛巾敷在额头上）及蒸发（运动中最重要的散热机制）等。排汗并不会损失热量，汗水蒸发才会导致热量损失。任何热损失障碍都会减缓蒸发速度。足球比赛中最常见的两种热损失障碍是衣服和湿度，特别是那种遮住身体大部分的黑色衣服。现今设计的运动服都有助于散热。

　　若在湿热的天气条件下安排比赛，那么一定要安排好补水时间。特别是很多美国南方地区的青少年联赛，会规定每个半场有喝水的休息时间。如果没有规定喝水的休息时间，那么在需要的情况下，教练可以向裁判提出要求。裁判拥有这样的权利，而且一般也会同意请求。在 2008 年北京奥运会的男子足球决赛中，正是因为当时的天气情况，官方在每个半场安排了一个喝水的休息时段。在那之后，国际足联建议，当比赛开球时的气温超过 32 摄氏度时，允许在每个半场的中段加入一个运动员补充水分的休息时段。

疲劳

　　疲劳的最佳定义是，无法维持想要的能量输出——想要跑得更快但无法实现。疲劳可能是若干身体机制一般或暂时的表现。例如，运动员快速跑动时需要肌糖原。当肌糖原下降到低于一定水平时，运动员就只能行走了。通过训练和合理的饮食选择可以增加肌糖原的存储量从而延迟疲劳，并且能够更持久地以最佳状态进行比赛而不感到疲劳。此外，充足的葡萄糖存储量可以保证大脑所需要的唯一能量得到很好的供应。大脑也会感到疲劳。上升的体温和散热时的体液流失也是产生疲劳的主要原因。体温会影响运动表现，因此保持体液处于合理水平是很重要的，这样身体才可以产生汗水，以便蒸发散热。想要提升运动表现并延缓疲劳，运动员就应该及时、科学补水。

　　暂时性疲劳是机体内环境快速改变和局部肌肉内化学作用的结果，它会影响肌纤维的收缩能力。乳酸会导致暂时性疲劳。在几次反复的快速跑动之后，你会感到疲劳，但是在几分钟之后就会恢复，又可以重新开始跑动。有氧能力的改善可以增强快速恢复的能力，从而让你可以在更多或更持久地进行难度较大的跑动之后，才会出现疲劳。快速恢复训练通过加速乳酸消除和快速重新建立与肌肉收缩相关的能力，将暂时性疲劳的影响降到最低。

疲劳是一个有趣且相对复杂的概念。在肌肉生理学实验室中，研究人员认为产生疲劳的原因是某一块单独的肌肉无法完成收缩准备。而这种情况不会发生在完好的肌肉上，因为人体有多种对肌肉进行保护的安全措施。同时，疲劳的产生也有感知方面的因素。例如，当你认为自己无法再承受更多训练量时，你会感到吃不消，或是在主观上感受到身体对疲劳的反馈。当这些信息汇集在一起时，你就可以决定是否继续进行训练，以及采用多大的训练量。那么究竟是足球运动中的什么让你增强了对疲劳（暂时性的或整体上的）的感知？

在包括足球在内的大多数运动项目中，跑动距离与跑动强度相结合，可以增强运动员对疲劳的感知。跑动强度通过一些手段可以进行测量，但了解运动员对自身疲劳的感知也同样重要。运动员对疲劳的自我感知可以简单地通过自觉疲劳程度量表（Rating of Perceived Exertion，RPE）进行确定。不同的 RPE 有不同的等级刻度，最简单的是 10 分制，可以让运动员针对每一项内容打出相应的分数。RPE 虽然是一个相对简单的机制，但非常准确且实用。

在进行慢跑时，运动员会通过呼吸频率和深度来判断自己是否达到某个自觉疲劳程度。但如果是团队里的一员，那么他应该用什么样的提示，才能表达自己已经达到了某个自觉疲劳程度呢？研究显示，足球运动（也包括其他的团队运动）主要是通过训练频率及加减速，来对运动强度进行控制。不妨试想一下，什么样的训练方法能够让运动员不停地产生速度变化？如果运动员用 15 秒完成 100 码（1 码 ≈ 0.9 米）的直线跑，这是适合大多数高中级别运动员的跑步训练强度，这个强度对运动员来说显然不够。而如果是完成 25 码的折返跑，总距离同样是 100 码，总时间同样是 15 秒，但折返跑包括了加速和减速的速度变化过程，因此其运动强度要大于直线跑。细致分析两者的区别，100 码的直线跑包括 1 个加速过程和 1 个减速过程，而折返跑包括 4 个加速过程和 4 个减速过程，总距离和总时间不变的情况下加速过程、减速过程增加。对于运动员来说，减速过程的运动强度要大于加速过程。减速过程越多，运动员意识到需要付出的努力就越大，对疲劳的自我感知也越强烈。因此，教练在安排训练日程、选择训练项目时，应重点考虑上述运动强度控制因素。

第2章

损伤预防

损伤预防是一个需要重点讨论的话题，无论是球员、教练还是球员的父母，必须能够接受球员在足球比赛中可能会受伤这个事实。选择成为一名球员，就意味着他们已经做好了面对受伤的准备。大多数受伤是意外发生的，有一些身体接触会导致受伤，还有一些损伤是在没有进行身体接触时发生的，看上去很难找到原因。无论如何，球员受伤就意味着比赛需要暂停，受伤球员需要进行恢复，甚至教练组需要做出受伤球员是否可以继续比赛的决定。

损伤预防的目标

损伤预防的计划可以是广义的（如国际足联的 The 11+ 热身指南，旨在降低足球比赛的受伤率），也可以是狭义的［如主要针对防止前交叉韧带（Anterior Cruciate Ligament，ACL）撕裂、踝关节扭伤或腹股沟拉伤（指该部位肌肉、韧带等组织的损伤）的训练计划］。

虽然在足球运动中，损伤大多发生在下肢，但任何情况都不是孤立存在的。球员可能反映身体某些部位出现了问题（这里指的是对比赛无较大影响的身体问题），有些研究也收集了许多关于身体问题的反映和损伤的数据。损伤流行病学研究比较普遍，专注于研究激烈的比赛及训练损伤。损伤发生的概率是由球员的年龄段、性别，以及比赛的水平决定的。积劳性损伤会稍微复杂一些，因此处理起来有所不同。表 2.1 对不同年龄、不同性别的球员进行了分类，并对其常见损伤部位进行了排序。

表 2.1　不同年龄、不同性别球员的常见损伤部位

身体部位	青少年球员	高中球员		大学球员		职业球员	
	男女球员一起统计	男	女	男	女	男	女
头部	—	4	3	3	3	—	—
髋部、腹股沟、大腿	3	2	4	1	4	1	1

身体部位	青少年球员	高中球员		大学球员		职业球员	
	男女球员一起统计	男	女	男	女	男	女
膝盖	2	3	2	4	1	2	4
小腿	5	—	5	—	5	4	5
脚踝	1	1	1	2	2	3	2
脚	4	5	—	5	—	5	3

在足球运动员中，脚踝的损伤（通常是应力性扭伤）是最常见的，而髋部、腹股沟、大腿容易拉伤（即由于腘绳肌、腹股沟、股四头肌的"拉长"而受伤）。腘绳肌的拉伤常见于年龄较大的运动员，对抗更为激烈的比赛中更容易出现拉伤。膝盖受伤（通常是前交叉韧带撕裂和半月板损伤）在女性运动员中比较常见，在男性运动员中也很普遍。头部受伤（通常是软组织挫伤、撕裂伤及脑震荡）在高中球员和大学球员中出现得较多。

足球运动员的损伤还有两个重要的影响因素。首先，陈旧性损伤再次复发的可能性会非常大。其次，小伤如果没有完全恢复，可能会导致重大的损伤。例如，如果脚踝在受伤后没有充分恢复，足球运动员在起跳落地或进行铲球动作时，容易造成膝盖损伤。因此，如何避免第一次受伤尤为重要。

总的理念是，首先要避免这些常见的小伤的发生。我们会观察这些常见的是如何发生的，并且探究降低这些损伤的发生风险的方法。最后，记住最基本的区别：扭伤是指韧带的损伤，而拉伤是指肌肉的损伤。

损伤的风险因素

我们一般建议在比赛之前对运动员进行相对全面的机能评估和体检，其首要目的是确定可能导致运动员受伤的因素。对体检结果及发现的问题进行处理时，需要考虑很多问题。一般来说，损伤风险可分为内在风险（如年龄、旧伤、力量、神经肌肉技巧等）和外在风险（如设备、环境、场地、裁判、对手等）；许多损伤并不是非此即彼的考虑，因为正如所有人看到的那样，内在风险和外在风险是相互影响的。总之，有些损伤简直就是一场谁也无法预料到的意外。

前交叉韧带撕裂是让所有足球运动员闻之色变的损伤。无论膝盖是否有直接的身体接触，都可能会出现前交叉韧带撕裂。如果是在完全没有身体接触的情况下，运动员出现了前交叉韧带撕裂，那很可能是因为很多细节问题在某一个时间点碰巧汇集到了一起。足球运动员在铲球或起跳落地时，容易出现这种没有身体接触的前交叉韧带撕裂。一名足球运动员可能会经历上千个小时的比赛和训练，完成上万次铲球和起跳落地，在整个过程中，有时候会有风险因素，有时候没有风险因素，但为何单单那次会让前交叉韧带无法承受？这个问题没有人能给出完美的答案。

有两个简单的办法可以阻止损伤发生：让身体条件变得更好和让技巧更加娴熟。技巧娴熟、身体健康的足球运动员受伤的概率要远远低于技术生硬、身体不健康的足球运动员。如果不良的身体素质与受伤相关，那么过程中疲劳的产生也是一个重要的因素。随着比赛的进行，足球运动员受伤的概率会逐渐升高。绝大多数的调查都显示，下半场最后 15 分钟是足球运动员受伤的高峰期，大概有 25% 的损伤都是在这个时间段出现的。此外，还有很多的损伤发生在赛季前的训练中，而彼时足球运动员的身体素质并没有恢复到最佳水平，他们正在通过赛季前的训练努力恢复身体素质。随着赛季的开始，大运动量的训练并不会经常出现，受伤率也因此而降低。另一个与疲劳相关的损伤因素是训练与比赛的负荷比率。这个比率越低，即球队的比赛日程越多，在每场比赛之前的训练越少，受伤的概率就越高。最后一个与疲劳相关的损伤因素是冗长的赛季，这在美国职业联赛中尤其常见。埃克斯特兰德（Ekstrand）、斯普雷科（Spreco）和戴维森（Davison）在 2018 年的研究中证明，在有冬歇期的足球联赛中足球运动员受伤的概率要低于没有冬歇期的足球联赛。

某些损伤受年龄影响较大。例如，大腿拉伤常见于年龄较大的足球运动员，而前交叉韧带撕裂常见于年龄较小的足球运动员，尤其是中学生足球运动员。与很多损伤一样，腹股沟拉伤的多发年龄也呈现下降的趋势。

年龄是发生损伤的一个重要影响因素，性别也是。同一个年龄段的运动员中，遭受前交叉韧带撕裂和头部受伤的女性运动员要比男性运动员多。还有一个跟年龄相关的损伤隐患就是青春期的快速发育。尤其是男性青少年，他们在这段时间首先是身高发育，然后才是肌肉发育。与那些身高已快速增长、早就发育成熟的队友，或还没有出现身高快速增长、晚成熟的队友相比，正处于身高快速增长期的瘦高的男性青少年遭受损伤的风险要更大。

力量、柔韧性和平衡性是大多数损伤中存在的问题。在赛季前，评估人员会对运动员的双腿进行检测评估，但双腿的评估结果往往是不一致的，即一条腿的评估结果通常比另一条腿的要好一些。例如，大多数足球运动员都有一条惯用腿，而惯用腿的评估结果通常要好于另一条腿。如何确定惯用腿？是踢球时的惯用腿，还是跳远时的惯用腿？有些足球运动员在踢球和跳远时，惯用腿是不一样的。然而有意思的是，足球运动员的惯用腿往往遭受损伤的情况更多。如果两条腿在力量、柔韧性和平衡性上已经出现了明显的不平衡，通过矫正训练，足球运动员可以使两条腿趋于平衡，阻止一些损伤的发生。

赛前的身体检查还有一个非常重要的作用，即确认每个足球运动员的损伤史。旧伤是对足球运动员接下来可能遭受损伤强烈的预警。如果一名足球运动员曾经遭受过脚踝扭伤，那么再次出现脚踝扭伤的可能性就会更大。有脚踝扭伤史的足球运动员再次遭受同样损伤的概率是原来的1.5倍，而遭受过前交叉韧带撕裂的足球运动员，再次遭受同样损伤的可能性高达原来的5倍。然而，没有人知道下一次损伤会在什么时候发生。

在足球赛场上一方的11名球员因位置不同，其遭受损伤的情况也不同。后卫最容易受伤，其次是前锋。中场足球运动员和守门员受伤的可能性最低。因此教练组经常会根据足球运动员的损伤情况做出位置调整，如果此前遭受过损伤，足球运动员往往会被调整到阵形中不太容易受伤的位置。

足球运动员受伤后，便开始了漫长的恢复期。曾经遭受过损伤的足球运动员，如何才能参加正常的活动，如何参加训练，如何增强对抗性，甚至回到受伤之前的竞技水平，虽然在当下是非常热门的话题，但是在本章中我们不会进行讨论，也不会讲解如何让足球运动员回到训练场甚至赛场上。

绝大多数的国际足球比赛都会展示国际足联的"公平竞争"的横幅。足球运动员和教练需要做出承诺，严格遵守足球比赛规则。这不是一条空洞的标语，在国际足球比赛、职业足球比赛中，约40%的损伤是由犯规引起的，因此强调这些规则的重要性对于防止比赛中的损伤是非常有必要的。教练需要不停地向足球运动员说明，无论在电视画面中看到什么，都要保证自己的双脚尽量不离开地面。如果后卫因为铲球双脚腾空，亮鞋钉的动作不仅会将自己和对方足球运动员置于容易受伤的境地，也可能让自己招致红牌。

大多数关于损伤的研究，类似于本章的内容，都旨在研究突发性损伤，即由一个特定事件而引发的损伤。还有一种损伤是所谓的过劳性损伤，即并非由一个特定事件引发的损伤。在训练中，足球运动员可能轻微地扭了一下脚踝，但并没有在意，也不会做其他的处理，训练仍然会继续。在某一个时间点，足球运动员会感到强烈的疼痛，此时才会寻求医疗帮助。而这些由训练导致的损伤，会慢慢限制足球运动员的运动，如果不停增大的训练量对足球运动员造成了负面影响，那么最好的治疗方式就是减小训练量。过快地增大训练量是过劳性损伤的诱因，不过这个话题并不在本书的讨论范围之内。

无论是损伤之前的预防，还是损伤之后的恢复，遵循既定的规则是重中之重。预防性活动只有按规定进行，才会起到预防的作用，而我们也不能把预防性活动当成打破无聊训练的新鲜事物。受伤之后，每一个足球运动员都希望能够以最快的速度重返训练场和赛场。我们无法把经过研究证明有效的训练或疗程，整理成清单在书中列出来。大多数有相关资质的教练或物理治疗师，都可以很清楚地知道非常详细的信息。如果足球运动员能够严格遵守他们的建议，那很快便会从损伤中恢复，并重返赛场。但是也不要太急于重返赛场，因为如果从一种看上去不太起眼的损伤中恢复后，立刻重返赛场的话，足球运动员会面临非常高的受伤风险，而下一次遭受的损伤往往是非常严重的。

最后，很多损伤的发生完全是偶然性的，是一个完全随机的事件。例如，一名足球运动员可能没有踢到球，却踢到了另一名足球运动员的头部。由此产生的角加速度，可能导致被踢到头部的足球运动员出现脑震荡。一名足球运动员高高跳起后落地时，可能会落到另一名足球运动员的脚上，从而导致其脚踝扭伤。这些情况都是无法进行预测的。

脚踝

起因

在不同年龄段及对抗水平的足球比赛中，脚踝都是球员最容易受伤的部位。在高中水平的足球比赛中，脚踝扭伤占所有损伤的 20% ~ 25%。女性球员比男性球员更容易出现脚踝扭伤。患脚踝扭伤的青少年球员最多，职业球员最少，不到 15%。

损伤机制和风险因素

脚踝扭伤既可以在有身体接触的情况下发生，也可以在无身体接触的情况下发生。在有身体接触的情况下出现脚踝扭伤，往往是因为铲球的时机不对，或姿势不对；而无身体接触的情况下出现脚踝扭伤，往往是因为起跳后落地不稳、伸脚抢球时的姿势不对，或场地不平整导致的脚下"拌蒜"。这些意外导致了同样的结果，即脚掌向内，脚踝向外侧出现扭伤。

有一种不太常见的脚踝扭伤。例如在一个机会对等的铲球时，双方球员都用脚的内侧触球。一名球员的脚伸到了另一名球员的脚上，那么可能会导致另一名球员脚掌向内，扭伤脚踝。脚踝扭伤也可能是由于对手从外侧铲球造成的。

还有一种不太常见的脚踝扭伤，即所谓的高位踝关节扭伤，更正式的说法是胫腓联合扭伤。这种损伤在篮球比赛中更为常见，往往在球员起跳落地后，脚与地面接触时发生滚动，因此出现扭伤。这种动作使脚踝顶骨（距骨）移动，使小腿的两块骨头（胫骨和腓骨）分开，损伤了连接两块骨头的韧带。

脚踝扭伤的最大风险因素是此前遭受过同样的损伤，因为扭伤的脚踝经常会再次扭伤。其他风险因素还包括小腿肌肉力量不足、关节感觉不灵敏、柔韧性和平衡性不足等。对许多球员来说，脚踝扭伤是一种非常让人讨厌的损伤，还是需要提高警惕。如果脚踝扭伤没有很好地痊愈，可能会导致更严重的损伤。大多数矫形外科医生建议球员在受伤后 6 个月内，佩戴外脚踝支撑护具。脚踝扭伤很少需要手术治疗。

预防

许多预防方案都已经得到了大量的测试证明，只要按照方案正确进行预防，都是有效果的（Grimm et al.，2016）。有效的预防方案会从多方面进行考虑，并从不同的健身类别中汲取经验。这些预防方案包括各种训练的组合，如身体重心的稳定性训练，踝关节的伸展性和柔韧性训练，身体的敏捷性训练肌肉运动知觉训练（例如平衡板），快速伸缩复合训练与力量强化训练（如小腿外侧肌肉的同心和离心收缩运动），以及身体的平衡性训练。脚踝扭伤预防方案包含的训练比较广泛，且需要的时间比较长，需要 30 分钟左右才能完成全部训练。

效果

与没有采用脚踝扭伤预防方案的球员相比，采用了有效的脚踝扭伤预防方案的球员遭受脚踝扭伤的概率降低了 13% ~ 75%。总体而言，调查报告显示，脚踝扭伤预防方案使脚踝扭伤的发生率平均降低了 60%。

膝盖

起因

膝关节也许是人体中最脆弱的关节。与踝关节和股关节距离较近的膝关节暴露在外面，因此更容易受伤。膝关节是一个铰链关节，其结构非常复杂，包括两个外部韧带（内侧副韧带和外侧副韧带）、两个内部韧带［前交叉韧带和后交叉韧带（Posterior Cruciate Ligament，PCL）］、两个半月板，以及许多连接肌肉和骨骼的肌腱和相关的滑囊。膝盖上有许多神经和血管，还是人体两块主要骨骼（股骨和胫骨）的一端，而且其被软骨覆盖的面积是人体所有骨骼中最大的。膝盖任何部位遭受损伤，都可能导致球员无法正常进行训练或比赛。

通常，关于膝盖损伤的研究文献并没有对膝盖损伤进行细分，膝盖损伤目前只分为两种：前交叉韧带撕裂和其他膝盖损伤。而前交叉韧带撕裂受到了更多的关注。也有一些轻微的膝盖损伤，如软组织挫伤和撕裂伤等，可能会比较疼，但不会导致球员无法正常进行训练或比赛。

青少年球员更容易发生膝盖挫伤和撕裂伤，膝盖损伤约占所有身体损伤的20%。球员在初中和高中阶段，随着对比赛更加投入，对抗性越来越强，容易遭受的损伤也更严重。虽然初中和高中球员遭受膝盖损伤的概率较低（为12% ~ 15%，而青少年球员约为20%），但他们的膝盖损伤往往更严重（如前交叉韧带撕裂和半月板撕裂等）。此外，女性球员比男性球员更容易遭受膝盖损伤（女性球员遭受膝盖损伤的概率为17% ~ 22%，而男性球员为12% ~ 15%），其中很大一部分是前交叉韧带撕裂。在大学阶段，男性球员（12% ~ 16%）、女性球员（18% ~ 20%）遭受膝盖损伤的概率与职业球员（13% ~ 18%）不相上下。一般情况下，女性球员遭受前交叉韧带撕裂的概率是男性球员的2.2倍。

侧副韧带若遭受损伤，虽然很少需要手术治疗，但恢复期是漫长的，时间经常以月计。接受前交叉韧带撕裂或后交叉韧带撕裂手术之后，球员也需要漫长的恢复期和复健期，通常需要一年。虽然有些球员在半年之后便回到了赛场，但这些都是小概率事件。现实情况是，大多数经历过韧带撕裂的球员，重新回到赛场所需的时间大概是一年，而恢复到受伤之前的水平则需要更多时间，可能需要接近两年。半月板撕裂可能需要的恢复时间比较短，但这跟受伤的程度有关。而软骨受伤也是一种严重的损伤。软骨受伤有时候需要手术治疗，甚至需要进行两次或更多次手术，同时还需要做一些其他的康复训练。很多球员深受膝盖损伤困扰，无法从膝盖损伤中完全恢复，不得已选择了退役。因此，球员应该尽最大努力，避免出现膝盖损伤。

损伤机制和风险因素

目前人们最关注的是无身体接触的损伤，这也是本部分内容的重点。如果一名球员因为遭遇了凶残的防守而受伤，这时无论什么样的预防方案都不起作用。

无论是否有身体接触，膝盖损伤都可能导致前交叉韧带、侧副韧带、半月板、软组织的损伤。现在有很多人在认真地研究膝盖损伤，相关调查报告中的大量案例显示，膝盖损伤产生的原因是错综复杂的（Pfeifer et al., 2018）。无身体接触的损伤通常发生在球员试图伸腿断球或起跳后落地的时候，而对于这些技术动作，球员平时已经做过成千上万次。有一个很重要的因素是，球员在变向或落地时，膝盖几乎伸展到极限，引起震颤时就容易受伤。此时身体有些摇晃，因此需要做出一些全身性的调整。也许落地时调整不及时，导致小腿向外旋转，同时大腿向内旋转。正常情况下，腘绳肌有助于保护前交叉韧带，但当膝盖接近或处于伸展的极限状态时，腘绳肌对前交叉韧带的保护作用很小。没有了腘绳肌的帮助，这些轻微的旋转足以让胫骨向前滑动，从而导致前交叉韧带撕裂。

相关数据（Owusu-Akyaw et al., 2018）显示，正是在股骨下的胫骨向前滑动，导致了前交叉韧带撕裂。在录像回放中，会看到明显的膝盖向内塌陷的现象，与其说这是受伤的原因，不如说这是受伤的后果。如果膝盖外侧与其他事物发生接触，容易导致侧副韧带损伤，例如美式橄榄球的背后绊人犯规容易导致内侧副韧带损伤。而外侧副韧带受伤时，情况通常更为严重，例如膝关节脱位。半月板损伤可能发生在球员变向使膝盖扭伤时，也可能在前交叉韧带受伤时出现。软组织损伤通常与其他损伤同时发生，但也可以单独出现。

前交叉韧带撕裂的风险因素（见表 2.2）有很多，笼统地分为外在因素（即环境因素）和内在因素（即球员自身的因素）。这些因素可以是特定于某项运动的，例如足球运动中的风险因素可能在滑雪运动中就不是问题。许多风险因素已经被正式提出，因为这些因素可能具有一定的意义［如股四头肌角（Q 角）、月经状态等］，但人们经过更为严谨的研究发现，它们没有发挥太大的指导作用。

表 2.2 列出了大多数容易导致前交叉韧带撕裂的风险因素。这些风险因素球员往往无法预防。教练可能不鼓励球员穿带铁钉的球鞋踢球，但是如果球场用的都是较为干涩的百慕大草坪，难道比赛会因此而取消吗？干燥和炎热的天气条件，通常意味着摩擦力会比较大。很多数据倾向于支持这样一个观念，即在湿滑的场地上，因为摩擦力比较小，所以球员很少遭受前交叉韧带撕裂。而由于天气条件、场地草皮、球鞋的鞋底、球员的脚下技术等因素，比赛中产生的摩擦力越大，风险就越大。然而如果让球员自己选择，他们宁可冒着受伤的风险，也不愿意在湿滑的场地上比赛。

表 2.2　容易导致前交叉韧带撕裂的环境因素与球员自身的因素

环境因素		球员自身的因素	
风险因素	详细说明	风险因素	详细说明
天气	干燥天气 炎热天气	骨骼与关节构造原因	髁间窝狭小 胫骨后斜度较大 股骨头偏斜角较大 关节松弛
场地因素	百慕大草坪或黑麦草坪 人工草皮或天然草皮	神经肌肉系统原因	股四头肌、腘绳肌、骨盆肌肉的绝对或相对力量不足
球鞋	带铁钉的球鞋	生物力学原因	髋关节活动度低 伸腿断球或落地时，髋关节和膝盖保持直立姿势

从互联网上找到已被证明过的可以预防膝盖损伤的方案

我们可以在互联网上找到更多关于这些特定的膝盖损伤的预防方案：膝盖损伤防止计划（Knee Injury Prevention Program，KIPP）、损伤预防与增强表现（Prevent Injury and Enhance Performance，PEP）和 HarmoKnee 方案等。

骨骼的解剖结构是先天遗传的，无法在后天进行改变。力量是可以增强的，但是力量的增强，对于预防损伤有多大效果，至今没有具体的数据可以进行说明。表 2.2 列出的风险因素中，伸腿断球或落地时的直立姿势，是最有可能进行纠正的。不知道为什么，这个问题在女性球员中尤为常见。我的一位外科医生朋友曾经向高中足球教练讲述女性球员遭受前交叉韧带撕裂比男性球员多的原因，重点就是女性球员伸腿断球时的直立姿势。之后，一位年长的教练走过来说，他知道女性球员遭受前交叉韧带撕裂多的原因。"你知道那是怎么回事吗？"这位年长的教练回答道："女性球员不喜欢让鞋子吱吱作响。如果伸腿断球时站直了，鞋子就不会吱吱作响。"年长的教练是睿智的。

预防

目前还没有一个被广泛接受的能够有效减少前交叉韧带撕裂的预防方案（Grimm et al.，2014）。许多前交叉韧带损伤的预防方案被提出、经过测试后又被否决、被重新修改与设计后再次进入测试，如此循环往复。成功的预防方案大多是那些解决多个可以纠正的球员自身问题的方案，并已被证明对男性球员和女性球员都有效。这些成功的预防方案主要着眼于力量训练和快速伸缩复合训练、动态平衡，以及在动态行为过程（如伸腿断球或落地等）中的身体运动控制（特别强调对躯干和整条腿的控制）。包含这些目标的预防方案可能是有效的，但也有一个问题，预防方案中的动作必须定期完成。这些活动并不是在训练中偶尔抽点时间就可以完成的。研究表明，在至少 75% 的训练和比赛中，需要完成预防方案。迄今为止，如果预防方案没有奏效，那基本可以归咎于球员并没有严格遵守预防方案的要求。

我们在审视一个预防前交叉韧带撕裂的方案的时候，主要看其是否包含以下训练活动。

·低强度的跑步训练，如短距离慢跑和折返跑，以及穿插向前跑、侧向跑和向后跑。

·以股四头肌、腘绳肌、腹股沟、髋屈肌和小腿为重点的动态柔韧性训练。

·强调股四头肌（如弓步等）、腘绳肌（如北欧腘绳肌卷曲等）和小腿（如脚趾抬高等）的力量训练。

·快速伸缩复合训练，如单腿跳跃和双腿跳跃（如向前、向后、侧向和剪刀式跳跃等）。

·敏捷性训练，如折返跑、对角线跑和绕边界跑等。

效果

关于预防前交叉韧带撕裂的研究，一直都没有停止。对于初中及以上阶段的男性球员和女性球员来说，严格执行预防方案（参加超过 75% 的训练课程），可以减少 25% 的膝盖受伤风险，以及减少 33% 的前交叉韧带受伤风险。甚至还有一些研究显示，严格执行预防方案可以使前交叉韧带撕裂的概率降低 75%。如果球员下定决心严格执行预防方案，那这些预防方案将是有效的。不幸的是，并不是所有年龄段的球员都能严格按照这样的方式去做。一些男性职业球员是出了名的松懈，他们宁愿尝试基于不充分证据的预防技巧。还有一个需要关注的问题是，第二次前交叉韧带撕裂（可能是同一个膝盖，也可能是另一个膝盖，女性球员在这个问题上表现得尤为严重）并不在本部分内容的讨论范围之内。这是另外一种情况，目前还没有比较权威的解释。

髋部、腹股沟和大腿

起因

比较容易受伤的肌肉包括股二头肌（属于腘绳肌的一部分）、腹股沟长收肌和股直肌（属于股四头肌的一部分）。本部分内容的重点是股二头肌。肌肉拉伤在所有损伤中占 18% ～ 35%，年龄较大的男性职业球员大多会遭受这种损伤。仅从拉伤来看，38% 的拉伤发生在腘绳肌，且男性球员比女性球员多 65%，31% 的拉伤发生在内收肌群，18% 的拉伤发生在股四头肌，13% 的拉伤发生在小腿。

损伤机制和风险因素

肌肉拉伤的损伤机制是可以预测的，也得到了公认。简单地说，如果肌肉被拉伸，然后受到强烈的收缩刺激，组织就会在其弱点处失能。弱点处即肌肉组织与肌腱组织的交界处。经常容易拉伤的肌肉也是可以预测的，它们被称为双关节肌肉。双关节肌肉起源于骨骼，穿过第一个关节，又穿过第二个关节，最后插入另一块骨骼中。例如，腘绳肌（大腿外侧的股二头肌）起源于骨盆，穿过髋关节（股骨－髋臼关节），然后穿过膝关节，最后插入腓骨中，因此，腘绳肌是一种双关节肌肉。

我们之所以把髋部、腹股沟和大腿的肌肉损伤放在一起讨论，是因为有很多肌肉附着在骨盆上。肌肉拉伤的机制已经被很好地定义了，但是每一块肌肉的拉伤方式有着细微的差异。

腘绳肌拉伤是一种冲刺导致的损伤，可能发生在球员从快跑过渡到提速，或在冲刺时加快速度的过程中。例如，当球员的跑动速度非常快时，他往往会试图通过将前腿伸得更长来实现更快的速度。球员迈出左腿，右髋屈曲，伸膝让右腿前伸，跟上前脚的步伐。在这个过程中，腘绳肌会被拉伸。当右腿接触地面时，过度拉伸的腘绳肌出现偏心收缩，导致肌肉失能。

长收肌拉伤在防守球员身上更为常见。想象一下，一名防守球员在面对对方的控球球员时，会从其身后伸腿抢球。而伸腿的动作会拉伸肌肉。无论是触球，还是接触地面，都会触发离心收缩运动，从而有可能拉伤肌肉。这与长期的运动性疝气不同，后者被认为是过度疲劳导致的问题。

股直肌拉伤是独特的，因为可能涉及一些间接接触。例如两名球员同时尝试用脚弓踢球或铲球时，双方发生身体接触，而其中一名球员的力量更强。另一名球员虽然仍处于收缩过程中，但因为其力量处于绝对的弱势，所以其股四头肌此时会拉伸甚至受伤。但这种情况很少见。

风险因素其实很简单。正常情况下，曾经受过伤的部位就是接下来更容易受伤的部位。年龄较大也是一个问题，尤其对于腘绳肌拉伤而言，是一个重要的风险因素。力量、柔韧性等很多其他因素也得到了研究，但研究结果都不是结论性的。

预防

拉伤是比较普遍的，但专门为预防各种拉伤而设计的方案不多，而且大多数预防拉伤的方案都是根据有意义的任务设计出来的。其中常见的 3 种策略是，增强力量（特别是离心力量）、提高柔韧性、热身。许多运动员认为，如果肌肉力量更充足、肌肉更有柔韧性，便能够防止拉伤。虽然这种观点听上去很有道理，但缺乏支持性的数据。如果进行了热身，肌肉会准备好完成接下来的运动，且肌肉温度也会升高。然而，无论是强壮的球员还是弱小的球员，柔韧性好的球员还是柔韧性不好的球员，进行了热身的球员还是没有进行热身的球员，肌肉拉伤的概率都是差不多的。

腘绳肌拉伤是男性职业球员面临的头号损伤，而且球员在场上遭受这种损伤时，会导致比赛时间延误。对此，北欧腘绳肌卷曲（见第 52 页）已被广泛研究，并有报告显示其是有效的。对于内收肌群拉伤，丹麦的研究者正在测试一种内收肌群的特定训练，它被命名为哥本哈根内收肌训练（见图 2.1），且有望纳入 The 11+ 热身指南（见第 3 章）。这项训练有效地增强了内收肌群的力量（高达 36%），且一项试验显示，该训练可以减少 40% 的腹股沟损伤（Haroy et al., 2019）。其他有关内收肌群的训练可见第 6、第 10、第 11 章的内容。同样，所有的预防方案都缺少大量的事实来证明。

效果

将北欧腘绳肌卷曲作为日常训练的内容已经被证明可使职业球员的肌肉拉伤减少 50%，而业余球员的肌肉拉伤可以减少 80%。腘绳肌拉伤不仅仅涉及一名球员是否可以出场比赛，或球队技战术体系的问题，也涉及钱的问题。腘绳肌拉伤究竟能有多费钱？2017—2018 赛季，梅西拉伤了腘绳肌，并因此缺阵了 3 周。据估计，他的周薪为 667 000 美元，因此损伤让巴萨（巴塞罗那足球俱乐部）蒙受的经济损失高达 200 多万美元。对于一个职业俱乐部来说，如果一个赛季有不超过 3 名球员出现腘绳肌拉伤，这称得上一个成功的赛季了。在过去 10 多年的欧洲冠军联赛中，大约每 5 名球员中，就有 1 名球员经历过腘绳肌拉伤。对于一支 25 名球

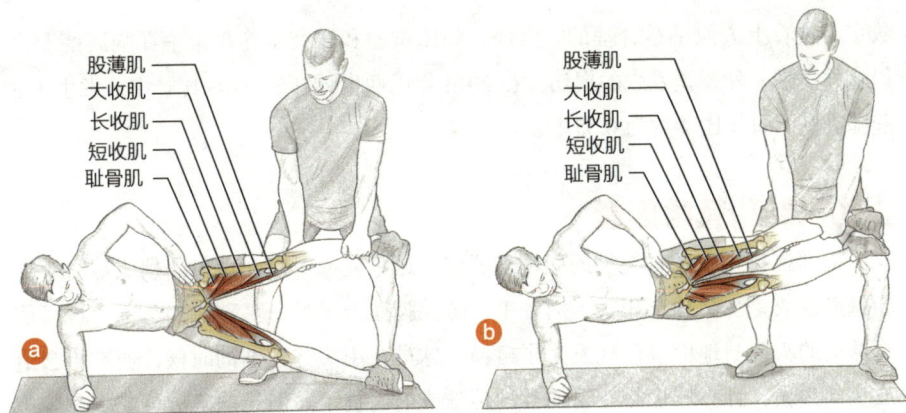

图 2.1　哥本哈根内收肌训练：（a）开始姿势和结束姿势，（b）中间姿势

员的球队来说，这意味着每个赛季都有 5 名球员遭受腘绳肌拉伤。想象一下每年因此产生的开销吧！此外，研究表明，北欧腘绳肌卷曲的效果要比任何其他特定于腘绳肌拉伤的训练的效果要好。基于这一结论，相信大多数人会认为职业俱乐部期望能够引入这项训练，但是对欧洲冠军联赛球队的调查显示出了不同的结果。

　　对于其他拉伤，目前仍然缺乏特定的预防方案，因此很难说一个预防方案是否有效。因此，教练更愿意专注于一些普遍性的拉伤预防方案，例如 The 11+ 热身指南（见第 3 章）。

头部

起因

　　尽管在过去的 10 年或更长的时间里，人们对头部损伤的认知不断加深，但仍然很难确定其发生率呈现什么样的变化趋势。统计数据显示，头部损伤的发生率上升了。但是，这是因为实际受伤人数的增加，还是因为球员们对他们的症状的描述更加坦诚？统计数据还显示，女性头部损伤的发生次数比男性多，也许是因为女性在描述自己的症状时比男性更坦诚，其中仍然不排除有许多人会否认自己的损伤。脑震荡的定义随着时间的推移发生了变化，20 ~ 25 年前无法列入头部损伤的情况，现在也已经被涵盖在内了。

　　有统计数据显示，头部和颈部损伤（如脑震荡、眼部受伤、挫伤、撕裂伤等）占所有损伤的 15% 左右，考虑到头部和颈部占身体总表面积的比例大概也是这个数字，这看上去似乎是合理的。然而，临床试验和研究工作都集中在脑震荡上，但这并不是一种频繁发生的损伤。在 2014 年巴西世界杯的 64 场比赛中，发生了 3 起脑震荡，每场比赛约为 0.05 起。

损伤机制和风险因素

头部损伤是由某种类型的碰撞造成的，这种碰撞可能是球员争顶头球时头部的碰撞，或是一名球员用头、肘、手、膝或脚撞击了另一名球员的头部，也可能是球员的头部与地面或门柱发生了碰撞。球员在用头部顶球的时候，通常不会造成头部损伤，且头球也是有目的性的传球或射门技术。但足球确有可能引起脑震荡，例如踢球后误击中了一名毫无准备的球员，或者球员碰巧出现在守门员踢凌空长球的线路上，或者防守球员在人墙里，无法避开凶狠的射门，但这些都是意外情况。

比较常见的脑震荡的发生，都是不难理解的。这些损伤通常发生在场地中间 1/3 的位置，两名球员通常从不同方向接近球，注意力都集中在球上，并且会跳起争顶头球。女性球员经常出现头部与头部的碰撞，而男性球员多出现头部与肘部的碰撞，这些都可能导致脑震荡。事实上，在足球比赛中有很多因为抬肘而导致对手头部受伤的情况，以至于规则的制定者允许裁判在球员争顶头球时，对故意使用肘部的球员出示红牌。

对脑震荡风险因素的研究还没有取得多少成果。迄今为止，脑震荡最常见的风险因素是既往脑震荡史。然而，这并不意味着没有其他潜在的风险因素，因此增强颈部的力量、提高技术水平等也很重要。

预防

脑震荡被认为是不经常发生的损伤，那么对于类似的损伤是否有必要进行预防，且预防的效果如何，还有待科学检验。很多人提出了不少的建议，最直接的建议就是让球员在比赛中佩戴防护帽。防护帽的作用是通过一种冲击吸收材料进行缓冲，降低冲击强度。对于比赛中正常的头球，防护帽所提供的保护甚少，因为当 3 个表面（足球、防护帽、头部）发生碰撞时，由于足球的材料最软，足球会吸收绝大部分因为撞击而产生的冲击能量。然而对于头部与头部、头部与肘部这种非常激烈的碰撞，防护帽确实能减少 25% ~ 35% 的冲击力。但是减少这种力量是否能防止脑震荡的发生，目前还不得而知。

对于类似脑震荡的损伤，几乎所有人在谈到如何预防时，都会提到技术水平的提高。然而对于球员来说，头球是一项很难掌握的技术，而头球最难的部分甚至与如何顶球无关。球员必须掌握球在空中飞行的轨迹，判断球的落点，才能通过技术动作，准确地用头顶到球。掌握球在空中飞行的轨迹，对于大多数 10 岁及以下的球员来说，几乎是不可能完成的。美国足球联合会已经颁布了相关的规定，对头球按年龄段进行限制。简单地说，对于 10 岁及以下的球员，不进行头球训练；对于 11 ~ 12 岁的球员，进行有限的训练；而对于 13 岁及以上的球员，逐步取消限制。另一项针对年轻球员（年龄不确定）的规定是，禁止守门员踢凌空长球。这个规定旨在简单地消除一个诱因，因为大多数球员在顶头球时，面对的速度最快的球就是凌空长球、球门球和角球。

　　球员在顶头球时，要做很多事情，其中包括收缩颈部肌肉来控制头部动作，让身体保持稳定。这意味着球员的头部、颈部和躯干动作要协调，从而形成合力，以对抗球的冲击力。如果球员没有将头部稳定在躯干上，例如头部被球砸到，球会压倒头部，产生直线撞击或旋转加速，因此可能造成脑震荡。有人认为增强颈部力量应该具有保护效果，但目前没有证据支持这一看法，对颈部进行力量训练会产生什么样的预防头部损伤的效果也不得而知。但这并不意味着增强颈部力量对头部没有保护作用，只是目前还没有研究能够证明这一点。

　　记住头部损伤发生的常见场景：两名球员在场地中间 1/3 的位置，专注于球，从不同的方向靠近彼此。如果球员知道这是容易发生脑震荡的场景，他们可能会在这个场景中对可能发生的事情保持警惕。这叫作场景意识，应该是对各个年龄段的球员进行教育的重点。

效果

　　没有任何经过测试的预防方案，意味着没有数据表明具体的预防措施是否有效。

普遍性的预防与特定的预防

　　预防损伤最好的基础能力训练是让球员的身体素质变得更好。虽然有很多针对特定的损伤制定的预防方案，但是如果将这些方案融入日常训练，会大幅度挤占训练时间。因此很多球队更愿意选择普遍性的预防方案，而不是针对某种特定损伤的预防方案。

　　让球员的身体素质变得更好，确实有助于减少损伤的发生。球员在接受球队的正常训练时，首先应该明确要达到什么样的身体素质，并且能够承担一定的风险或责任，但是很多年轻球员是被临时选进球队进行比赛的。绝大多数教练都会说，这种比赛的准备不充分。几年前，辛辛那提的一所高中，针对女高中生球员通过赛季前的身体素质训练是否能够降低受伤风险进行了调查研究（Heidt et al., 2000）。球员被随机分成两组，一组按照她们既定的赛季前训练计划进行赛季准备，而另一组在赛季前的训练营中进行速度、柔韧性和敏捷性训练，每周训练 3 天，持续 7 周。虽然该调查研究是有瑕疵的，但结果发人深省。在接受了速度、柔韧性和敏捷性训练的一组中，在接下来的赛季中遭受损伤的球员占比为 14%；而在没有接受此类训练的一组中，遭受损伤的球员占比为 33%。这个统计数据包括了所有损伤。该调查研究表明，如果在赛季前组织球队进行训练，让球员的身体素质变得更好，对于赛季中的损伤预防确实有帮助。此外，在接受了速度、柔韧性和敏捷性训练的一组中，只有 1 名球员遭受了赛季报销的损伤（前交叉韧带撕裂）；而在没有接受速度、柔韧性和敏捷性训练的一组中，有 11 名球员遭受了赛季报销的损伤，其中前交叉韧带撕裂有 8 例。在接受了速度、柔韧性和敏捷性训练的一组中，一共有 3 例膝盖损伤；而在没有接受速度、柔韧性和敏捷性训练的一组中，一共有 29 例膝盖损伤。在速度、柔韧性和敏捷性训练中，并没有采用特定的预防膝盖损伤的方案，但是在接受该训练的一组中遭受膝盖损伤的球员大幅度减少。与此同时，有关于其他运动项目的研究表明，仅仅通过增强运动员的有氧能力，就能有效地减少严重的膝盖损伤的发生。如果球员在团队训练之前，能够进行常规的体能训练，那么他不仅能在团队训练中坚持下来，也更有可能在团队训练中脱颖而出。

第3章

国际足联热身运动

　　国际足联是一个世界性的足球运动管理机构。在 1994 年世界杯上，一位高级别的国际足联行政官无意间问道："难道我们不能让比赛更安全吗？"每个人都必须承认，参加体育运动特别是身体接触类运动是有风险的——球员会受伤。难道就不能采取措施降低受伤的概率吗？

　　这个简单的问题成了国际足联医疗评估和研究中心（FIFA Medical and Research Center，F-MARC）的发展动力。F-MARC 的一个主要目标是降低足球比赛中球员受伤的事故率和严重程度。其首要任务是记录世界锦标赛级别的比赛的事故率。F-MARC 必须清楚应该尽量避免哪些损伤。那么到底是避免导致时间损失最多的严重损伤，还是避免影响大多数球员的常见损伤？虽然已经有很多相关的损伤研究，但是不同研究所使用的方法互相矛盾，因此几乎不可能对它们进行比较和总结。F-MARC 采用了当时最好的方法之一，同时在 1998 年世界杯上首次开展了损伤监测项目。通过这个项目，F-MARC 稳定地掌握了世界锦标赛级别的比赛的受伤数据，并且这个方案在国际足联主办的各级比赛中沿用至今。

对于损伤预防的调查研究

　　在 F-MARC 成立之前，很多损伤预防相关的报道依据的都是专家意见而非研究证据。在 20 世纪 90 年代之前，只有一个来自瑞典的实验性研究项目设计了针对足球比赛损伤预防的研究。但是这个项目过于宽泛，很难针对最有效的方面。

　　损伤预防研究分为 4 个步骤。第一，确定可以通过损伤监测项目避免的受伤类别。第二，确定损伤机制（损伤发生的原因）。第三，制定预防草案。第四，在球员中执行这些草案，同时观察受伤率是否有所下降。事实上，参与研究的球员会被随机分成两组。一组接受草案干预，而另一组则不执行草案。记录下特定时间的所有损伤，同时比较两组的受伤率。

第一份瑞典研究报道显示，所有损伤显著减少75%，但是在现实中，没有人可以执行这么多干预措施或要求球员完全执行如此死板的方案。第一个F-MARC损伤预防项目对欧洲大部分男性高中球员做了分析，结果显示整体受伤率下降了1/3。这个下降幅度与随后的研究是一致的。这个项目是F-MARC的首个损伤预防项目，取名为"The 11"，它包含10项预防练习和公平竞争口号（在世界锦标赛级别的比赛中，男性球员接近一半的损伤和女性球员1/4 ~ 1/3的损伤都是球员在比赛中犯规所导致的）。

损伤预防的一个重要方面是归纳特定损伤的风险因素。风险因素可以分为与球员相关的因素（如技术缺失、健康问题和旧伤等）和与球员无关的因素（如裁判素质、场地条件和环境因素等）。技术缺失和健康问题等风险因素是可以改变的，而性别、年龄、环境和场地条件等风险因素则是不可改变的。研究表示，干预一些可改变的风险因素（如腘绳肌的力量等）可以成功地预防损伤。但是旧伤容易再次发生，而且，遭受过腘绳肌拉伤的球员再次遭受腘绳肌拉伤的风险显著提高；有报道表示，有旧伤的球员再次受伤的风险会增加8倍。因此，结论就是必须预防第一次受伤。

从上述瑞典的实验性研究项目开始，出现了大量的损伤预防实验并在医学文献上发表。有些实验的设计是为了降低整体损伤率，而有些实验则面向特定损伤预防。例如，在团队比赛中，特别制定了针对脚踝扭伤、膝盖扭伤、腘绳肌拉伤和腹股沟拉伤的预防措施。预防方案可以分为初级预防（预防第一次受伤）或次级预防（预防经常发生的损伤）。腘绳肌拉伤和膝盖扭伤的预防方案属于初级预防，但同样适用于次级预防；而脚踝扭伤的预防方案则属于次级预防。到目前为止，没有任何预防方案可以预防运动员的第一次脚踝扭伤。

普遍性损伤预防：The 11+

随着收集的数据越来越多，F-MARC开发出第二个版本的The 11，即The 11+。The 11+不仅改进了训练方式，而且替代了球队在训练或比赛之前的全身热身运动。

索利加德（Soligard）等人对将近2 000名13 ~ 17岁的女性球员进行了试验后，于2008年发布了第一个关于The 11+的正式的临床试验报告。报告显示，The 11+的效果相当不错。球员们按照The 11+进行训练后，整体的损伤减少了31%，比赛中的损伤减少了28%，由于过度疲劳而导致的损伤减少了53%，挫伤减少了

56%，腰痛减少了 89%，腿部肌腱疼痛次数减少了 52%，严重损伤（指因伤无法进行正常的训练或比赛超过 28 天）减少了 45%。

研究人员通过调查得出结论，对于普遍性的损伤，The 11+ 可以减少约 1/3。而且，The 11+ 经过精心的设计，能够很好地激发球员和教练的兴趣，提高其参与度，因此其执行度也能得到保证。

从那时起，The 11+ 在多个团队运动项目中陆续进行了测试，并且针对不同年龄、性别及水平的球员进行了广泛的应用。2011 年，《足球运动系统训练》出版，而且从那时起，已经有多篇关于 The 11+ 的系统性的评论文章（对许多研究的严格的、定量的总结，能够提供比单一研究更广泛的理解）。综合多项研究的数据得出结果：The 11+ 可以使女性球员的整体损伤减少约 20%，使男性球员的整体损伤减少近 30%。一个重要的发现是，那些严格遵守 The 11+ 的球员，即使受伤，也大多是轻伤，因此能够尽快回归训练和比赛，因此其因损伤而耽误的时间更少。最近正在进行两项关于 The 11+ 对于预防损伤的效果的新调查。一项是面向儿童的 The 11+，调查显示，面向 7 ~ 12 岁的儿童，The 11+ 可以使整体的损伤减少 48%，损伤复发减少 60%，严重损伤减少 74%；另一项是面向裁判的 The 11+。从公共卫生的角度来看，损伤的减少也意味着大量医疗费用的节省。但有一种损伤似乎没有受到 The 11+ 的影响，那就是腹股沟拉伤。The 11+ 的下一次升级，可能会纳入第 2 章所述的哥本哈根内收肌训练。

为什么 The 11+ 能够对预防损伤起作用？许多研究都提出了这个问题。我们通过了解认识到，如果球员能够严格地按照 The 11+ 进行训练，则会产生更好的神经肌肉适应性。在按照 The 11+ 进行训练后，球员能够获得一些明显的改善，如速度、柔韧性和敏捷性提高，跳跃测试（如立定跳远和立定跳高等）的表现改善，静态和动态的身体平衡能力（如急停时间、身体重心的稳定性、运动中的身体平衡控制等）提高，力量（如股四头肌和腘绳肌等）增强和关节灵敏度（如静态和动态关节姿势感觉等）提高等。简而言之，经常使用 The 11+，可以提高身体的协调性，从而更好地应对比赛中随机出现的运动控制中断反应。

需要重点提醒的是，想要保证较好的损伤预防效果，教练的监督尤为重要。如果让球员独自完成这些训练，球员一定会让训练量打折扣。研究表明，在超过 75% 的有球活动（包括训练和比赛）中，都需要按照 The 11+（或者其他的损伤预防方案）进行训练。如果训练量不够，之前的所有努力就会付诸东流。损伤预防训练不应该是一件新鲜事，必须融入日常训练，成为常规训练内容的一部分。

作为热身运动，The 11+ 为运动员提供了训练和比赛的热身准备。作为教学工具，The 11+ 中大量的练习为球员提供了起跳落地、伸腿断球和转身的恰当技巧。起跳落地时，膝盖应该弯曲到落地脚的上方［图3.1（a）］，而不能塌陷成所谓的外翻姿势［图3.1（b）］。教练必须监督运动员进行这些训练，同时纠正运动员不正确的起跳落地和伸腿断球的技术动作。

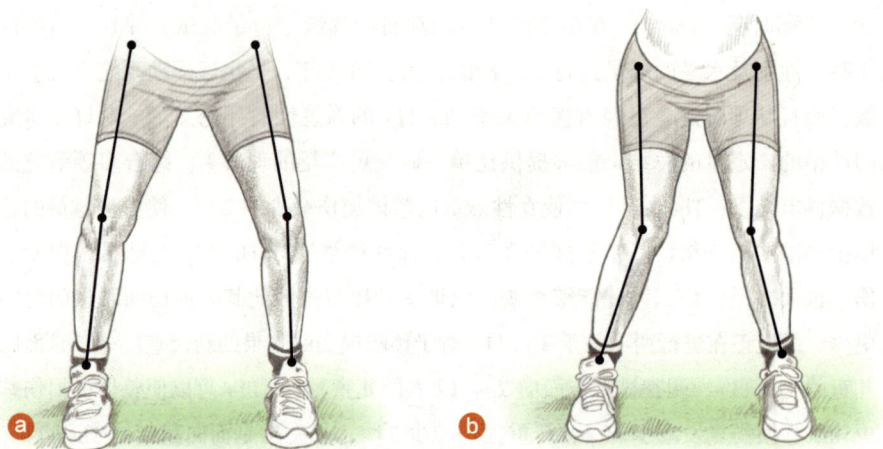

图3.1 起跳落地时膝盖的位置：（a）正确；（b）错误

虽然有大量损伤预防方案可供使用，但是 The 11+ 获得了广泛的认可。基于成功的推广和对足球的特别关注，The 11+ 已成为热身运动的基础。读者可以在 F-MARC 的官网中查找关于 The 11+ 的其他信息，如显示整个例程的图表（见表3.1）。一旦球队掌握了该热身例程，那么整个方案就可以在 15 ~ 20 分钟之内完成。也就是说，The 11+ 取代了球队原来的热身运动。

国际足联热身运动的 3 个部分

热身运动可以让身体逐步适应更加强烈的训练。热身运动是非常重要的，因为当运动前的体温比休息时的体温高时，身体才可以更有效地运动。因此，The 11+ 一开始的训练就是短暂的慢跑。

在慢跑训练之后，球员会进行力量训练、平衡训练和快速伸缩复合训练。这些训练可以动态地拉伸肌肉，使球员为赛场上更加激烈的运动做好准备。

热身运动的目的之一是使身体为接下来的运动做好准备。The 11+ 中的很多训练都是具有挑战性但强度不高的训练。而每次跑动训练都会将运动强度慢慢提高，使其逐渐接近正式的训练强度。跑动不是冲刺，而是难度相对较高的跨步跑。提高跑动速度意味着增加步频和步长。这样，摆动腿移动更快，着地起跑腿则更强壮。人体在不同的跑动速度下所使用的实际肌肉都是一样的，但是如果通过募集肌肉细胞参与跑动，同时要求每个肌肉细胞更好地收缩，大脑就可以指示每块有效肌肉更努力地工作。

表 3.1　The 11+ 热身例程

慢跑训练				
训练编号	训练名称		页码	组数
1	直线慢跑		42	2
2	髋关节外展		43	2
3	髋关节内收		44	2
4	绕搭档慢跑		45	2
5	碰肩		46	2
6	向前和向后跑		47	2

力量训练、平衡训练和快速伸缩复合训练				
训练编号	级别 1	级别 2	级别 3	页码	组数
7	静态平板支撑	双腿交替支撑	单腿抬起支撑	48 ~ 49	2，其中单腿抬起支撑每条腿 2 组
8	静态侧身支撑	髋关节抬起侧身支撑	单腿抬起侧身支撑	50 ~ 51	每侧 2 组
9	初级北欧腘绳肌卷曲	中级北欧腘绳肌卷曲	高级北欧腘绳肌卷曲	52 ~ 53	1
10	单腿抱球站立	单腿站立并向搭档传球	搭档测试单腿站立	54 ~ 55	每条腿 2 组
11	深蹲提踵	弓步行走	单腿深蹲	56 ~ 57	2，其中单腿深蹲每条腿 2 组
12	垂直跳	侧身跳	多方向跳跃	58 ~ 59	2

跑动训练				
训练编号	训练名称		页码	组数
13	跑步练习		60	2
14	跳跃跑		61	2
15	侧向加速和制动		62	2

由 F-MARC 设计，适用于 The 11+。

直线慢跑

动作分解

在相距 5 ~ 9 米的平行线上放置 6 ~ 10 对锥体——对于青少年球员来说，距离可近些，对于成人球员来说，距离可远些。（这种锥体布局可以在所有的慢跑训练中使用。）如果参加球员较多，可以考虑设置两组或两组以上平行锥体。以双人搭档的形式从第一对锥体开始慢跑到最后一对锥体。在返回起点的过程中可逐渐加快速度。完成两组。

参与的肌肉

主要肌群：髋屈肌（腰大肌、腰小肌和髂肌）、股四头肌（股内侧肌、股外侧肌、股中间肌和股直肌）、腓肠肌和比目鱼肌

辅助肌群：腘绳肌（股二头肌、半腱肌和半膜肌）、腓骨肌（腓骨长肌、腓骨短肌和第三腓骨肌）和胫骨前肌

足球专项训练

热身运动的目的之一是提高体温。这很重要，因为第 1 章所描述的能量代谢在体温高于休息时的体温时效率最高。常规慢跑就是提高身体内部温度的简单方法。当身体开始出汗时，身体内部温度正处于能量代谢最高效的温度范围内。The 11+ 可以有效提高身体内部温度。

髋关节外展

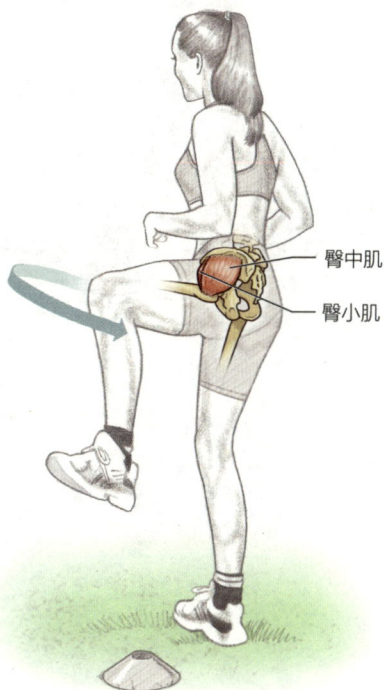

臀中肌

臀小肌

动作分解

场地布局与直线慢跑（见第 42 页）一样。和搭档一起散步或慢跑，并在每一对锥体前停下，抬高膝盖将髋关节向外转动。交替转动左右腿，直到到达终点，接着慢跑返回起点。完成两组。

参与的肌肉（部分肌肉见图示，后同）

主要肌群：髋屈肌、臀肌（臀大肌、臀中肌和臀小肌）和阔筋膜张肌

辅助肌群：长收肌、大收肌（后部纤维）、缝匠肌和梨状肌

足球专项训练

很多教练和球员认为静态拉伸可以提高成绩和避免受伤，但是有关科学证据显示事实并非如此。与此相反，全方位关节运动的动态拉伸不仅不会影响体能，而且可以减少拉伤。球员较容易出现腹股沟拉伤，因此可以在热身运动中进行特定的腹股沟动态拉伸。

髋关节内收

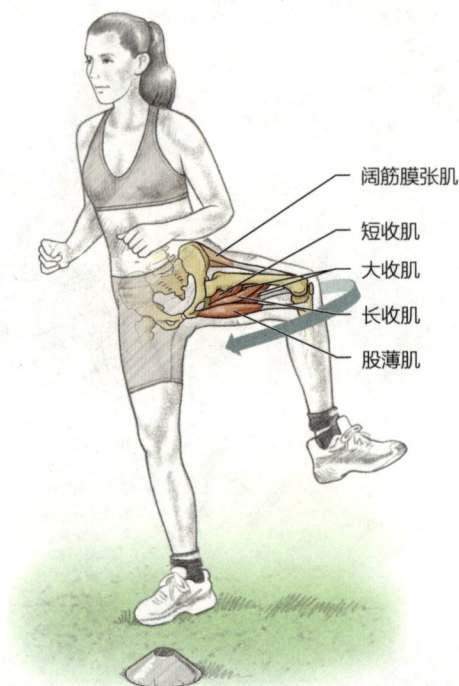

阔筋膜张肌

短收肌

大收肌

长收肌

股薄肌

动作分解

场地布局与直线慢跑（见第 42 页）一样。和搭档一起散步或慢跑，并在每一对锥体前停下，抬高膝盖并向外摆动，然后向内旋转髋关节。交替转动左右腿，直到到达终点，接着慢跑返回起点。完成两组。

参与的肌肉

主要肌群：内收肌群（长收肌、大收肌、短收肌和股薄肌）、臀小肌和臀中肌

辅助肌群：耻骨肌和阔筋膜张肌

足球专项训练

大多数关于灵活性的训练方案会强调对应的肌群训练。这种动态内旋转训练可以平衡之前的动态外旋转训练。对于这两种动态灵活性训练，应确保不管是在肢体动作的开始或结束，都要在整个关节活动范围内转动大腿。每次转动可以稍微加大幅度，这样训练会更有效。

绕搭档慢跑

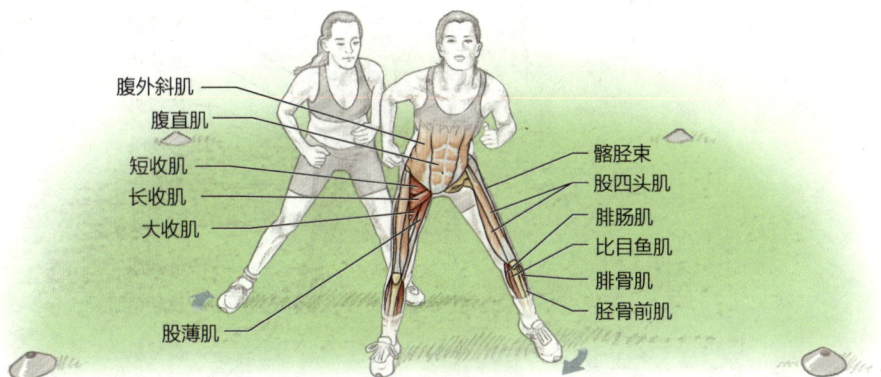

腹外斜肌
腹直肌
短收肌
长收肌
大收肌

股薄肌

髂胫束
股四头肌
腓肠肌
比目鱼肌
腓骨肌
胫骨前肌

动作分解

场地布局与直线慢跑（见第 42 页）一样。与搭档一起沿锥体向前平行慢跑，到第一对锥体后向内侧侧滑步慢跑。两人在中间相遇，相互围绕着跑一圈，然后回到锥体位置跑向下一对锥体，重复相同的动作。跑动时，前脚掌着地，弯曲髋关节和膝盖以保持身体重心处于低位。从终点慢跑到起点，完成两组。

参与的肌肉

主要肌群：腓肠肌、比目鱼肌、臀大肌、髂胫束（起跳腿）和内收肌群（牵引脚）

辅助肌群：腘绳肌（股二头肌、半腱肌和半膜肌）、股四头肌（股中间肌、股外侧肌、股内侧肌和股直肌）、腓骨肌、胫骨前肌、腹部核心肌群（腹外斜肌、腹内斜肌、腹横肌和腹直肌），以及用于控制姿势的竖脊肌和多裂肌

足球专项训练

足球运动要求球员进行各种距离、方向和速度的横向运动。横向运动是体现灵活性的一个方面，也是球员看重的特质。这项训练可以为球员的下一项训练做好准备。朝两个方向跑动可以平衡两条腿的负重。在进行任何运动时，都要确保膝盖不能塌陷。

45

碰肩

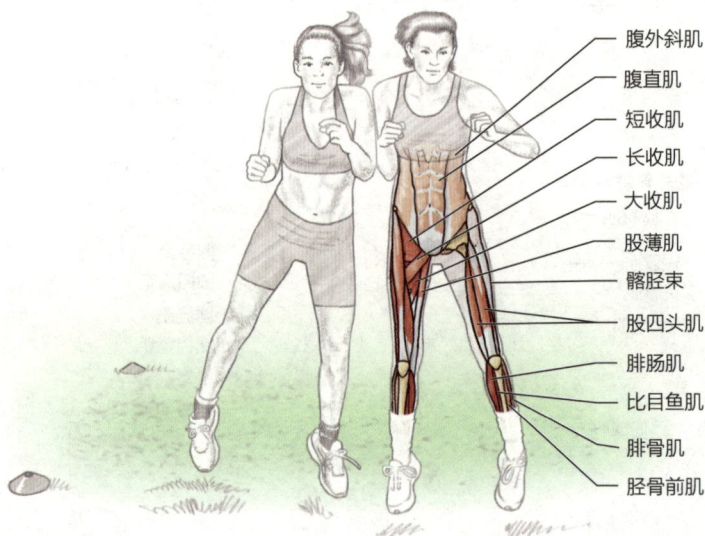

腹外斜肌
腹直肌
短收肌
长收肌
大收肌
股薄肌
髂胫束
股四头肌
腓肠肌
比目鱼肌
腓骨肌
胫骨前肌

动作分解

场地布局与直线慢跑（见第 42 页）一样。与搭档一起沿锥体向前平行慢跑到第一对锥体处。两人各自向内侧跑动并在中间相遇，向对方一侧跳动，确保肩膀与肩膀接触。弯曲髋关节和膝盖，不要让膝盖内扣，与搭档同时跳动和着地。在每对锥体处重复相同的动作。到达终点后，慢跑返回起点。完成两组。

参与的肌肉

主要肌群：腓肠肌、比目鱼肌、臀大肌、髂胫束（起跳腿）、内收肌群（牵引腿）、股四头肌（股中间肌、股外侧肌、股内侧肌和股直肌）和腘绳肌（股二头肌、半腱肌和半膜肌）

辅助肌群：腹部核心肌群、腓骨肌和胫骨前肌

足球专项训练

膝盖受伤，特别是前交叉韧带撕裂的主要原因是球员直接双脚着地。这个动作会增大前交叉韧带的压力，从而造成前交叉韧带撕裂和半月板损伤。The 11+ 中的很多训练都会教授球员控制着地和断球的方法。这对于中学阶段的女性球员特别重要，因为这个年龄段的女性球员最容易遭受前交叉韧带撕裂。着地时要柔和且平稳，确保膝盖不要塌陷。

向前和向后跑

动作分解

场地布局与直线慢跑（见第 42 页）一样。与搭档一起快速跑到第二对锥体处，然后快速退回第一对锥体处，再向前重复第一组动作，直至终点处。到达终点后，跑回起点。完成两组。

参与的肌肉

主要肌群： 髋屈肌、股四头肌（股中间肌、股外侧肌、股内侧肌和股直肌）、腘绳肌（股二头肌、半腱肌和半膜肌）、腓肠肌、比目鱼肌和臀肌

辅助肌群： 腹部核心肌群、竖脊肌和多裂肌

足球专项训练

这项训练比本组中其他训练的速度要快一些。迈出的前脚要稳，同时确保膝盖向前超过脚尖且没有内扣。快速跑向一个锥体，再快速倒退回去，同时保持良好的姿势。稳定起跳腿，然后朝着锥体快速跑动。要小步快速跑动，而不是迈着大步走。保持正确的姿势——弯曲髋关节和膝盖——手臂摆动幅度尽可能大些。

平板支撑

臀中肌
臀大肌
腘绳肌
腹外斜肌
竖脊肌
肩袖
腹直肌

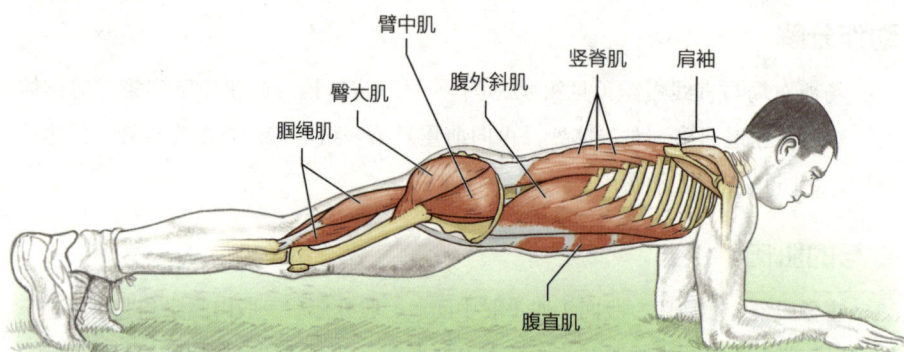

级别1：静态平板支撑

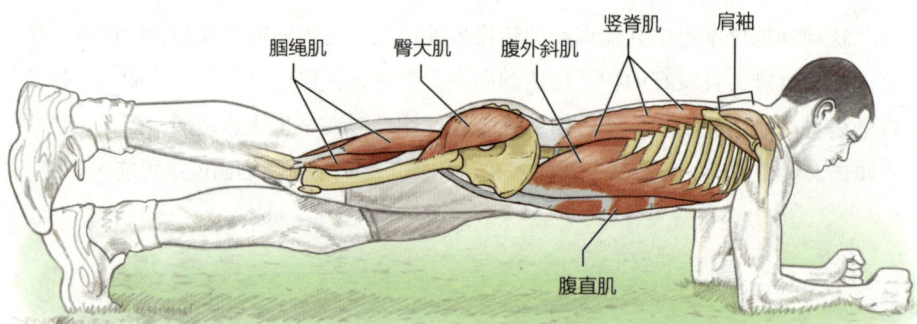

腘绳肌
臀大肌
腹外斜肌
竖脊肌
肩袖
腹直肌

级别2：双腿交替支撑

级别 1：静态平板支撑

脸朝下俯卧，用前臂和双脚支撑身体。肘部必须放在肩膀的正下方。用前臂撑起身体，收腹并保持姿势 20 ～ 30 秒。如果保持这个静止姿势足够长的时间，身体的核心肌肉都会紧张。正确的姿势是很重要的，必须确保肘部在肩膀的正下方，同时头部到躯干、髋关节到脚踝的各个身体部位呈直线姿势。不要晃动或拱背。支撑结束后，身体下沉直到接触地面。完成两组。

级别 2：双腿交替支撑

只需添加髋关节的活动就可以加大静态平板支撑的难度。双腿交替支撑最重要的是姿势的保持。脸朝下俯卧，用前臂和双脚支撑身体。肘部必须在肩膀的正下方。用前臂撑起身体，收腹。将右腿抬起并保持 2 秒。放下右腿，接着抬起左腿并保持 2 秒。交替抬起双腿，持续运动 40 ～ 60 秒。放慢腿部抬起和放下的速度可以达到更好的效果。注意保持身体呈直线姿势，不要晃动或者拱背。完成两组。

级别 3：单腿抬起支撑

单腿抬起支撑结合了静态动作（保持抬腿姿势）和动态动作（抬起和放下腿），难度更大。保持腿部抬起 20 ～ 30 秒会增加脊柱和髋关节拉伸的难度。脸朝下俯卧，用前臂和双脚支撑身体。肘部必须在肩膀的正下方。用前臂撑起身体，收腹。将一条腿抬高约 15 厘米，并保持姿势 20 ～ 30 秒。保持身体呈直线姿势，确保对侧髋关节不下沉，并且不要晃动或拱背。放下腿稍作休息，接着换腿重复训练。每条腿完成两组。

参与的肌肉

主要肌群： 腹部核心肌群、脊柱伸肌、臀肌和腘绳肌（股二头肌、半腱肌和半膜肌）

辅助肌群： 肩膀稳定肌群，包括肩袖（冈上肌、冈下肌、肩胛下肌和小圆肌）和肩胛稳定肌群（大菱形肌、小菱形肌、斜方肌和背阔肌）

足球专项训练

平板支撑有时也称为支撑，是一项基本且重要的肌力训练。不要跳过级别 1 和级别 2 直接进行级别 3 的训练。当你可以毫无局部疲劳和不适感地轻松完成一个级别的训练时，就可以进入下一个级别的训练。如果前期没有打好基础，则不建议直接进行高级别的训练。

侧身支撑

腹外斜肌　腹直肌　肩袖

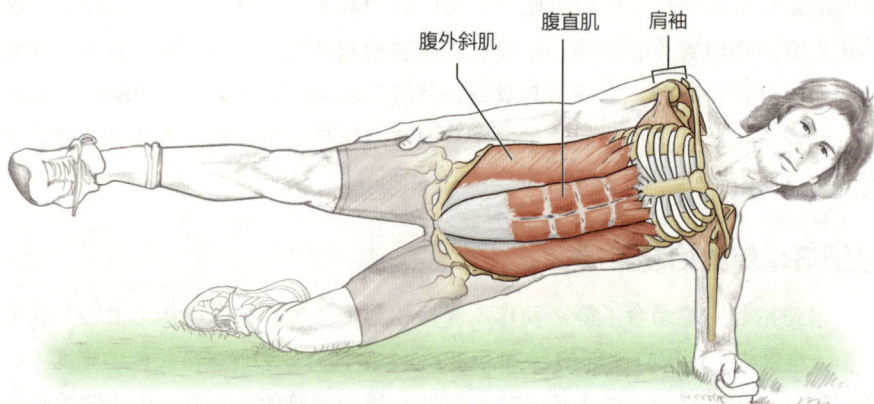

级别1：静态侧身支撑

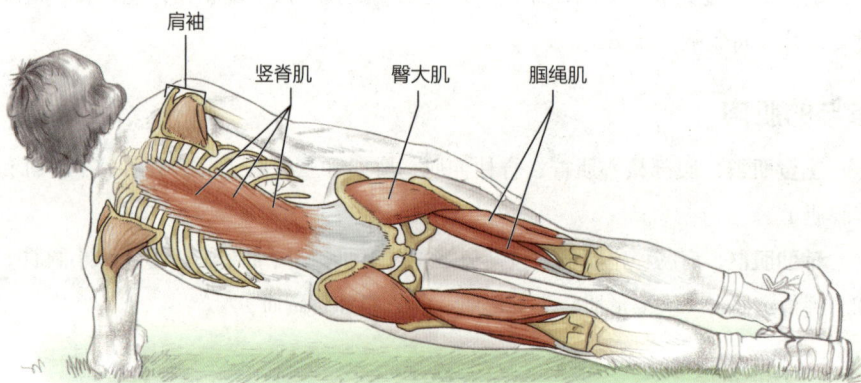

肩袖　竖脊肌　臀大肌　腘绳肌

级别2：髋关节抬起侧身支撑

级别1：静态侧身支撑

　　侧身躺下并保持着地腿膝盖弯曲约90度。用着地侧的前臂和膝盖撑起上半身，着地侧肘部必须在肩膀的正下方。非着地腿和该侧髋关节抬高，同侧肩膀、髋关节及膝盖呈一条直线。保持姿势20～30秒，然后身体向下移动，直到接触地面。稍作休息，换另一侧重复训练。每侧分别进行两组训练。

级别 2：髋关节抬起侧身支撑

此训练添加了髋关节的移动，增加了核心肌群的负荷。侧身躺下后双腿伸直。以前臂和小腿一侧支撑身体，保持身体从肩膀到脚部呈直线姿势。着地侧肘部必须在肩膀的正下方。髋关节向下移动直到身体接触地面，然后再次抬起。反复训练 20 ~ 30 秒。稍作休息，换另一侧重复训练。每侧分别进行两组训练。

级别 3：单腿抬起侧身支撑

级别 3 比级别 2 的挑战性更高。侧身躺下后双腿伸直。以前臂和小腿一侧支撑身体，保持身体从肩膀到脚部呈直线姿势。着地侧肘部必须在肩膀的正下方。抬起位于上方的腿，然后慢慢放下。反复训练 20 ~ 30 秒。身体向下移动直到接触地面，稍作休息，换另一侧重复训练。每侧分别进行两组训练。

参与的肌肉

主要肌群： 腹部核心肌群、脊柱伸肌、臀肌和腘绳肌（股二头肌、半腱肌和半膜肌）

辅助肌群： 肩膀稳定肌群（肩袖和肩胛稳定肌群）

足球专项训练

侧身支撑直接作用于负责横向控制的核心肌群。忽视对这个肌群的训练会导致核心控制功能失调。侧身支撑训练分 3 个级别，不要跳过级别 1 和级别 2 直接进行级别 3 的训练。当你可以毫无局部疲劳和不适感地轻松完成一个级别的训练时，你就可以进入下一个级别的训练。

北欧腘绳肌卷曲

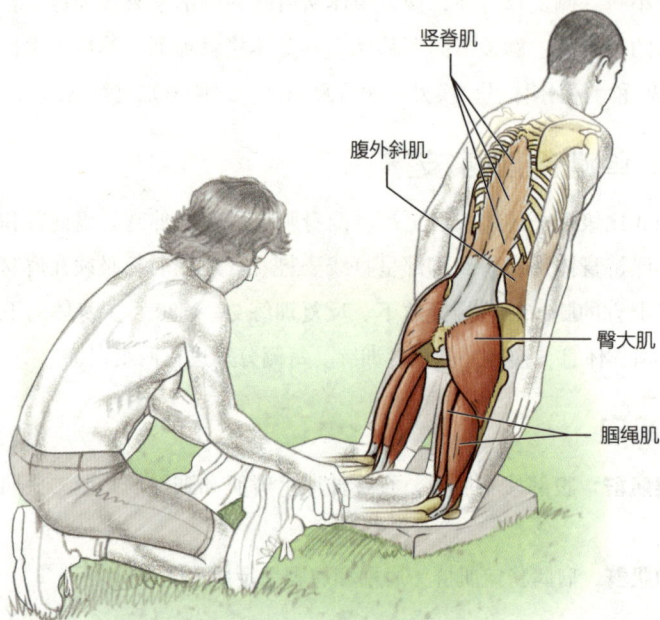

竖脊肌

腹外斜肌

臀大肌

腘绳肌

级别 1：初级北欧腘绳肌卷曲

　　双膝跪在软垫上。请一位搭档蹲在你的身后将你的脚踝固定。训练过程中，身体从肩膀到膝盖部分必须完全呈直线姿势。双手自然放于身侧并做好支撑身体进行俯卧撑的准备。身体尽可能往前倾，并控制腘绳肌和臀肌。当不能再保持上述姿势时，可以换成俯卧撑姿势。重复完成 3 ~ 5 次（一组）。

级别 2：中级北欧腘绳肌卷曲

　　重复 7 ~ 10 次（一组）初级北欧腘绳肌卷曲训练。

级别 3：高级北欧腘绳肌卷曲

　　重复 12 ~ 15 次（一组）初级北欧腘绳肌卷曲训练。

参与的肌肉

主要肌群：腘绳肌（股二头肌、半腱肌和半膜肌）和臀大肌

辅助肌群：脊柱伸肌和腹部核心肌群

足球专项训练

随着足球比赛激烈程度的日益提高，其对球员身体对抗性和肌肉爆发力的要求越来越高，同时损伤出现的位置也发生了变化。在 20 世纪 70 年代，腘绳肌拉伤是很少见的。现在，腘绳肌拉伤已经位列足球损伤统计的前 4 名。有些报道显示，专业球队在每个赛季可能出现 6 次甚至更多次腘绳肌拉伤事件。较轻微的拉伤会导致球员退场休息几周，而较为严重的拉伤可能导致球员停赛 4 个月以上。总之，在比赛密集的学校和俱乐部，腘绳肌拉伤可能会导致球员整个赛季停赛。因此，球队必须采取一切可能避免腘绳肌拉伤的措施。北欧腘绳肌卷曲训练（有时候称为俄罗斯腿弯举）可以有效避免球员腘绳肌拉伤，特别是有旧伤的球员，因此本训练很有必要作为球员日常训练的一部分。球员力量增强之后就可以增加训练的次数，同时控制下压的高度，使身体尽可能接近地面。这项训练不仅可以减少发生腘绳肌拉伤的风险，同时也可以锻炼腘绳肌，从而有助于球员在断球或着地时稳定膝盖和髋关节，为避免膝盖受伤提供另一重保护。

单腿站立

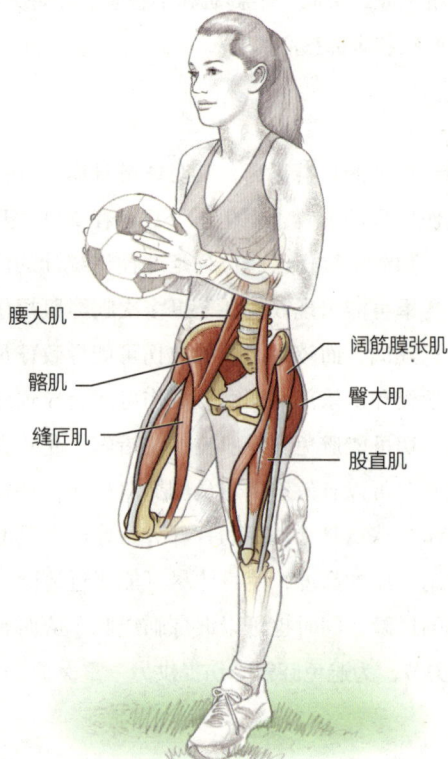

级别1：单腿抱球站立

腰大肌

髂肌

缝匠肌

阔筋膜张肌

臀大肌

股直肌

级别1：单腿抱球站立

级别1：单腿抱球站立

抱球会造成部分注意力分散，使你的大脑脱离平衡的行为，这样大脑和脊柱会下意识地调节平衡。单腿站立并保持平衡，双手抱住足球，将身体和球的重量集中到站立腿（支撑腿）上。确保两腿膝盖不要内扣，坚持30秒。换腿重复训练，每侧完成两组。可以在腰部或抬起的膝盖上双手交替持球做回环运动来增加训练难度。

级别2：单腿站立并向搭档传球

级别2的平衡训练通过向搭档传球来分散注意力，以增加难度。接球者必须仔细观察，预测球飞出的路径并做出反应，同时调整身体位置、平衡和姿势，以便最后接住球。与搭档之间的距离为 2 ～ 3 米。两人都必须单腿站立，双手抱球。在保持平衡和收紧腹部的同时，将球传给搭档。将身体重心放在站立腿上，保持膝盖稍微弯曲，但是双膝不要内扣。控制站立腿的膝盖，保持膝盖不前后晃动。相互传球 30 秒。换腿重复训练。每侧完成两组。

级别 3：搭档测试单腿站立

级别 3 的平衡训练更具挑战性。与搭档面对面间隔一臂距离单腿站立。这时两个人都会尝试保持平衡。可以轮流从不同的方向轻触对方，使对方失去平衡。将身体重心放在站立腿上，同时双膝不要内扣，目标是保持平衡和增强支撑腿一侧的膝盖周围的力量。注意控制训练幅度，因为这项训练很容易失控。保持训练 30 秒，然后换腿重复训练。每侧完成两组。

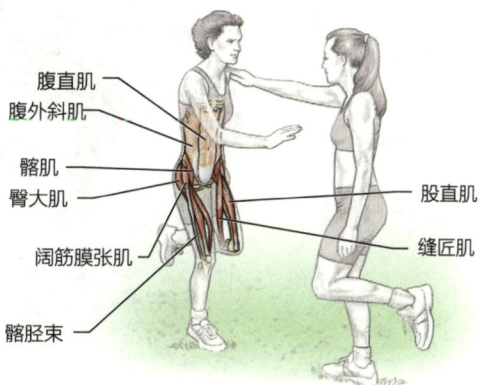

级别3：搭档测试单腿站立

腹直肌
腹外斜肌
髂肌
臀大肌
阔筋膜张肌
髂胫束
股直肌
缝匠肌

参与的肌肉

主要肌群：髋屈肌（腰大肌、腰小肌、髂肌和股直肌）、髋伸肌（臀大肌和腘绳肌）、阔筋膜张肌、缝匠肌和髂胫束

辅助肌群：腹部核心肌群和脊柱伸肌

足球专项训练

作为直立行走的人类，我们需要不断地保持平衡并保证身体重心高于支撑面。当失去身体重心时，我们必须做出反应并改正，否则就会跌倒。平衡是一个复杂的生理过程，它集合了大脑和脊柱的运动环境感应和反应模式。在做出反应之前，大脑的特定区域会在很短的时间内对比预定和实际的动作信息。膝盖受伤大多是因为在身体失衡时反应不够快，导致膝盖塌陷。单腿站立、深蹲（见第 56 页）和跳跃练习（见第 58 页）都可以改善人们在不同运动中的平衡和膝盖控制能力。

深蹲

腰大肌

髂肌

股四头肌

腘绳肌

臀大肌

腓肠肌

比目鱼肌

腹直肌

腹外斜肌

股四头肌

臀大肌

腘绳肌

腓肠肌

比目鱼肌

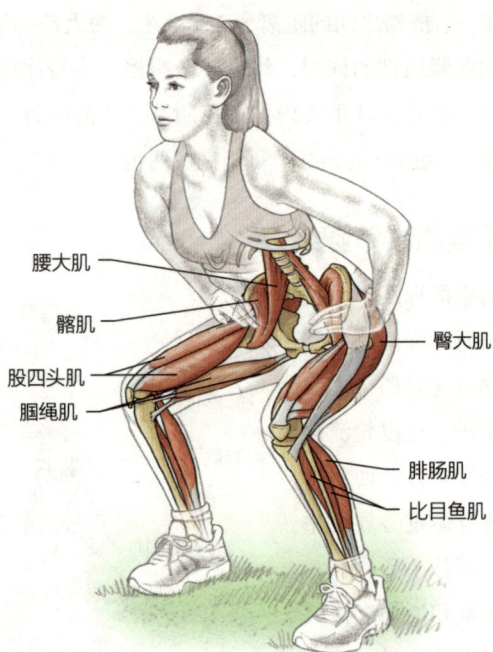

级别1: 深蹲提踵

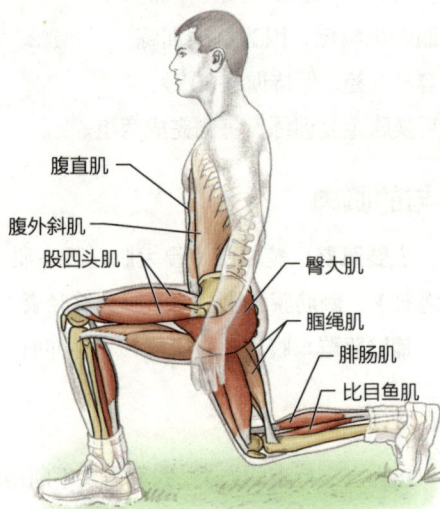

级别2: 弓步行走

级别 1: 深蹲提踵

双脚分开与髋同宽站立。双手叉腰。想象将要坐在椅子上的感觉，髋关节和膝盖弯曲 90 度，深蹲。不要让双膝内扣。慢慢下蹲然后快速挺直膝盖。当双腿完全伸直时，将脚跟往上抬起，然后慢慢往下回到开始位置。完成两组训练。

级别2：弓步行走

弓步行走主要涉及单腿动作。最好让教练在前面观察你的动作，以保证动作正确。弓步行走可以明显提高股四头肌、髋屈肌和腹股沟的柔韧性。双脚分开与髋同宽站立。慢慢朝前弓步行走。行走时弯曲前腿，髋关节和膝盖弯曲90度，同时后腿膝盖快要触碰地面。不要让前腿膝盖内扣。保持上半身直立，抬头且髋关节不晃动。注意前腿膝盖位于脚面上方，但不要超过脚尖，膝盖保持稳定而不前后晃动。弓步行走时深吸气，站直时呼气。每个弓步行走之间可以稍作休息。在到达终点之后双腿交换，然后慢跑回到起点。每条腿大约训练10次，共完成两组训练。

级别3：单腿深蹲

单腿深蹲并保持膝盖位于站立脚的脚面上方。这可能是所有训练中最难控制膝关节的一个动作。让教练在前面观察并提醒你是否很好地控制了膝关节的运动。也可以和搭档一起训练，两人都单腿站立，然后轻轻抓住彼此以保持平衡，尽可能保持躯干直立，慢慢弯曲膝盖，角度尽可能大但不超过90度。注意避免双膝内扣。慢慢弯曲

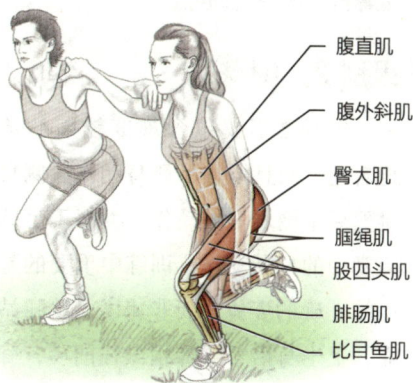

腹直肌
腹外斜肌
臀大肌
腘绳肌
股四头肌
腓肠肌
比目鱼肌

级别3：单腿深蹲

膝盖，在伸直时速度稍微快一些，保持髋关节和上半身呈直线姿势。重复训练10次，然后交换腿进行训练。每条腿完成两组训练。

参与的肌肉

主要肌群：髋屈肌、臀大肌、股四头肌（股中间肌、股外侧肌、股内侧肌和股直肌）、腓肠肌和比目鱼肌

辅助肌群：腹部核心肌群、脊柱伸肌和腘绳肌（股二头肌、半腱肌和半膜肌）

足球专项训练

球员以直立姿势硬着地存在膝盖受伤的风险。为了避免这种风险，球员必须学会软着地，减小髋关节、膝盖和脚踝受到的冲击力。软着地要求球员具备良好的脚踝灵活性，因为膝盖和髋关节很难弥补踝关节的作用。

跳跃练习

级别 1：垂直跳

双脚分开与髋同宽站立。双手叉腰，想象将要坐在椅子上的感觉，慢慢弯曲双腿，直到膝盖弯曲 90 度，保持 2 秒，注意不要让双膝内扣。以这个深蹲姿势尽可能高地跳起。稍微弯曲髋关节和膝盖，前脚掌轻轻落回原地，重复训练 30 秒。休息一下，接着再完成一组训练。

级别 2：侧身跳

级别 2 不仅包含难度较高的单腿着地，而且增加了侧身动作。侧身跳然后单腿着地的动作，类似于足球运动中的抢断动作。训练中重要的是保持正确的姿势，而非速度。单腿站立，上半身沿着腰部稍微往前弓，膝盖和髋关节稍微弯曲。从支撑腿到摆动腿侧身跳动的距离大概是 1 米，前脚掌轻轻着地。着地时要弯曲髋关节和膝盖，同时双膝不要内扣。保持躯干稳定。研究显示，躯干控制不好时，落地时膝盖会摇晃，因此能够很好地控制躯干的球员也可以很好地控制膝盖。

在每次跳跃时保持平衡。注意不要发生轻微的躯干转动、脊柱侧弯或两者同时出现的错误。同时注意手臂是否为了保持平衡而做出反方向动作。如果无法控制躯干，可以减少侧

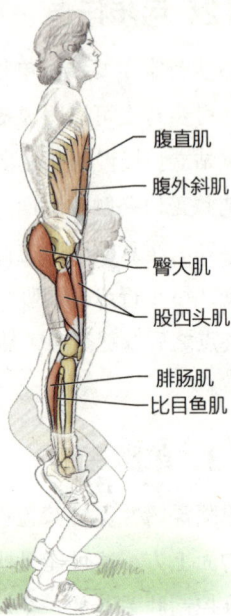

腹直肌
腹外斜肌
臀大肌
股四头肌
腓肠肌
比目鱼肌

级别1：垂直跳

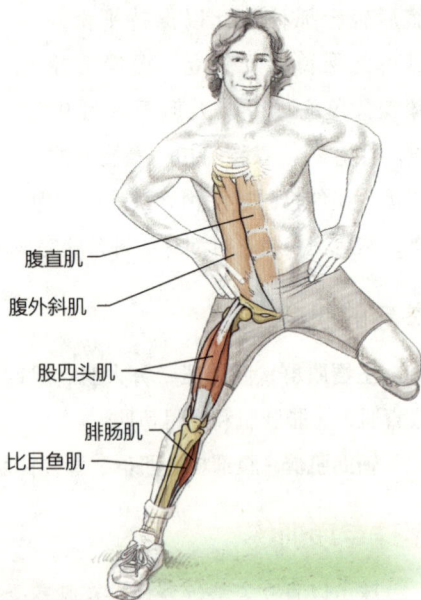

腹直肌
腹外斜肌
股四头肌
腓肠肌
比目鱼肌

级别2：侧身跳

身跳的距离。只有成功控制躯干，才可以增加侧身跳的距离。重复训练 30 秒，休息一下，再完成另一组训练。

级别 3：多方向跳跃

级别 3 包括前后、左右和对角线方向的双脚着地动作。双脚分开与髋同宽站立。想象地面上画有一幅十字交叉图，你正站在交叉图正中间。交替着向前后、左右及对角线方向跳动。尽可能快且有爆发力地跳动。膝盖和髋关节稍微弯曲。前脚掌轻轻着地。双膝不要内扣。以正确的着地技巧在交叉图中点到点地跳动。平稳地着地，减小脚踝、膝盖和髋关节受到的冲击力。重复训练 30 秒，休息一下，再完成另一组训练。

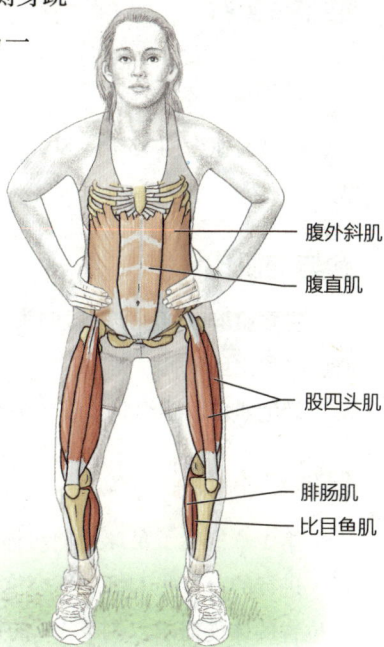

腹外斜肌
腹直肌
股四头肌
腓肠肌
比目鱼肌

级别3：多方向跳跃

参与的肌肉

主要肌群： 臀大肌、股四头肌（股中间肌、股外侧肌、股内侧肌和股直肌）、腓肠肌和比目鱼肌

辅助肌群： 腹部核心肌群和脊柱伸肌

足球专项训练

着地时的膝盖控制是避免受伤的重要因素。这些简单的快速伸缩复合训练解决了着地问题（快速伸缩复合训练旨在刚好在肌肉收缩之前拉伸肌肉）。轻轻且稳定地着地可以减小脚踝、膝盖和髋关节受到的冲击力。注意保持膝盖位于脚面正上方，并且不要让双膝塌陷。

下落时，双腿不要直直地硬着地。这种情况特别常见于初中和高中时期的女性球员。薄弱的腘绳肌和着地时的冲击力会导致一些球员直接硬着地。僵硬的直腿着地会导致胫骨前移，从而对前交叉韧带产生压力。当膝盖接近于伸直时，腘绳肌在稳定胫骨前移时会处于结构上的劣势，从而造成前交叉韧带受伤。当膝盖弯曲时，冲击力不会造成胫骨前移；膝盖的屈曲能力越强，发生前交叉韧带撕裂的概率就越低。

跑步练习

动作分解

以最大速度的 75% ~ 80%，从球场的一边跑到另一边。慢跑回来，然后再完成一组训练。

参与的肌肉

主要肌群：髋屈肌、股四头肌（股中间肌、股外侧肌、股内侧肌和股直肌）、腓肠肌和比目鱼肌

辅助肌群：腘绳肌（股二头肌、半腱肌和半膜肌）、腓骨肌和胫骨前肌

足球专项训练

第 1 章概括了足球运动对体能的需求。大约 2/3 的比赛都是以行走和慢跑的形式进行的。有些人将之称为位置强度，即在球场上根据球和球员的移动调整自身位置的体能需求。剩下 1/3 的比赛则是在较快速度下进行的。这些较快的速度（快跑和冲刺）被称为战术强度，发生在球员们整体进攻或防守时。热身运动是为接下来的训练做准备，其中包括进攻或防守的战术训练。这些较高强度的跑动可以很好地为接下来更艰难的跑动做好身体准备。忽视较高强度的跑动，直接进入更艰难的跑动会造成训练强度发展过快，从而增加受伤的风险。

跳跃跑

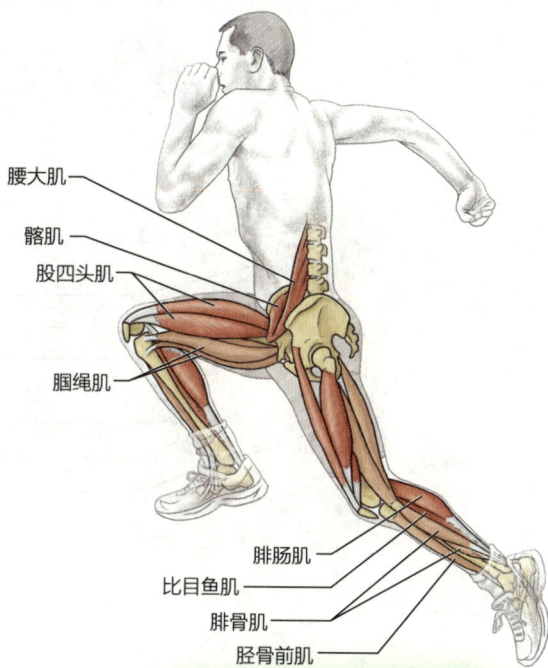

腰大肌

髂肌

股四头肌

腘绳肌

腓肠肌

比目鱼肌

腓骨肌

胫骨前肌

动作分解

　　以跳跃的步伐跑动，抬高膝盖并以前脚掌轻轻着地。每一步都大幅度摆动手臂（手臂和腿的方向相反）。前腿不要超过身体中心线，双膝不要内扣。重复训练，直到到达球场的另一边，再慢跑回来以恢复体力，接着再完成一组训练。

参与的肌肉

　　主要肌群：髋屈肌、股四头肌（股中间肌、股外侧肌、股内侧肌和股直肌）、腓肠肌和比目鱼肌

　　辅助肌群：腘绳肌（股二头肌、半腱肌和半膜肌）、腓骨肌和胫骨前肌

足球专项训练

　　这项训练类似于田径运动员的训练。每一步都是着地腿用力蹬地，摆动腿的膝盖尽可能向上抬起，向前迈一大步，腿部的运动还伴随着大幅度的手臂摆动。保持躯干稳定和直立，前腿不得超过身体中心线。保持膝盖位于前腿脚面之上，使之在着地时不会发生外翻损伤（见第40页）。

侧向加速和制动

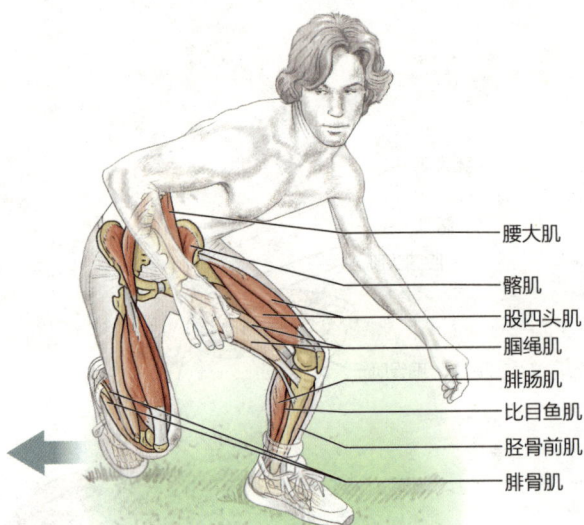

腰大肌
髂肌
股四头肌
腘绳肌
腓肠肌
比目鱼肌
胫骨前肌
腓骨肌

动作分解

慢跑 4 步或 5 步，外侧腿制动，内侧腿向斜前方蹬地加速。完成该动作时，应注意在减速之前，以最大速度的 80% ~ 90% 加速冲刺，接着进行制动和加速。外侧腿制动时，不要让双膝内扣。重复训练，直到到达球场的另一边，然后慢跑回来，接着再完成一组训练。

参与的肌肉

主要肌群：髋屈肌、股四头肌（股中间肌、股外侧肌、股内侧肌和股直肌）、腓肠肌和比目鱼肌

辅助肌群：腘绳肌（股二头肌、半腱肌和半膜肌）、腓骨肌和胫骨前肌

足球专项训练

这是一项侧重于提高身体灵活性的训练。很多人认为必须在高速状态下训练灵活性，但是当侧重于速度时，身体姿势往往会发生变化。在这种情况下，正确的身体姿势、动作模式和膝盖控制比速度更重要。虽然这项训练要求较快的速度，但是不能牺牲正确的动作模式和身体姿势来追求更快的速度。制动时，稳定地固定外侧腿，以减小对脚踝、膝盖和髋关节的冲击力，然后向反方向快速启动并冲刺。

第4章

核心训练

在很多层面上，经验丰富的教练对于足球训练的很多观点都是正确的。在今天看来很新奇的练习，常常可以在几十年前的有关训练的书中找到。不能因为老教练们曾活跃在五六十年前的球场上就认为他们对于现在的训练方法一无所知，相反，他们曾经的某些想法正在被重新审视。传统的训练会让运动员做仰卧起坐来增强腹部肌肉，以抵御比赛中的激烈碰撞和对抗。今天，包括运动员在内的大多数人，当被问及核心肌肉时，都会提到他们的腹肌，很可能是 6 块腹肌。事实上，核心肌肉远远不止腹肌。核心是指从臀部到肩部的身体中间部位。依托这个部位，所有的身体运动才能发生。

强壮的核心肌肉是四肢执行动作的平台。为了使上肢和下肢在躯干上以协调的方式运动，核心肌肉（腹直肌只是其中的一部分）需要稳定臀部、脊柱和躯干。如果躯干在运动过程中不稳定，那么四肢就必须对躯干的意外运动进行补偿运动。为了证明这一点，请闭眼单脚站立，注意当你的躯干在支撑腿上转动时，你抬起的腿和手臂会发生什么？在一场激烈对抗的比赛中，这样的反应可能会导致受伤等不利的情况。事实上，高速视频记录了这样的情况：遭受非接触式膝盖受伤的人在受伤之前，躯干略有晃动，其反应与计划略有不同，膝盖就受伤了。这就是为什么核心训练是几乎每一个膝盖损伤预防计划的一部分，如 The 11+（见第 3 章）。

随着时间的推移，核心训练已经从一种辅助训练（几个仰卧起坐）变成了一种关键的训练——有些人可能会说这是训练计划中的关键元素。由于有几十本书、数百种锻炼方法和数千个网站致力于核心训练，可选择的训练方案可能会让人眼花缭乱。

位于胸腔和骨盆之间的腹部像一个圆柱体。其周围是腹肌和腰背筋膜等。上面的横膈膜和下面的盆底肌封住了腹部圆柱体的两端。

腹肌

腹部的独特之处在于肌肉附着的骨骼结构是从身体的其他区域借用的。从上方看，一些肌肉起源于肋骨；从下方看，另一些肌肉起源于骨盆；从背部看，还有一些肌肉来自脊柱和下背部的一层非常结实的腱性组织，称为腰背筋膜（有时称为胸腰筋膜）。因为下腹部肌肉的骨性止点位置有限，所以前腹部的肌肉部分附着在从胸骨到骨盆（见第5章）的肌腱上，称为腹白线。这给了某些肌肉一个牵引力。腹部几乎没有传统的关节或韧带。

腹部最明显的肌肉是腹横肌、腹外斜肌和腹内斜肌（见图4.1）。它们的分布和功能很复杂。这3块肌肉是彼此叠置的平板。它们以肌纤维的方向和在层中的位置命名。第四块肌肉，即腹直肌，被嵌入中线肌腱内的腹直肌鞘中。

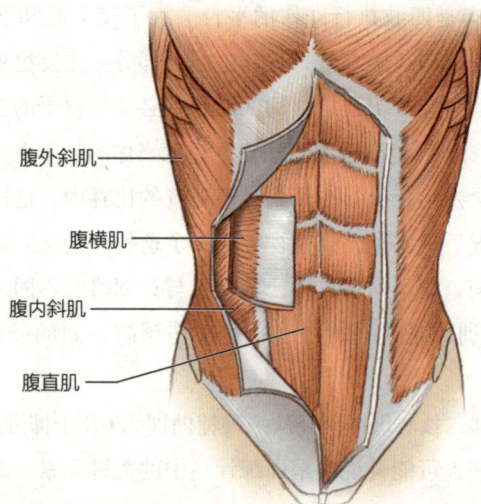

图4.1 腹外斜肌、腹横肌、腹内斜肌、腹直肌

　　成对的腹直肌在胸骨和耻骨（腹部的最低部分）之间的中线附近并排延伸，腹直肌起于两块耻骨的连接处（耻骨联合处）。这些肌纤维一直延伸到胸骨末端（剑突）和第 5 至第 7 肋骨的附近表面。这种肌肉的独特之处在于肌肉内有肌腱。在大多数情况下，肌腱是连接肌肉和骨头的纽带。腹直肌有 3 根肌腱，将肌肉分成不同的部分。经过良好的训练，皮下的脂肪层会变薄，我们就能拥有像岩石般坚硬的腹肌，形成令人垂涎的 6 块腹肌。

　　腹外斜肌，顾名思义，是包裹下腹部的最外层腹肌。它起源于外侧较低的 8 根肋骨的外表面，肌纤维沿对角线向下延伸至骨盆，插入髂嵴、腹直肌鞘和腹白线。

　　腹内斜肌正好位于腹外斜肌的下方，它们的肌纤维相互垂直。腹内斜肌起源于下背部的腰背筋膜和邻近的骨盆髂嵴。其肌纤维沿对角线延伸至第 9 至第 12 肋骨，以及腹直肌鞘和腹白线的外表面。

　　腹肌最深的部分是腹横肌。这块肌肉有一个广泛的起源区域，即下 6 根肋骨、腰背筋膜和髂嵴外表面。其肌纤维水平延伸，插入腹白线和腹直肌鞘。不要把它叫作腹横斜肌，因为其肌纤维是水平延伸的，而不是对角线延伸的，所以加上"斜"字会与名称中的"横"字相矛盾。

　　这 3 块肌肉通过相当长的扁平肌腱连接到腹白线，这是因为实际的肌肉组织可能延伸到中线的外侧。肚脐两侧的唯一肌肉本身就是成对的腹直肌。

　　许多人认为，腹肌共同完成了躯干弯曲和躯干旋转。然而，当考虑肌纤维的方向时，让腹直肌帮助进行旋转和让腹横肌帮助进行弯曲都是困难的。

　　我们知道肌纤维的方向、附着物，以及运动规则后，就可以预测腹肌的动作。同时也要记住，腹部的一侧肌肉既可以和另一侧的肌肉一起工作，也可以单独工作。例如，当两侧的腹外斜肌同时收缩时，躯干就会弯曲。当右侧的腹外斜肌收缩时，躯干向右侧横向弯曲，有助于躯干向左旋转。当左侧的腹外斜肌收缩时，躯干向左侧横向弯曲，有助于躯干向右旋转。

　　腹内斜肌的功能与腹外斜肌的功能相似，但有一个主要区别——躯干旋转方向。当两侧腹内斜肌收缩时，躯干弯曲。收缩右侧腹内斜肌时，躯干向右侧横向弯曲并向右旋转。收缩左侧腹内斜肌时，躯干向左侧横向弯曲，并向左旋转。

腹横肌有不同的独立动作。当刺激它时，它会增加腹内压，为腹腔器官提供支持。

最后一块腹肌是腹直肌，其作用是在弯曲躯干时有助于进行侧屈和旋转。

总体来说，这 4 块腹部肌肉和脊柱肌肉（见第 5 章）是相互配合的，可为许多健身专业人员所谓的腰 – 骨盆 – 髋部复合体提供支持和稳定。

腹肌还扮演着其他角色。它有助于保持脊柱的完整性。事实上，椎间盘对位不佳而引起的腰痛，往往是腹肌薄弱所致。腹肌也可以帮助呼气。当腹肌收缩时，它会挤压底层器官，使这些器官向上推压膈肌，从而增加胸腔内压力，有助于将空气排出肺部。

那些选择进一步研究腹肌训练和核心健身的人会发现，有几十种训练方案是专门用来锻炼核心部位的，如上、中、下腹部的针对性训练。这种特异性将确保每一块肌肉的每个方面都被激活。我们很容易被众多的训练方案搞得不知所措，也很容易在牺牲技术和战术训练的情况下进行更多的活动。在正式的团队训练之外，教练应鼓励球员进行一次核心训练，并预先将一些核心训练纳入热身运动。

平板支撑

平板支撑是核心的基础练习，其定义和解释在第 3 章列出了。除了静态平板支撑和静态侧身支撑（见下图）外，平板支撑还有几种变式，可以纳入力量训练计划并集中开展训练。具体变式包括平板俯卧撑、平板斜扭、臀部下沉平板、斜膝下拉平板和鸟狗式等。

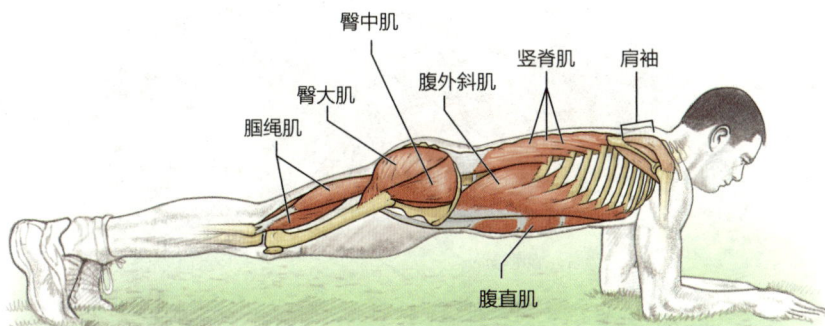

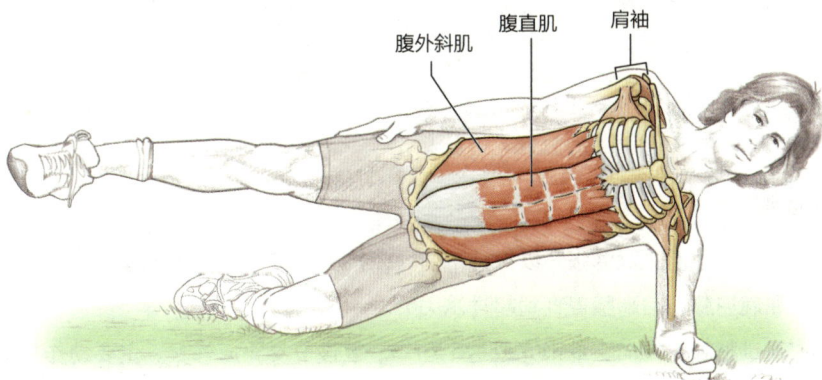

臀中肌

臀大肌

腘绳肌

腹外斜肌

竖脊肌

肩袖

腹直肌

腹外斜肌

腹直肌

肩袖

反向卷腹

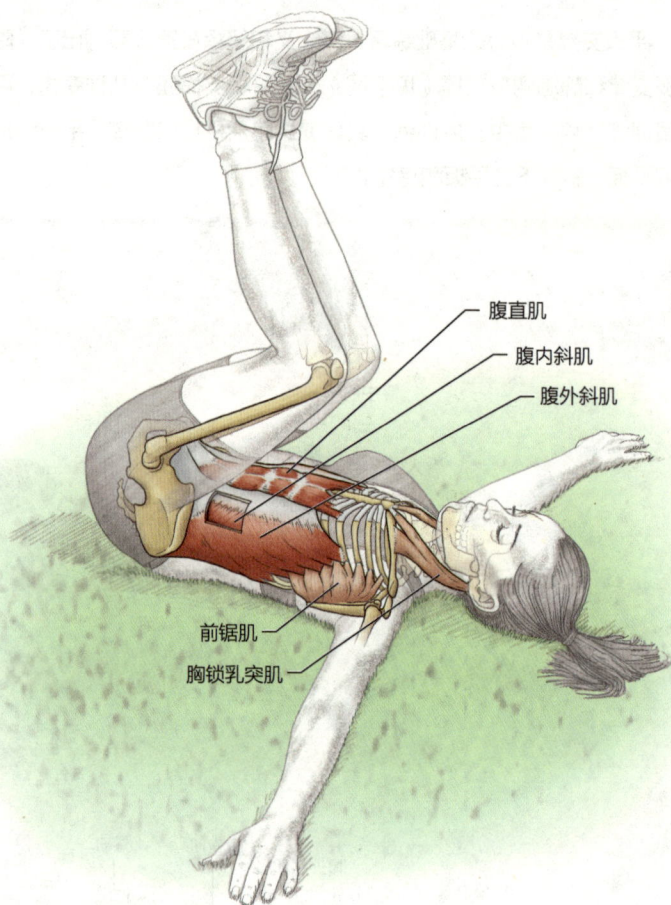

腹直肌
腹内斜肌
腹外斜肌

前锯肌
胸锁乳突肌

动作分解

1. 平躺在地上，双臂张开以保持平衡。保持头、脖子和肩膀着地。
2. 屈髋屈膝，抬高膝盖直到超过髋关节。
3. 通过把膝盖拉向头部来完成这个动作。放慢节奏完成练习。主要动作是把膝盖拉向头部，不要将肩膀或头部移向膝盖。
4. 动作完成时有短暂的停顿效果更好，然后返回起始位置。

参与的肌肉

主要肌群： 腹直肌、腹外斜肌、腹内斜肌

辅助肌群： 胸锁乳突肌、前锯肌、大菱形肌、小菱形肌、下斜方肌、腰大肌、腰小肌

足球专项训练

在体育运动中，强壮的核心对身体姿势保持、运动表现改善及损伤预防起着重要作用。强大的核心支撑着肢体的运动，并减少了技术相对一般的球员身上经常看到的无关动作。踢足球所需要的很多技巧都涉及围绕轴心旋转，而强壮的核心是高效旋转的基础。强大的核心也是保持姿势的一个重要影响因素。当骨骼正确对齐时，肌肉的工作效果最好，懒散的姿势则会增加动作的力度。当身体不需要使用不必要的肌肉来执行动作时，运动能力就会增强。强大的核心力量还可以防止肌肉受伤，如一些腿部损伤，特别是膝关节韧带损伤，都与核心力量不足有关，核心力量不足就需要膝关节代偿并进行小幅度的运动。

夹球卷腹

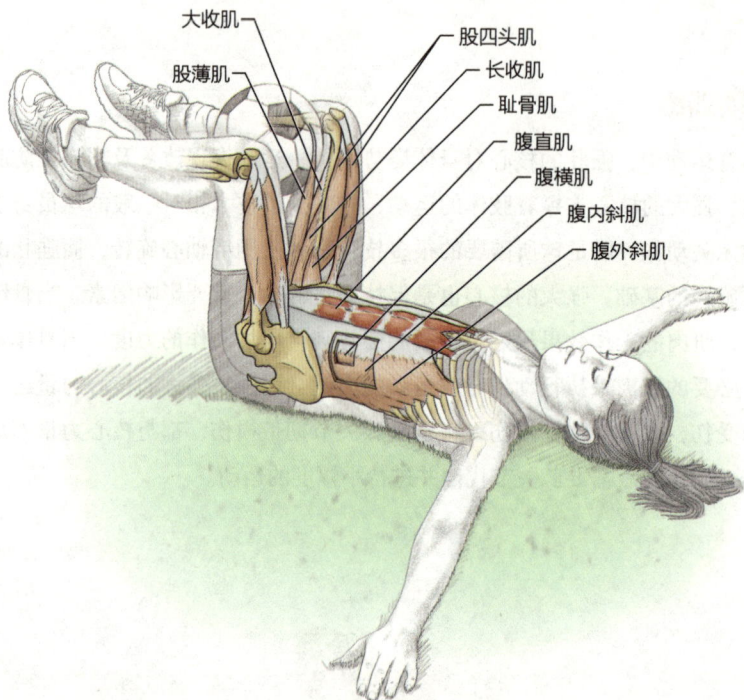

大收肌
股薄肌
股四头肌
长收肌
耻骨肌
腹直肌
腹横肌
腹内斜肌
腹外斜肌

动作分解

1. 仰卧，双臂向两侧伸展，膝盖弯曲，大腿与地面垂直。把一个足球夹在两膝之间。

2. 将骨盆抬离地面，使膝盖靠近胸部，直到小腿与地面垂直。

3. 让髋部和腿部慢慢地回到起始位置。

参与的肌肉

主要肌群： 腹直肌

辅助肌群： 腹外斜肌、腹内斜肌、腹横肌、股四头肌（股内侧肌、股外侧肌、股中间肌、股直肌）、髋屈肌（腰大肌、腰小肌、髂肌）、内收肌群（大收肌、长收肌、短收肌、耻骨肌、股薄肌）

足球专项训练

核心训练已经从辅助训练变成了主要训练。不仅仅是腹部肌肉，核心肌肉还包括贯穿身体中心的每一块肌肉——几乎所有运动中的加速和减速动作都是由这些肌肉共同作用完成的。由于能量通过运动链向上传递，下肢的力量会减弱，因此核心力量的发展有助于将力量转移到下肢进行运动。由于足球在速度、方向方面变化较多，核心薄弱可能意味着躯干和上肢对变化的反应不受控制，使下肢处于危险的状态，从而导致受伤。据报道，在前交叉韧带受伤之前，躯干会出现笨拙等不协调的动作表现。

变化动作

将军椅卷腹

将军椅卷腹是夹球卷腹的变式，可加强对腹直肌的锻炼，需要在健身房中使用将军椅来完成。具体动作要点：在将军椅上用前臂支撑身体并屈膝，向胸前抬起膝盖。

自行车卷腹

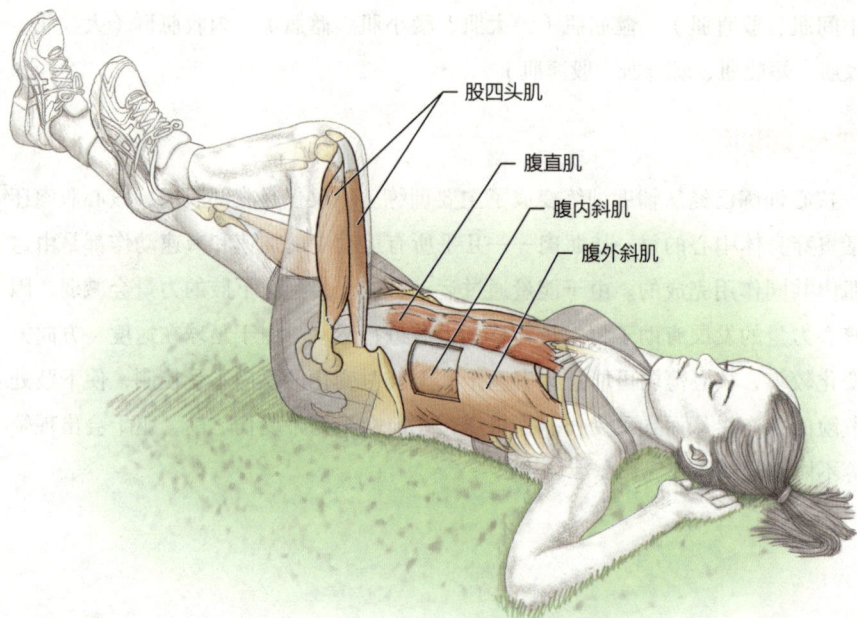

股四头肌

腹直肌

腹内斜肌

腹外斜肌

动作分解

1. 仰卧，双手放在脑后，手指与头几乎不接触。注意肩膀贴地。

2. 一条腿向上抬起，大腿与躯干成大约 90 度角。另一条腿伸直并往上抬，大腿与地面成大约 45 度角。

3. 双腿前后交替运动，就像骑自行车一样。

参与的肌肉

主要肌群：腹直肌

辅助肌群：髋屈肌、股四头肌（股内侧肌、股外侧肌、股中间肌、股直肌）、内收肌群、腹外斜肌、腹内斜肌

足球专项训练

许多核心训练是以一种缓慢的、有控制的方式进行的。根据目标，自行车卷腹可以缓慢地进行，也可以快速地进行。当快速地进行这项练习时，核心就会进行更高速的运动，类似于比赛时的动作。正是出于这个原因，许多专家建议进行高速的核心训练。提高移动速度能使核心训练更具功能性和动感，这可以为那些每4～6秒发生一次的爆发性和反应性平衡动作做好准备。强大的核心力量是大有裨益的，本书的训练方法能够帮助运动员拥有强大力量，并将训练出来的力量应用到比赛中。

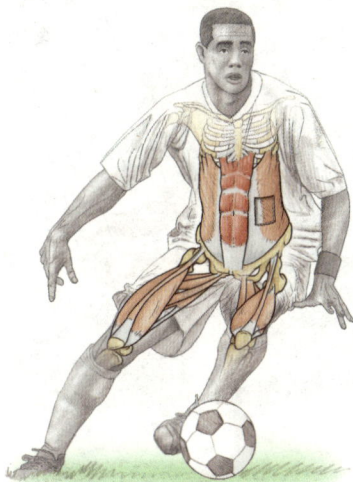

变化动作

转体自行车卷腹

为了使做自行车卷腹时的肌肉收缩更加强烈，并提高腹内斜肌、腹外斜肌的参与度，可以交替用右肘触碰左膝和用左肘触碰右膝。

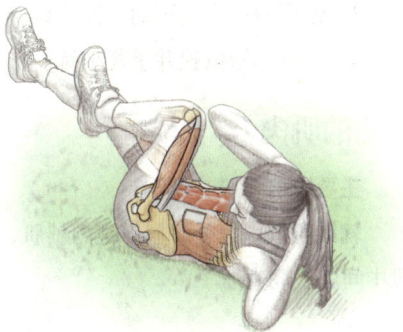

垂直腿卷腹

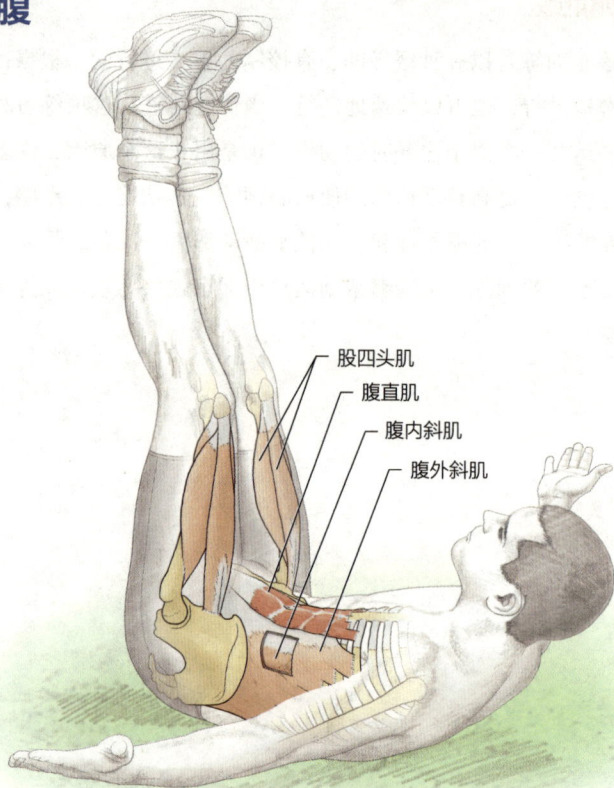

股四头肌
腹直肌
腹内斜肌
腹外斜肌

动作分解

1. 仰卧，双手放在身旁。

2. 屈髋，双腿伸直（也可以双脚交叉）并垂直于地面。

3. 慢慢做一个卷腹的动作，试着将胸部靠近大腿。不要弯曲脖子。

4. 回到起始位置并重复训练。

参与的肌肉

主要肌群： 腹直肌

辅助肌群： 腹外斜肌、腹内斜肌、髋屈肌、股四头肌（股内侧肌、股外侧肌、股中间肌、股直肌）

足球专项训练

我们已经做了大量研究工作来确定日常锻炼中腹部的主要发力位置。一般认为常规的仰卧起坐的发力位置主要集中在上腹部。当仰卧屈髋抬腿时，主要发力位置就集中在下腹部。这两种仰卧起坐都能让你锻炼更多的腹部肌肉。在执行技能动作时考虑力量的转换是很重要的。踢腿动能的积累是从落地脚开始的，随后力量逐渐增强，并通过腹部和臀部转移到腿部，最后向下踢腿。如果核心不能完全控制躯干，就会失去很多能量，如在不必要的躯干旋转或其他移动中浪费一些能量。利用腹部肌肉稳定躯干，以允许动能从运动链的一个环节转移到下一个环节。虽然这主要是一项腹部练习，但你可能会屈曲髋部。让脖子保持中立，不要让下巴靠近胸部。为了获得更大的阻力，你可以在伸展的两侧手臂中各放一个小的药球，并在卷腹时把球移向脚的外侧。

变化动作

全垂直腿卷腹

全垂直腿卷腹改变了垂直腿肌肉收缩的重点。双手放在脑后或身体两侧以保持稳定，然后进行卷腹——双腿伸直并抬向天花板，使身体大致呈 L 形。这样能有效地将锻炼部位从腹直肌拓展为更多的核心肌肉。

单侧推腿卷腹

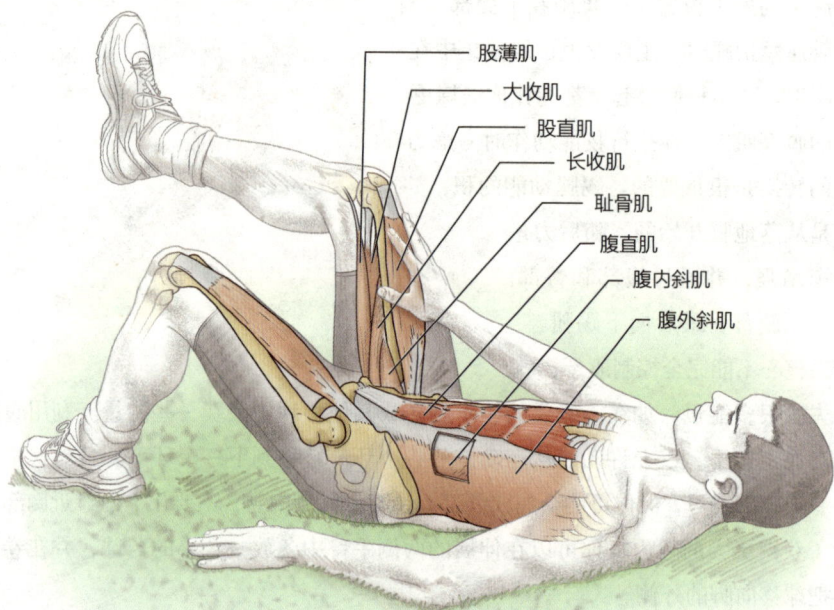

股薄肌
大收肌
股直肌
长收肌
耻骨肌
腹直肌
腹内斜肌
腹外斜肌

动作分解

1. 平躺在地上，双脚脚掌贴地，膝盖弯曲，双手放在身体两侧。
2. 抬起右腿，使大腿与地面垂直，大腿与小腿成大约 90 度角。
3. 将右手放在大腿上靠近膝盖的位置。
4. 腹部用力，进一步弯曲躯干，同时，用手进行抗阻运动。
5. 换左腿重复这项练习。

参与的肌肉

主要肌群：腹直肌、腰大肌、腰小肌、髂肌

辅助肌群：股直肌、内收肌群、腹外斜肌、腹内斜肌

足球专项训练

虽然这被列为一项腹部练习，但它也是一项以场地为基础的屈髋力量练习。髋屈肌拉伤在足球比赛中变得越来越常见，就像腘绳肌拉伤一样，似乎是由于现代比赛速度的提高而导致的。拉伤发生在肌肉拉长后强烈收缩时。在短跑中，在后脚离开地面之前，髋屈肌被拉伸。一旦后脚离开地面，髋关节就会有力地屈曲。这种拉力和收缩力的结合会撕裂肌肉。这也可能发生在用力踢腿的时候，如射门等。髋部有6块肌肉连接在一起，这些肌肉统称为髋屈肌，其中一半是典型的腹股沟肌肉，可以帮助髋关节屈曲。其他肌肉，如股直肌（股四头肌之一）、髂腰肌和缝匠肌等都以屈髋为主要动作。这项练习是为增强那些主要髋屈肌的力量而设计的。然而，这不应该是预防髋屈肌劳损的唯一方法。弓步行走（见第57页）也应该在每次训练中进行，以防止这种损伤。

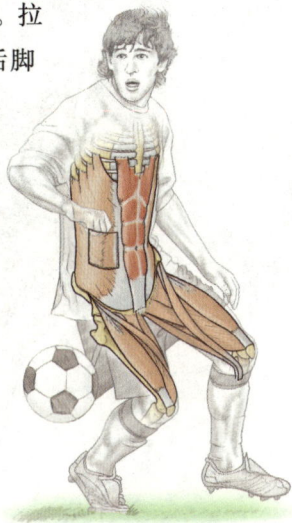

变化动作

对侧推腿卷腹

对侧推腿卷腹是指使用对侧手臂进行抗阻运动，运动过程中需要扭转躯干，从而增加对腹外斜肌和腹内斜肌的使用。此外，对侧推腿卷腹也可以增强盆底肌的功能。

健身球躯干提举

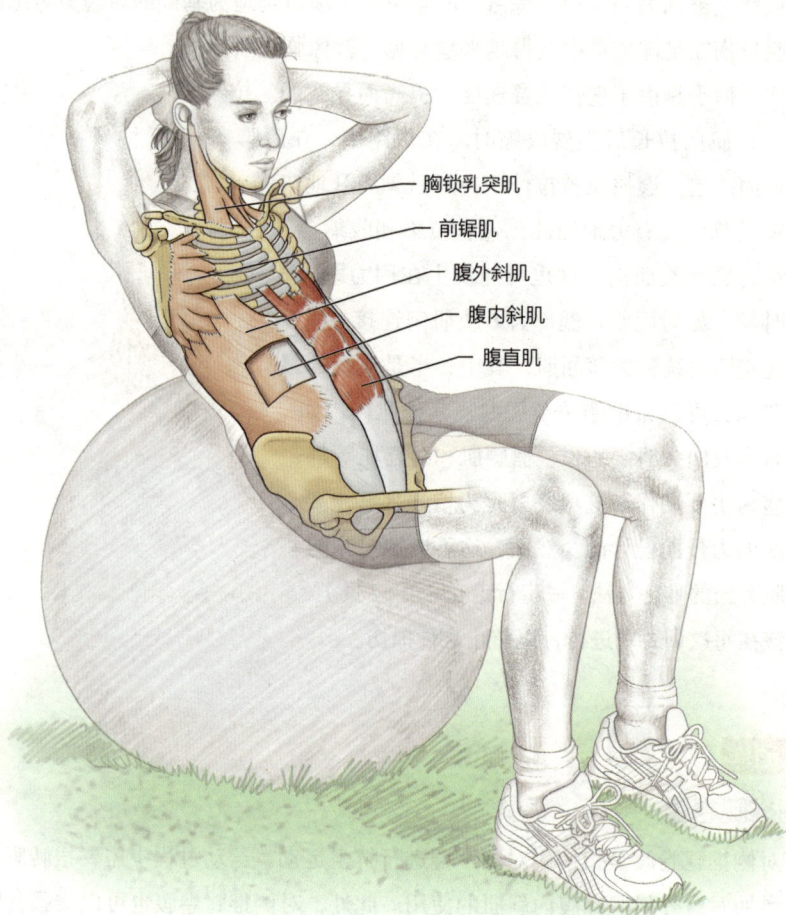

胸锁乳突肌
前锯肌
腹外斜肌
腹内斜肌
腹直肌

动作分解

1. 仰卧在健身球上，球紧贴下背部。双脚平放在地面上，并伸展到舒适的距离，这将有助于保持稳定。大腿与地面平行，膝盖应该弯曲约90度。轻轻地把双手放在脑后。

2. 训练腹部，慢慢地抬起肩膀，尽可能地远离球。颈部尽量保持挺直，避免收紧下巴。

3. 运动到最高处时静止，然后慢慢回到起始位置。

参与的肌肉

主要肌群：腹直肌

辅助肌群：腹外斜肌，腹内斜肌、前锯肌、胸锁乳突肌

足球专项训练

几年前，对核心肌群的强调仅限于仰卧起坐和直腿上抬等练习。如今，核心训练已经从辅助训练上升到主要训练。为什么核心如此重要？许多健身专业人士认为，几乎所有的运动都是从核心延伸出来的，而且肯定都用到了核心。因此，通过薄弱的核心，人们很难协调下半身和上半身来进行有效的运动。薄弱核心的低效运动增加了受伤的风险，可能导致髋关节不稳定，产生代偿性动作。这改变了正常的运动模式，并可能导致受伤，而膝盖是运动链中最薄弱的一环。核心肌群的运动几乎涵盖了足球运动中的每一个动作——跑、截、停、落地、踢和头球——如果你有强大的核心，就能更有效地参与足球运动。

变化动作

侧向躯干提举

双手握住一个足球，在动作中加入一个转体动作，增加对腹内斜肌、腹外斜肌的强化性训练。这个简单的变化增加了动作的强度和难度。若还想增加难度，可以用药球代替足球。药球有不同的重量。双手握住一个轻药球，双臂从躯干两侧垂直伸出。逐渐增加药球的重量，以增加运动的强度。

V 形坐姿传球

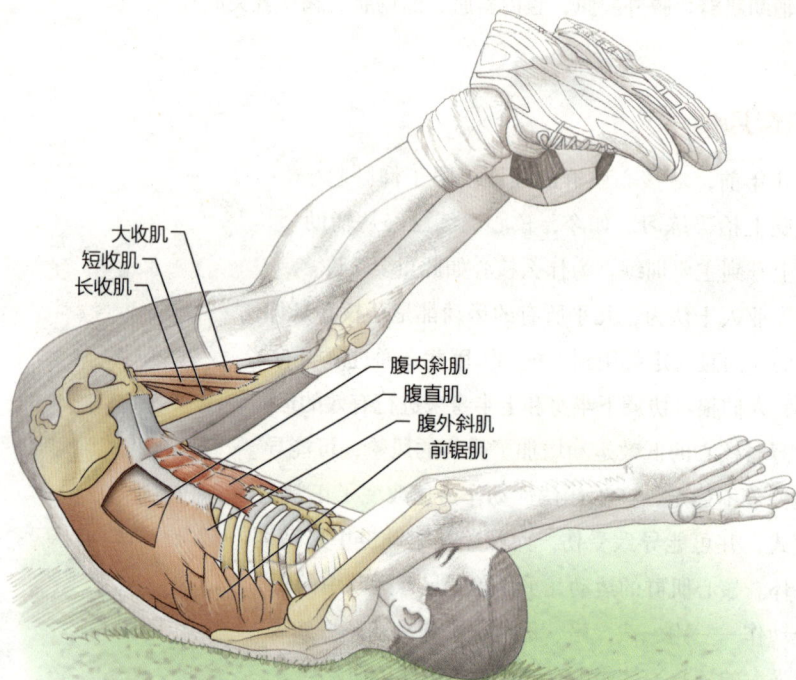

大收肌
短收肌
长收肌

腹内斜肌
腹直肌
腹外斜肌
前锯肌

动作分解

1. 仰卧，四肢伸展。把足球夹在脚踝之间。

2. 双腿尽量伸直，夹球过头顶，直到球到达双手上方，然后让球落到手中。这是第一次重复。

3. 双脚放低至起始位置，球留在手中。

4. 重复该动作以从手中取回球，这是第二次重复。一开始可能无法在整个运动过程中保持双腿伸直，当力量增强时，应在尽可能多的训练中努力保持双腿伸直。

参与的肌肉

主要肌群：腹直肌

辅助肌群：腹外斜肌、腹内斜肌、内收肌群、髋屈肌、股四头肌（股内侧肌、股外侧肌、股中间肌、股直肌）、前锯肌

足球专项训练

这项练习在足球运动中有很长的历史，在很多较早的训练书中都有描述。早在20世纪70年代初，百事可乐就与传奇人物贝利合作，制作了电影，展示了他的一些训练方法。其中有一项循环训练，这项训练有多个站点，被认为是早期的核心训练。这项循环训练包括基本的仰卧起坐和后来称为"卷腹"的运动。影片中还显示，贝利躺在地上，让搭档辅助他完成仰卧起坐。最吸引所有人注意的练习是贝利仰卧着，将头放在搭档的双脚之间，同时抓住搭档的脚踝。贝利将双脚举过头顶，放到搭档的手上，搭档随后将贝利的双脚推向地面。虽然大多数人更喜欢下背部拉力较小的练习，但人们不得不怀疑，贝利的训练对他在比赛中的运动能力和运动寿命可能没有多大的贡献。大多数体能教练更喜欢选择多种核心练习，而不是像过去那样只专注于少数几项。重复做某几项练习太多次会对组织造成不必要的压力，这会导致劳损。用球做一些核心训练，如V形坐姿传球，可以让球员将注意力集中在球上，从而提高动作质量。

稳定支撑

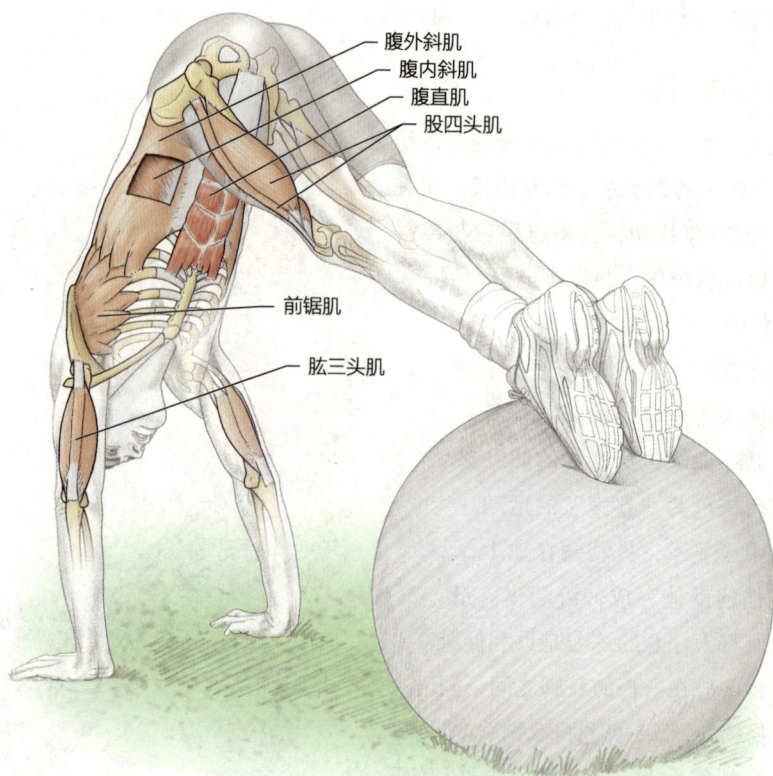

腹外斜肌
腹内斜肌
腹直肌
股四头肌

前锯肌

肱三头肌

动作分解

1. 将小腿放在健身球上，身体呈俯卧撑姿势。
2. 屈髋且抬高髋部，同时让健身球尽可能地向前滚动，身体随之运动，使健身球从小腿滚到脚趾。在整个运动过程中，确保背部和双腿保持笔直。
3. 回到起始位置。

参与的肌肉

主要肌群：腹直肌

辅助肌群：腹外斜肌、腹内斜肌、前锯肌、髋屈肌、肱三头肌、股四头肌（股内侧肌、股外侧肌、股中间肌、股直肌）

足球专项训练

强大的核心很重要，原因有很多。因为四肢从躯干延伸出来，所以强壮的核心是四肢有效运动的支柱。此外，腿部产生的全身运动的力量需要从核心转移到手臂上，才能取得成功（例如，在一群球员争抢球门球或角球时，用手臂使自身空间变大）。当力量通过薄弱的核心时，其中一部分力量会被其他非功能性运动所抵消，这意味着到达目标的力量会减少。核心连接着上半身和下半身。核心越强大，力量传递过程中的损失越少，上半身和下半身之间传递的力量就越大，动作也就越有效率。

绳索卷腹

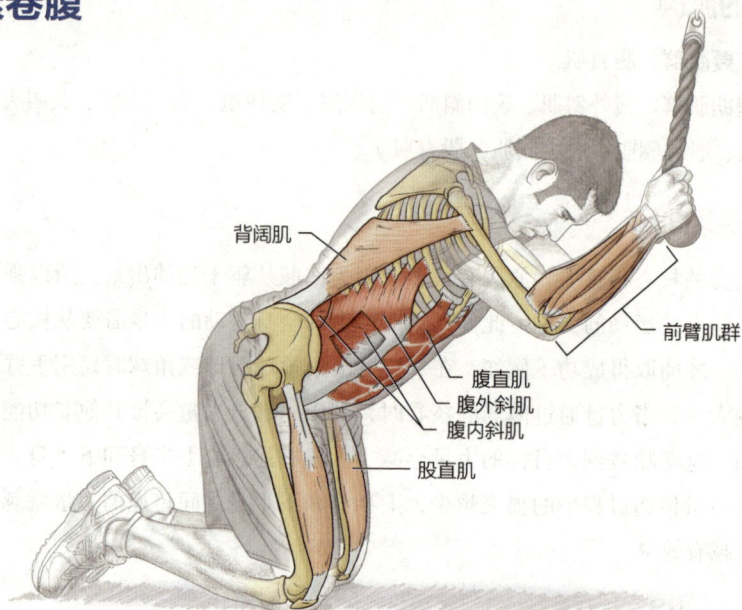

背阔肌

前臂肌群

腹直肌
腹外斜肌
腹内斜肌

股直肌

动作分解

1. 面向绳索，身体呈跪姿。
2. 使用正手握法，将绳索向下拉至肩部高度，髋部微微弯曲。
3. 吸气，然后一边呼气，一边通过将胸骨向耻骨方向移动来进行卷腹。双手手肘向大腿中间移动。
4. 慢慢回到起始位置。

参与的肌肉

主要肌群：腹直肌、腹外斜肌、腹内斜肌

辅助肌群：前臂肌群（主要为腕屈肌和指屈肌，包括桡侧腕屈肌、尺侧腕屈肌、掌长肌、指浅屈肌、指深屈肌、拇长屈肌）、背阔肌、股直肌、腰大肌、腰小肌

足球专项训练

大多数卷腹练习是在地板上进行的。绳索卷腹是从跪姿开始的，你需要提前做一些练习才能把这个动作做好。这项练习的好处是，阻力来自自身重量，不需要杠铃片等外在阻力。在所有的核心训练中，你可以通过将肚脐拉向脊柱来牵拉核心，也可以通过在收缩过程中增加轻微的扭动来锻炼腹内斜肌和腹外斜肌。动作频率不要太快，你不需要使用重物来增加难度。记住，这是一项针对腹肌的练习，不是针对髋屈肌的。

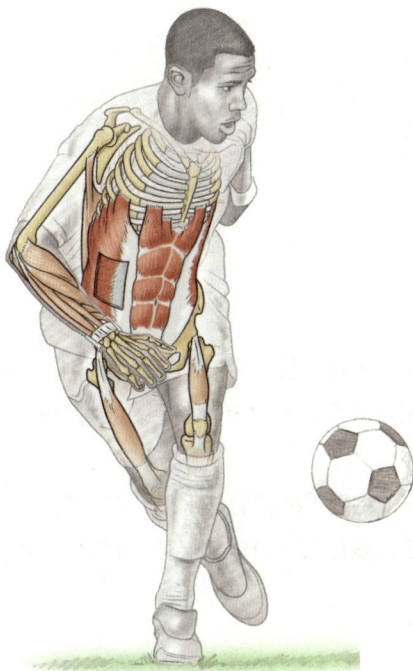

站姿胸前推

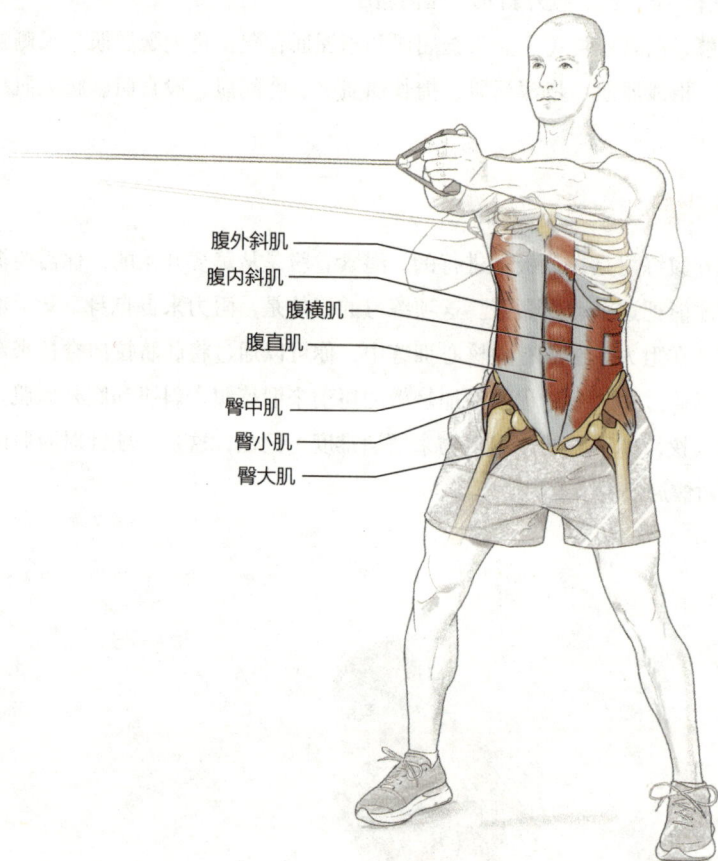

腹外斜肌

腹内斜肌

腹横肌

腹直肌

臀中肌

臀小肌

臀大肌

动作分解

1. 将把手固定在气阻训练仪等带有绳索的设备上，确保它与肩部保持水平。站在设备一侧。双手握住胸前的把手。双脚分开，间距略大于肩宽，膝盖轻微弯曲。

2. 慢慢伸展双臂，将把手推到肩部水平，直到双臂完全伸展。

3. 确保双脚站稳，髋部保持稳定。保持双臂完全伸展姿势 1 ~ 2 秒，然后回到起始位置。

参与的肌肉

主要肌群：腹内斜肌、腹外斜肌、腹横肌、腹直肌
辅助肌群：臀肌

足球专项训练

核心稳定性在许多体育活动中都有应用，而强壮稳定的核心对球员拥有良好的运动表现尤为重要。在控球时，当对手施加压力时，球员依靠核心力量和稳定性，以及适当的技术来保护球，同时识别和执行下一步动作（如加速进入目标区域、传球、射门等）。当跳起来顶头球或用胸部接球时，一名拥有稳定核心的球员会更有效和更安全地落地。这同样适用于守门员，因为他们经常在拥挤的禁区内跳起接传，或者俯冲扑救，然后迅速爬起来进行第二次扑救。

`变化动作`

弹力带站姿胸前推

使用弹力带而不是绳索，将弹力带的一端绕在与肩同高的固定杆或架子上。双手在胸前握住弹力带的另一端。使用与站姿胸前推相同的方式进行训练。

悬挂屈髋

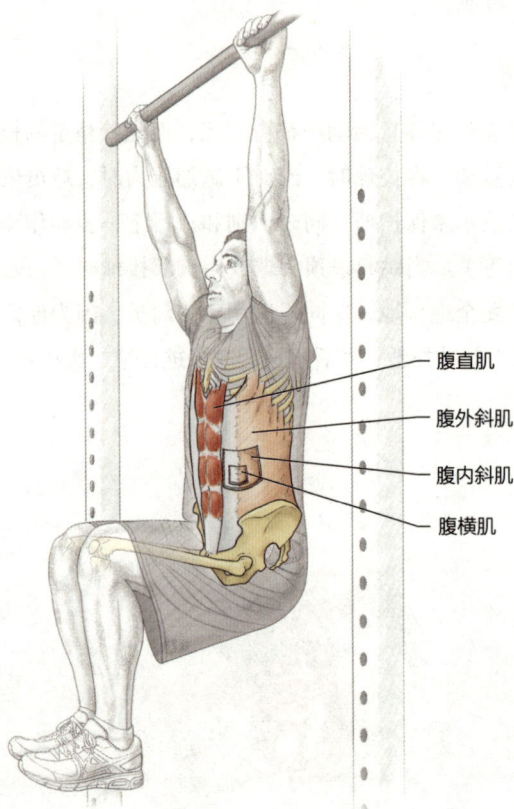

腹直肌

腹外斜肌

腹内斜肌

腹横肌

动作分解

1. 双手正握固定在头顶上的单杠或横杠。

2. 屈髋屈膝，直到大腿与地面平行。

3. 保持静止，然后慢慢回到起始位置。

4. 重复之前，身体在最低处要保持相对静止，避免产生晃动。该练习强调对动作的控制，而不是训练速度。

参与的肌肉

主要肌群：腹直肌、髋屈肌

辅助肌群：腹外斜肌、腹内斜肌、腹横肌

足球专项训练

　　这项悬挂练习和其他许多核心练习一样，涉及多块肌肉。如何完成取决于什么肌肉最活跃。例如，如果运动只涉及髋部屈曲，而不涉及腰部屈曲，那么主要的肌肉是髋屈肌，而腹肌主要起稳定骨盆和腰部的作用。尽可能高地抬起膝盖可以训练腹直肌、腹内斜肌和腹外斜肌，增大动力。当每一个动作重复即将结束时，你可以通过在每一侧增加轻微的转体来使更多的腹内斜肌和腹外斜肌参与运动。不要假设该练习或任何其他腹部运动会减掉腹部周围的脂肪，没有证据表明人可以减掉某个特定位置的脂肪（这个过程称为局部减脂）。

第5章

背部和髋部

　　在训练时，低估背部的重要性是目光短浅的表现。在体育运动中，几乎所有的功能性动作都以背部为支撑。一些人或许会说，在足球运动中，背部不是损伤多发的部位，我们不需要担心它。虽然背部不会经常受伤，但是约有 1/3 的男性足球运动员会抱怨背部的问题，这个范围跨度很广，从少于 20% 的地方足球队队员到超过 50% 的优秀足球运动员。其中，球技最差的中学校级足球运动员对背部伤痛的抱怨最多，这也说明减少背部伤痛的一个方法或许就是提升球技。更好的球技永远都是个加分项，如果足球运动员的球技很差，那么他的职业之路不会走得太远。

　　背部伤痛或许不足以让一个足球运动员停止训练或者比赛，但是会让他感到非常恼火。考虑到在踢球和断球的过程中身上力矩的变化，以及在足球运动中动作的速度或方向，或者两者都在每 4 ~ 6 秒内改变一次的事实，背部伤痛被足球运动员抱怨也就不足为奇了。然而背部伤痛，即使不足以让足球运动员退出比赛，也可能是过劳损伤的第一次警告，而过劳损伤可以迫使一名运动员提早结束自己的运动生涯。

　　物理治疗师通常会使用许多有效的练习方式帮助患有背部慢性疼痛的人群增强背部肌肉力量，然而治疗背部慢性疼痛的最佳方式是在疼痛发生之前进行预防——在发展成伤痛之前扼杀掉这些潜在的疼痛。每日做少量针对性练习，长期坚持就会大有益处。最初运动员不需要挑战高难度的训练项目，循序渐进地进行训练就会收到平稳快速的疗效。付出越多，收获便越多。大多数运动员都忽略了对背部的保护，因此需要付出的努力就更多。运动员应进行多样的训练，不要让某个部位的训练负担过重、频率过高，或者强度过大。

本章介绍了一些专门用来预防背部伤痛的练习。其中有很多练习需要用到足球或具有竞争性，因此它们很有趣。一些练习需要搭档，而少数练习需要在健身房完成。

脊柱的解剖结构

背部是由一块块独立的椎骨和软骨组成的，背部中间是脊柱。骨与骨之间的韧带起到稳固骨骼的作用，脊髓将信息传送至大脑。此外，背部还包括大多数运动员从未在意过的令人眼花缭乱的肌肉。总之，背部结构非常复杂。脊髓不仅是向大脑传送信息的一条高速公路，还有助于大脑做决策。正如一位脊髓研究者发表的观点："大脑发起一项活动，而脊髓负责处理活动的每一项细节。"

脊柱由一系列相似的椎骨组成，其中包括7块颈椎（脖子）、12块胸椎（胸部）、5块腰椎、5块骶椎和1节尾椎（见图5.1）。脊柱并不是笔直的，它在矢状面上有3处弯曲。弯曲是相对于身体的前后而言，并不是左右。颈椎向前弯曲，胸椎向后弯曲，腰椎稍微向前弯曲。

虽然每个区域的骨骼形状各异，特性却基本相似。在人体结构中，两个彼此相对的横向突起（横突）和一个突起（棘突），都围绕着一个开口（椎孔）（见图5.2）。在解剖学中，外突现象被称为"突起"，开口叫作"孔"。如果你由上而下触摸某人的背部，那些突起便是脊柱棘突。骨骼与骨骼彼此连接，汇聚到一起形成脊柱，便可以让体操运动员、潜水运动员、杂技运动员和舞者等做出更为精彩的动作。

椎孔的生长服务于脊髓。将椎骨叠放起来，就可看到两边的椎孔（椎间孔），脊神经便是通过这些椎孔来传输信息的。椎间盘位于相邻椎体之间。椎间盘包括两个独立的部分。外环叫作纤维环，围绕着胶状中心——髓核（类似于果冻或甜甜圈）。椎间盘突出是指椎间盘从椎骨中突起，如果突起的椎间盘对脊髓和脊柱神经产生推力便会产生疼痛。

每对椎骨都与一系列的短韧带相连接，从突起上部到突起下部，以及其他的骨关节。还有长韧带贯穿整个脊柱。一条韧带贯穿椎体正面，另一条韧带沿着背面突起平缓向下。第三条韧带是最为有力的一条，叫作黄韧带，贯穿脊髓管内的后表面。总体来说，这些韧带为脊柱的稳定性和灵活性提供了强大的支撑。

椎骨间的关节结构复杂，并且不同区域的功能各不相同。这些关节可以小范

颈椎

胸椎

腰椎

骶椎和尾椎

锥孔

上肋凹

椎间盘

椎体

上关节突

横突

下关节突

棘突

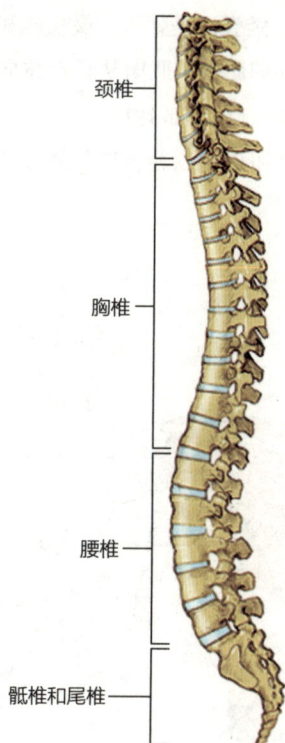

图 5.1　脊柱的颈、胸、腰、骶区域　　　　图 5.2　脊柱的椎骨

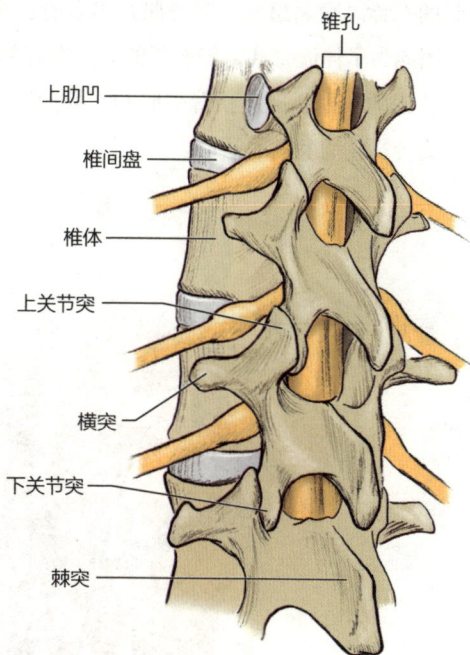

围运动，如椎间运动等，或者辅助其他部位进行灵活性运动，如第一和第二颈椎可辅助头骨进行运动。

背部肌肉

　　脊柱肌肉的结构非常复杂：有贯穿整个脊柱的狭长肌肉，也有每块椎骨之间的小型肌肉。这些肌肉独自或组合在一起发挥作用，能够进行较大范围的运动。脊柱上与肩胛骨和髋部相连的肌肉会在第 7 章中进行介绍。

　　脊柱肌肉与其他部位的肌肉的不同之处在于它们没有单个或多个起点和止点。大多数肌肉都起始于骨盆，嵌入脊柱中的椎骨。少数肌肉起始于椎骨下方，嵌入椎骨上方。一些肌肉对称生长，但是仍有一些纵向叠加生长。一些肌肉在某部位内生长，另外一些肌肉则在部位与部位之间生长。

脊柱上最容易辨识的肌肉是竖脊肌（见图 5.3）。竖脊肌是棘肌、最长肌和髂肋肌的总称。顾名思义，竖脊肌是沿着脊柱竖直延伸的肌肉。肌肉从止点拉向起点，因此为了伸展脊柱，竖脊肌的起点在背部下方，止点在背部上方。

背部的其他肌肉包括背阔肌和大菱形肌等。背部肌肉控制着脊柱各部分的伸展、旋转、收缩及侧屈活动。

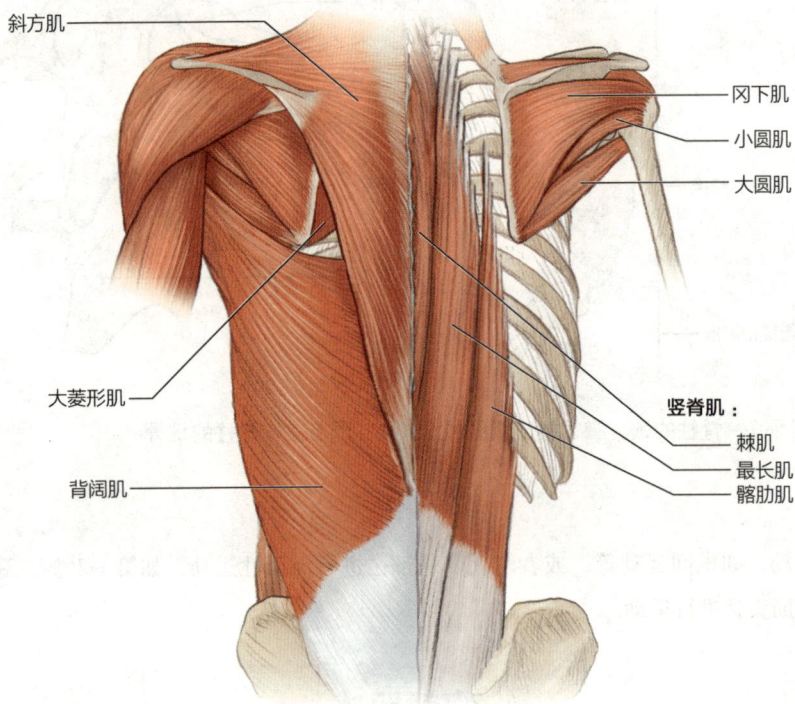

图 5.3　背部肌肉

髋部的解剖结构

　　构成髋部的骨盆实际上是由两侧各3块不同方向的骨头融合组成的（见图5.4）。这3块骨头分别是髂骨、坐骨和耻骨。身体侧面皮肤下面的嵴是扇形的髂骨嵴，或称髂骨。呈坐姿时便是坐骨在支撑身体。两块耻骨在下腹部相互连接。这3块骨头相互融合，并通过耻骨与另一端相对应的骨头相连。此外，两块髂骨在骶骨两侧相连，形成骶髂关节，该关节的运动范围非常小。

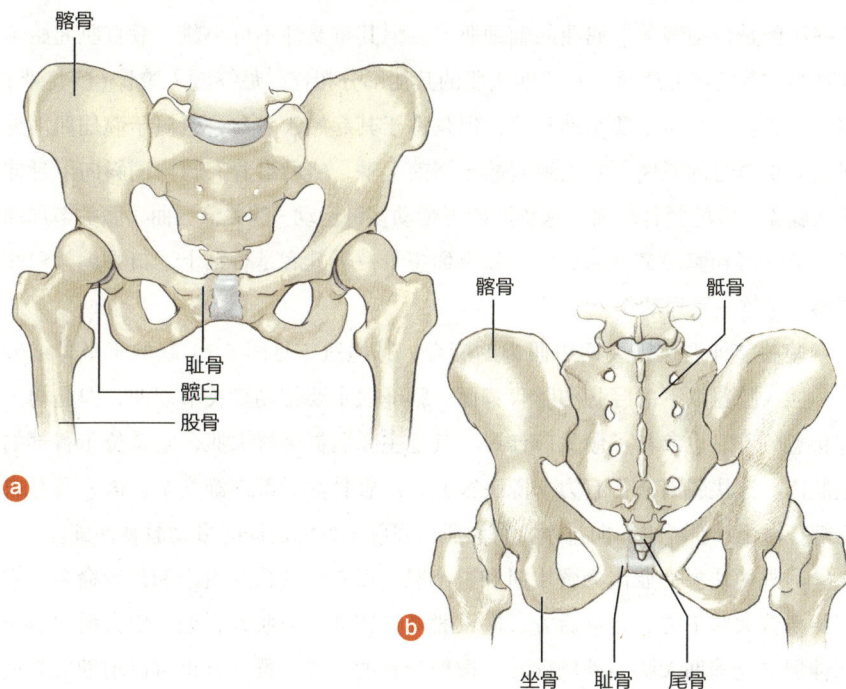

髂骨

耻骨
髋臼
股骨

a

髂骨　　骶骨

b

坐骨　耻骨　尾骨

图5.4　骨盆的骨头：（a）前；（b）后

　　与盆底肌一起，骨盆从下方为腹部器官、许多肌肉附着部位、神经和血管的通道以及下肢的关节部位提供支持。这一部位的骨骼损伤并不常见，但是与骨盆带相关的一系列组织损伤却时有发生。

髋部肌肉

髋关节的主要动作是屈伸。髋关节屈曲时，需要屈膝将腿抬向躯干；髋关节伸展是相反的动作，需要将腿向身后抬高。

髋关节屈曲由两组肌肉完成，其主要肌肉是髂腰肌的一部分，包括髂肌、腰大肌和腰小肌。这组肌肉起始于腰椎下部，嵌入骨盆。（实际上，约一半的人没有腰小肌。）带动髋关节屈曲和股骨外旋的肌腱则嵌入股骨。每块腰大肌也有助于躯干侧屈。髋关节屈曲的次要肌肉是股直肌（股四头肌的一部分）和缝匠肌。这些肌肉是带动髋关节屈曲的辅助肌群，但其重要性不可小觑。股直肌起始于髋部球窝关节的窝处边缘，与股四头肌的其他部分相连，最终嵌入髌骨（膝盖骨）下方的胫骨。股直肌主要是伸膝肌，但是由于其起始于骨盆，也属于髋屈肌。缝匠肌是一块奇怪的肌肉，它大致起始于髂前上棘，然后沿着大腿内侧斜向下延伸并插入膝盖下方的胫骨后面。这块肌肉可带动多种运动：髋关节屈曲、膝关节屈曲、髋关节外展和髋关节横向旋转。如果你想看一下鞋底是否粘上了口香糖，缝匠肌便参与了这一系列动作。

髋关节伸展也需要两组肌肉的配合。腘绳肌（见图5.5）起始于坐骨结节附近，插入膝盖以下的胫骨和腓骨背面。腘绳肌主要带动膝关节屈曲，但是与骨盆连接意味着它也参与了髋关节伸展。其他主要肌群为臀大肌，它是位于臀部的大型肌肉。这块肌肉非常有力，源头很宽，沿着骨盆后部逐渐变窄，嵌入股骨末端后部。由于其肌纤维斜向排列，臀大肌可在躯干伸缩的同时带动股骨外旋。

另外两块臀部肌肉为臀中肌和臀小肌，以它们各自的大小和位置命名。它们起始于臀大肌下方、骨盆后方，嵌入股骨，辅助大腿肌肉收缩（使大腿向躯干外侧伸展）及辅助大腿向外侧旋转。根据股骨的位置，臀小肌也可以辅助股骨进行内旋。

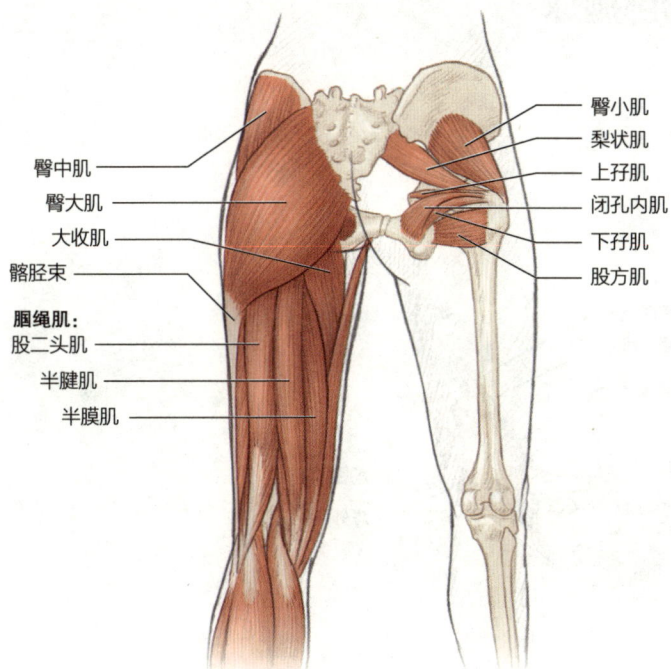

臀中肌

臀大肌

大收肌

髂胫束

腘绳肌：

股二头肌

半腱肌

半膜肌

臀小肌

梨状肌

上孖肌

闭孔内肌

下孖肌

股方肌

图 5.5　参与髋关节伸展的肌肉（包括腘绳肌和臀大肌）

双人俯卧抛球

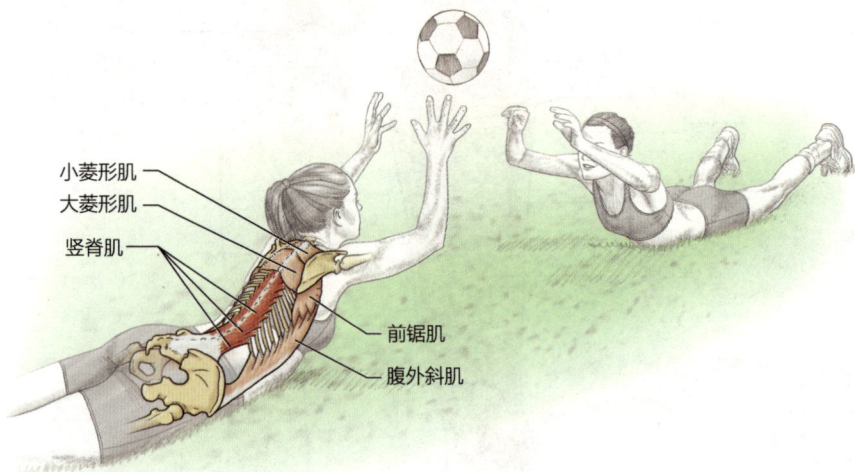

小菱形肌
大菱形肌
竖脊肌
前锯肌
腹外斜肌

动作分解

1. 需要一位搭档配合完成该练习。俯卧到距离搭档几米以外的地上，两人正面相对。
2. 双手拿足球，将胸部抬离地面，使用双臂轻轻将球抛给搭档。想象在掷界外球。
3. 搭档接球后将球抛回。
4. 继续来回抛球。来回抛大约 15 秒，随着力量的提升增加时间。

参与的肌肉

主要肌群： 竖脊肌

辅助肌群： 腹部核心肌群（腹外斜肌、腹内斜肌、腹横肌和腹直肌）和肩胛稳定肌群（大菱形肌、小菱形肌和前锯肌）

足球专项训练

我们要更多地了解脊柱在运动中的作用。它的作用绝不能被看轻，部分原因在于，现在我们知道一些下肢损伤常常是躯干的轻微晃动所致。此外，有相当比例的足球运动员抱怨过背部伤痛。这些伤痛也许足以向医务人员提及，但不足以让足球运动员退出比赛。足球运动员只要不断地启动、停止和转变方向，就会一遍遍地扭动脊柱，从而会导致脊柱不适。不要因为颈部和脊柱的辅助训练不是针对足球比赛的就忽视它们，锻炼与脊柱相连的肌肉将在很大程度上稳定核心，预防损伤，并且尽可能减少背部伤痛。尽管俯卧背部伸展可以独立完成，但加入搭档和抛球环节可增强队员之间的合作能力。

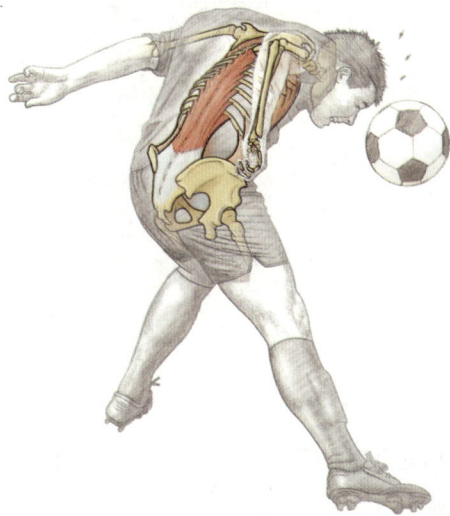

双人坐地扭身传球

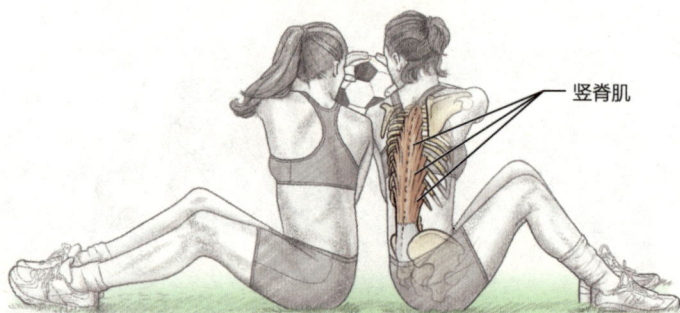

腹直肌
腹外斜肌
腹内斜肌

竖脊肌

动作分解

1. 需要一位搭档配合完成练习。与搭档背靠背坐在地上。可以伸展或弯曲腿部来保持平衡。

2. 双手拿足球。

3. 和搭档同时向同一侧转体，搭档靠过来接过球。然后你们都转到另一侧，搭档将球传回。不断重复这项练习大约 15 秒，随着力量的提升增加时间。

参与的肌肉

主要肌群：腹部核心肌群

辅助肌群：脊柱伸肌（竖脊肌和多裂肌）

足球专项训练

众所周知，足球运动员在所有运动员中属于身手较敏捷的。所谓敏捷就是能够迅速准确地改变速度、方向。改变方向的过程通常涉及做假动作，即让对手朝一个方向移动，自己则向另一个方向运动。如果通过扭动躯干来诱骗对手，这个假动作将十分有效。对手会以为你将朝躯干扭动的方向运动。（一位老教练的经验是，观察球衣上的数字，它们会告诉你对手的运动方向。）

技艺精湛且富有经验的球员知道这一点，因而会使用躯干干扰防守球员的视线。双人坐地扭身传球不仅可纳入核心训练计划，而且可以使球员的动作变得更难以辨识。随着球员越来越擅长做这项练习，他们会试着越来越快地完成这一练习。在健身房里，有人将足球换为药球，这样可以有效地增加阻力。

变化动作

坐姿转体

身体坐直，在肩上平放一根杠铃杆，在控制之下进行躯干扭转，目标在于扩大躯干的运动范围，而不是追求快速地运动。

健身球躯干伸展

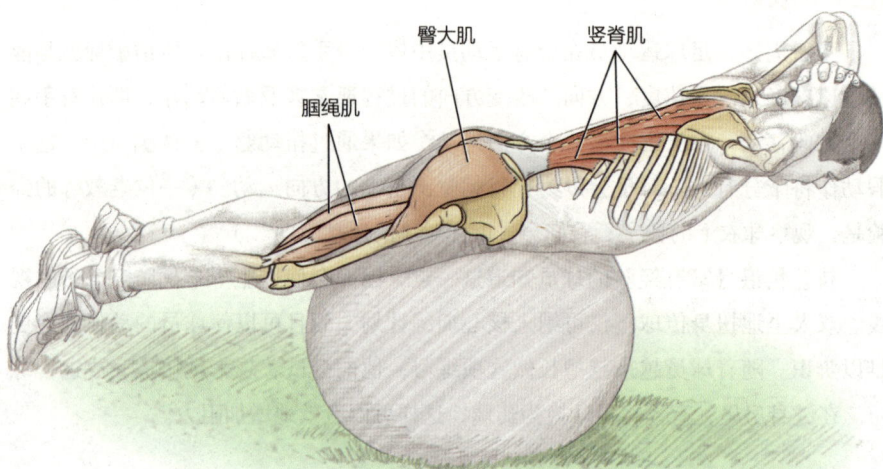

腘绳肌　　臀大肌　　竖脊肌

动作分解

1. 身体前倾，把髋部放在健身球上，双脚脚尖触地。继续向前倾，将躯干放在健身球上。双手扣住后脑。

2. 将胸部抬离健身球，下巴内收，以稳定颈部。

3. 保持姿势3秒后，慢慢回到起始位置。

参与的肌肉

主要肌群： 竖脊肌

辅助肌群： 斜方肌、大菱形肌、小菱形肌、臀大肌和腘绳肌（股二头肌、半腱肌、半膜肌）

足球专项训练

　　幸运的是，急性创伤性脊柱损伤在足球运动中很罕见。但这并不意味着足球运动员的脊柱不会发生任何问题。一项损伤监测研究将研究范围扩大到急性损伤以外，向足球运动员询问了他们肌肉骨骼损伤（会给他们带来疼痛但不妨碍运动的损伤）的情况，超过50%的优秀运动员表明背部会疼痛。背部疼痛不仅仅是优秀运动员才有的问题，超过40%的技能水平不高的年轻运动员（14 ~ 16岁）也抱怨存在背部问题。一些研究人员正在调查非事故引起的轻微疼痛是不是应力性骨折等过劳损伤的第一次警告。脊柱应力性骨折会导致损耗期的延长，因此为了能继续踢球，足球运动员应尽量减小对脊柱施加的压力。

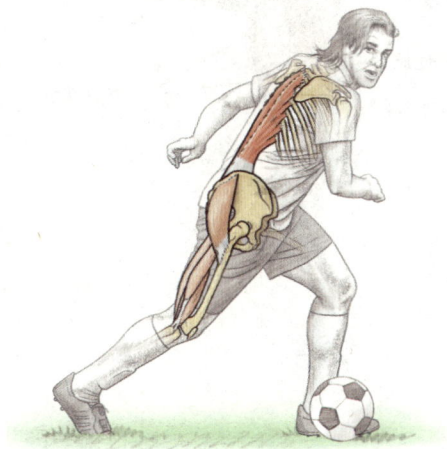

变化动作

侧卧卷腹

　　可以通过侧卧在健身球上做卷腹练习及向健身球相反方向侧屈，来增加对腹内斜肌和腹外斜肌施加的压力。

登山者

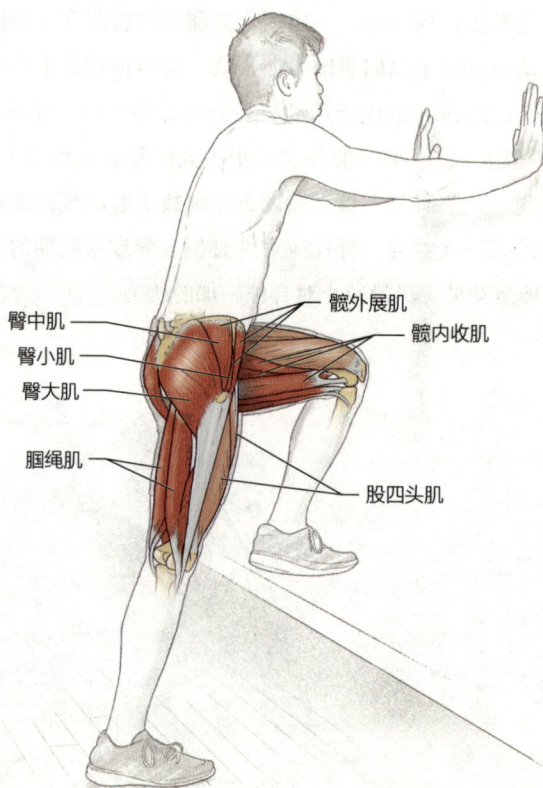

臀中肌
臀小肌
臀大肌
腘绳肌
髋外展肌
髋内收肌
股四头肌

动作分解

1. 将双手放在墙上，与肩等高，保持手臂伸直。
2. 双脚平放在地面上，身体朝墙壁倾斜约 45 度。
3. 以爆发性的冲刺动作，将膝盖向上推至大腿与地面平行的位置，膝盖与髋部同高，脚踝弯曲。保持快节奏进行。
4. 站立的腿应该完全伸展，身体重心放在脚掌上。
5. 保持脊柱中立。
6. 慢慢放下腿，换另一条腿重复练习。

参与的肌肉

主要肌群：臀肌、腘绳肌（股二头肌、半腱肌、半膜肌）、髋内收肌和髋外展肌

辅助肌群：股四头肌（股内侧肌、股外侧肌、股中间肌、股直肌）

足球专项训练

足球运动需要运动员拥有多种身体素质。足球比赛中需要运动员爆发性运动的时刻往往是最具决定性的时刻——冲刺带球、防守反击、跳起将头球顶过球门、守门员扑救、前锋奋力射门。在所有训练项目中，针对爆发性运动的训练是至关重要的。登山者练习通过让练习者关注身体的倾斜程度和位置，肢体运动的角度和腿的动作来为速度的发展创造环境，并且应该与其他的速度练习一起开展。

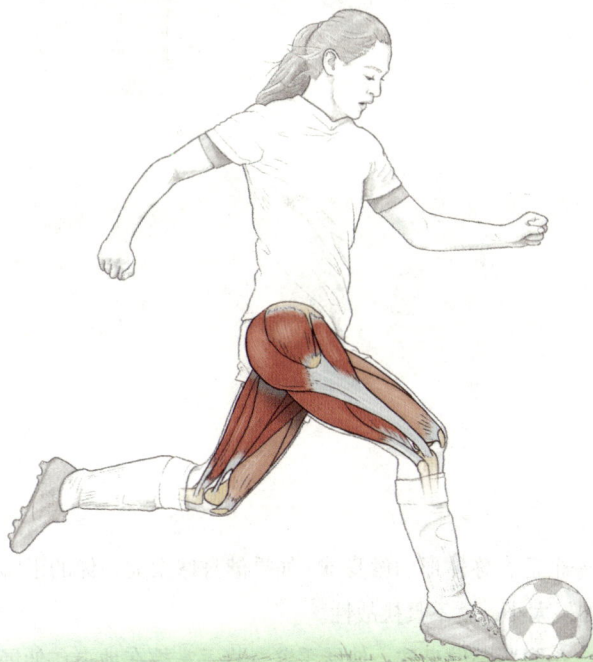

反向腿部伸展

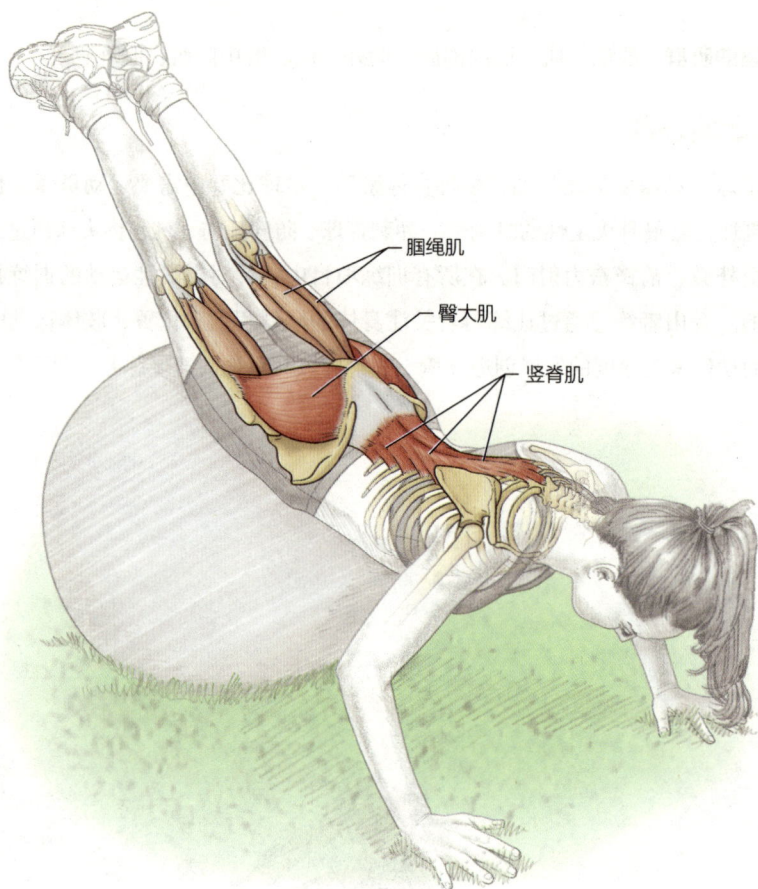

腘绳肌

臀大肌

竖脊肌

动作分解

1. 选择一个适合你体形的健身球：如果健身球太大，你的手脚就无法同时着地；如果太小，就不具挑战性。
2. 俯卧，小腹紧贴健身球。伸展手臂，将手掌撑在地上。伸展双腿，让脚趾着地。
3. 伸展髋部，尽可能抬高双腿，保持双腿伸直。
4. 慢慢回到起始位置。

参与的肌肉

主要肌群： 臀大肌和竖脊肌

辅助肌群： 腘绳肌（股二头肌、半腱肌、半膜肌）

足球专项训练

头球是比较难掌握的技能。擅长顶头球的球员在一个球队里备受珍视。站立时，显然顶头球的力量大部分来自用力一跳，这一跳可为成功顶头球提供所需的冲力。但起跳后，就难以获得推力了，这意味着你需要协调躯干的过度伸展与快速屈曲，对足球施力。在一场比赛中，顶头球的机会可能只有几次，但多进行顶头球的练习（针对适当年龄的球员）可增强躯干的过度伸展－屈曲能力和脊柱肌肉的支撑能力。加强对竖脊肌的锻炼有助于在运用这一较难的技能时为椎骨提供支撑。

腰椎伸展

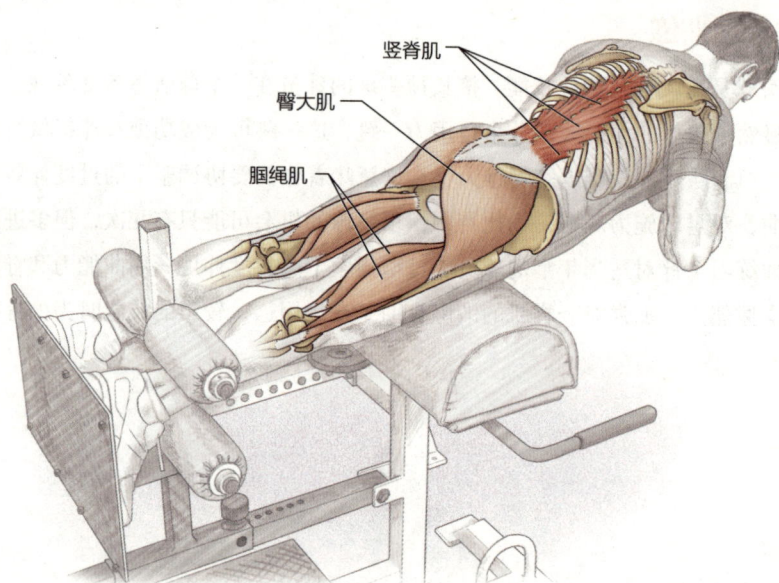

竖脊肌

臀大肌

腘绳肌

动作分解

1. 俯卧在罗马椅上，双脚紧贴后面的板子，脚踝靠着衬垫。大腿位于垫子上方，双臂交叉于胸前。髋部需要能够自由移动。

2. 慢慢向下弯曲躯干。

3. 抬高躯干，直至它与双腿呈一条直线。

4. 这个动作不要重复太多次。先做几次，然后随着力量的提升逐渐增加次数。

参与的肌肉

主要肌群：竖脊肌

辅助肌群：臀大肌和腘绳肌（股二头肌、半腱肌、半膜肌）

足球专项训练

　　一项研究关注了年轻运动员的腰椎特定部位发生应力性骨折的情况，损伤名为椎骨脱离，具体原因仍在研究之中。轴向载荷（从骨头顶部往下压）或者重复扭转动作都被认为是潜在的罪魁祸首。轴向载荷在足球运动中并不常见，但重复扭转动作很常见。这种情况下最佳的治疗方法就是休息，如要完全愈合，大多数医生预计运动员需要停止运动 3 个月或更长时间。大多数运动医学专家认为，增强敏感骨骼和关节周围的肌肉的力量对预防此问题大有帮助，对于背部而言尤其如此，背部是身体素质低下者的一个常见受伤部位。

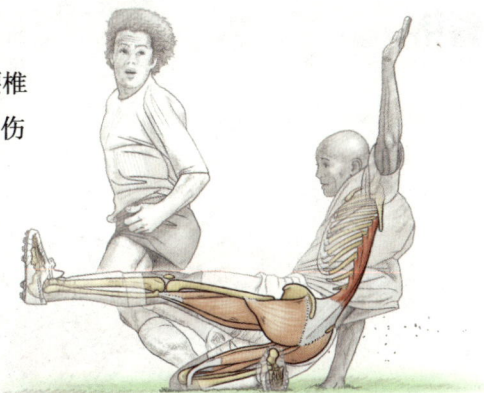

变化动作

搭档辅助腰椎伸展

　　需要一位搭档来配合完成这项练习。俯卧在地上，双手扣住后脑。搭档单腿跪在你的脚后，将你的脚踝固定。然后慢慢伸展脊柱，将躯干和肩膀抬离地面。控制身体，将身体放低到地面，然后重复这项练习。不要在一开始就试图重复太多次或试图抬得更高。先重复几次，然后逐渐增加重复次数和抬起高度。

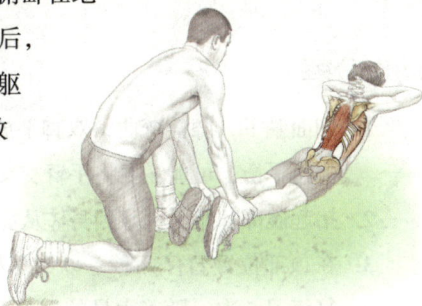

扭动式腰椎伸展

　　该练习主要针对腹内斜肌和腹外斜肌。简单地按照腰椎伸展的方式进行练习，但是每次重复时交替在每一侧做一个扭转动作。当你变得更强壮时，每次重复时可在两侧各做一个扭转动作。

臀桥

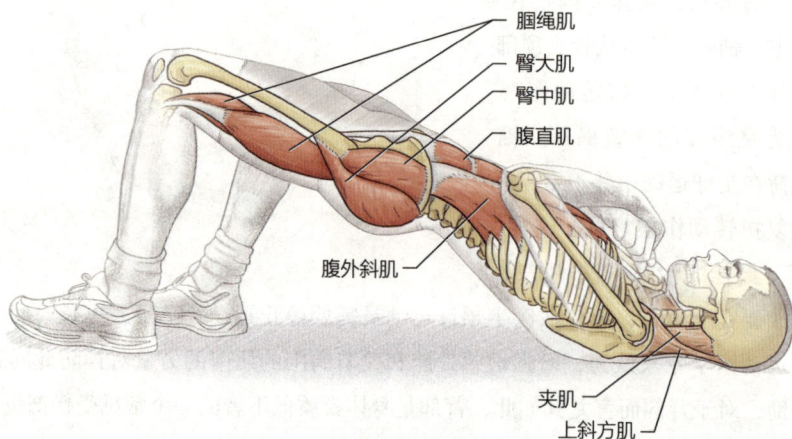

腘绳肌
臀大肌
臀中肌
腹直肌
腹外斜肌
夹肌
上斜方肌

安全提示
在做臀桥时，肩膀应该与地面保持接触，以免对头部或颈部造成压力。

动作分解

1. 仰面躺下，膝盖弯曲，双脚平放在地板上，双脚分开，与髋部同宽。为了保持平衡，可能需要将手臂交叉放于胸前。

2. 抬起髋部和躯干，直到身体从膝盖到肩膀形呈一条直线。

3. 在顶部位置暂停几秒，以锻炼核心肌群。然后慢慢让身体落回地面。重复练习 5 次，随着力量的提升而增加重复次数。

参与的肌肉

主要肌群：腘绳肌（股二头肌、半腱肌、半膜肌）、臀大肌、臀中肌和腹部核心肌群

辅助肌群：上斜方肌、夹肌和脊柱伸肌

足球专项训练

　　在过去的几年中，针对颈部的补充练习仅限于借用摔跤中的颈桥练习。颈桥练习在很大程度上能训练肌肉进行等长收缩，并且主要涉及颈部肌肉的伸展和过度伸展。在足球比赛中，强壮的颈部不仅有助于球员前进，而且在球员与球、其他球员、地面、球门柱等发生碰撞时对于稳定头部也很重要。现在，则有其他练习也可以改善颈部和肩膀的支撑效果。虽然臀桥通常被认为是一项核心练习，但颈部和肩膀是球员接触地面的 3 个支撑点中的 2 个，必须抵抗住脚部施加的推力。当躯干升高时，腘绳肌和臀大肌也会被激活。在整个过程中，保持臀大肌和腹部收缩。

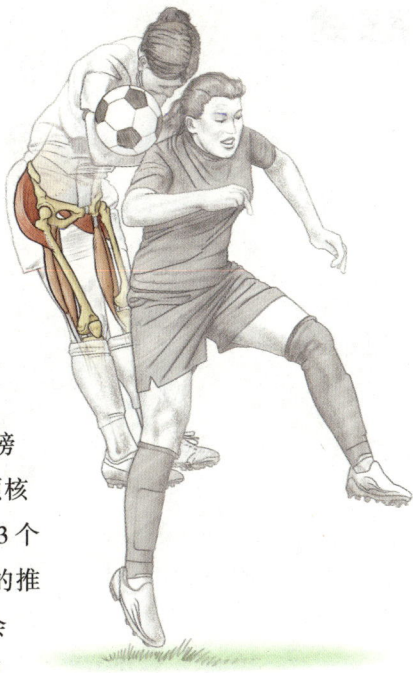

变化动作

杠铃臀桥

　　先在地上坐好。在杠铃下面垫一个垫子，把杠铃和垫子放在髋部上方，然后平躺在地板上。通过移动脚跟来开始这个动作，然后伸展髋部。负重应该由上背部和脚跟支撑。尽可能地伸展，然后回到起始位置。

早安式

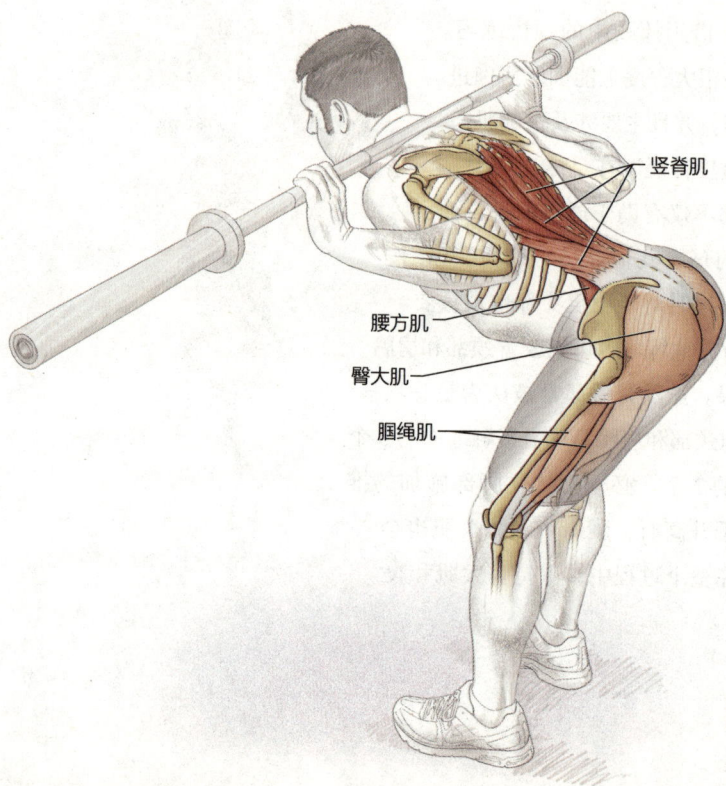

竖脊肌

腰方肌

臀大肌

腘绳肌

动作分解

1. 双脚分开站立，膝盖稍微弯曲。正手握杠铃杆，让它架在斜方肌上。

2. 躯干慢慢向前弯曲，同时保持躯干笔直，抬头，直至躯干与大腿之间的角度约为 90 度。

3. 运动到最低点时保持静止，然后慢慢抬起躯干。

参与的肌肉

主要肌群：竖脊肌和腰方肌

辅助肌群：臀大肌和腘绳肌（股二头肌、半腱肌、半膜肌）

足球专项训练

到目前为止，大部分练习都是针对除守门员外的其他球员的。守门员的地位特殊。除了练习动作之外，守门员还要花不少时间与后卫沟通防守战术等。更重要的是，守门员通常需要成功扑球 3 次以上才能让其球队在比赛中立于不败之地。这些动作极具冲击性且通常难度较大，可能会令观众和其他球员叹为观止。在球门前横身飞扑、拱起背、伸出指尖触球、将球拨出球门，这一系列动作需要每一块肌肉瞬间做出反应。由于守门员可以使用双手，因此他的躯干上部和上半身相较于场上其他球员有着独特的作用。守门员体格较大，身高通常需要达到 188 厘米及以上才能胜任此位置。因此，对于守门员而言，光是身高就足以改变其关节的扭矩。

变化动作

器械辅助背部伸展

背部训练仪为防止训练中的意外损伤提供了安全且稳妥的方式。曾经有过背部疼痛或背部病史的运动员及伤愈的运动员应将背部训练仪作为首选。

单臂哑铃划船

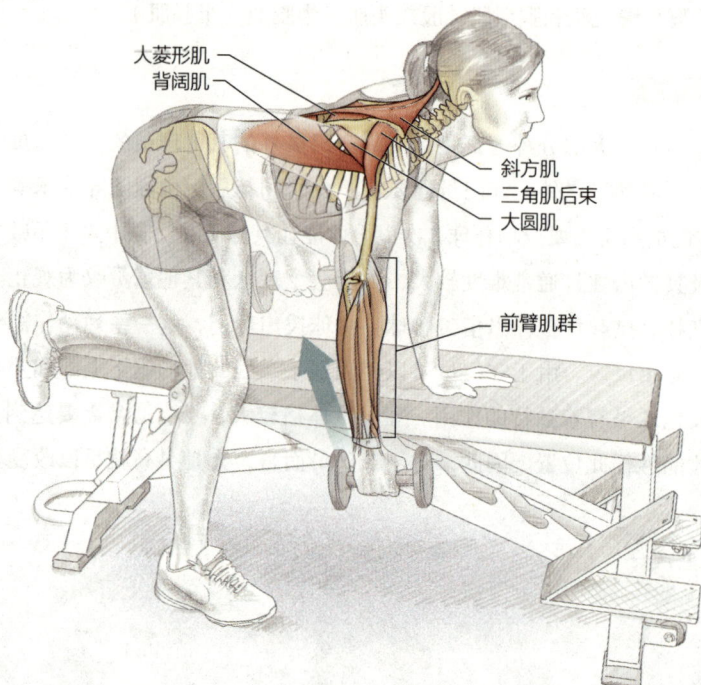

大菱形肌
背阔肌
斜方肌
三角肌后束
大圆肌
前臂肌群

动作分解

1. 左膝跪在长凳的垫子上。左手放在长凳上作为支撑。右腿立于地板上。

2. 保持背部挺直，髋部前倾，右手抓住哑铃。

3. 举起手臂时吸气，肘部弯曲并尽可能抬高，将重量移到躯干上。

4. 手臂举到头顶时保持静止（图中展示部分动作），然后在下降的同时呼气，直到手臂完全伸直。该动作类似于划船。换另一侧重复练习。

参与的肌肉

主要肌群：背阔肌、大圆肌、三角肌后束、斜方肌、大菱形肌和小菱形肌

辅助肌群：前臂肌群和固定姿势的脊柱伸肌

足球专项训练

现代足球战术分进攻和防守两个方面。在进攻方面，进攻球队试图让场地尽可能变大，给己方球员提供跑动的空间，分散对方的防守。在防守方面，防守球队试图让场地尽可能变小，这样己方的防守就非常紧凑，每个防守球员都离球很近。在争夺球的过程中，球员们不可避免地会发现自己离球都很近。进攻球员，尤其是前锋，让防守球员远离自己并把球牢牢控制在自己脚下的关键就是背部和肩膀的力量要足够大。教练应不断使进攻球员的力量看起来比他实际的力量更大，并训练球员避免因为手部推搡等动作被裁判判罚犯规。当然，一个擅长防守并能抢夺控球权的防守球员也是非常优秀的。控球是比赛中很重要的一部分，能够在无球时掩护同伴也是一项非常重要但经常被忽视的技能。

变化动作

器械辅助划船练习

进行划船练习时姿势很重要。站立划船是一项复杂的练习，就像举重一样。你必须把杠铃从下向上举起，然后在做这个动作之前保持特定的姿势。特别是躺在长椅上进行该练习时，你需要具备一定的支撑和安全措施。许多训练器械能够帮助你练习划船动作，以保障你在训练时的安全。

第6章

腿部：肌肉力量训练

本章将介绍一些腿部练习。当看到 50 米开外的远射，或者从后场突破防线的一脚准确的长传时，你也许会感到精神振奋。足球运动主要涉及腿部运动，而针对其他部位的练习都只是辅助性的。那我们就来了解一下最重要的腿部吧。

对于大多数运动而言，力量大多来自腿部。即使对于那些强调手臂产生力量的运动来说，力量也大多来自腿部与地面的相互作用，再从腿部转移至身体其他部位。因此，若腿部有问题，也会影响手臂和肩膀的发力。例如，棒球运动中的传奇人物，杰伊·汉娜·迪安（Jay Hanna Dean），也被人称作迪齐·迪安（Dizzy Dean），就是从脚趾受伤开始表现不佳的。一名足球运动员如果没有良好的腿部力量，可能很快就会发现自身缺乏平衡性和敏捷性，这会大大影响其足球技能的发挥。但是，腿部以上的动作的发力时机不当或执行力不强被视为技术不好，而且在腿部训练上花太多的时间，而忽视身体其他部位的训练的球员永远不会充分发挥自己真正的潜力。

发展更有力量或更强的射门能力对球员来说是受益无穷的。射门速度和距离方面的提升大多来自所有复杂机械动作的协调，以及在踢球瞬间较佳的肌纤维募集效果。力量的增强可以提高一般运动技能水平，并且防止身体受伤。

腿部的骨骼、韧带和关节

腿部由 3 块主要的骨骼组成。股骨（大腿骨）在胫骨（小腿骨）的上面，胫骨与腓骨平行。髌骨（膝盖骨）与股骨或胫骨没有直接的骨连结，因为它嵌入了大腿肌肉即股四头肌肌腱的背面。脚和脚踝是一个复杂的组合，有 7 块跗骨、5 块跖骨和 14 块趾骨。虽然脚的运动性能和灵巧性比不上手，但是脚部结构的复杂性丝毫不逊色于手。

髋关节、膝关节和踝关节是腿部的 3 个主要关节，但这些仅是冰山一角。髋关节是典型的球窝关节。它是一个非常强壮而且坚固的关节，由 3 条强劲有力的韧带支撑，它们从骨盆开始，环绕着股骨颈。髋关节的运动范围很大，但还是比不上肩膀。腿部的主要动作包括屈曲（向前摆动大腿）、伸展（向后摆动大腿）、外展（向一侧移动腿部，使其远离身体）、并拢（摆动大腿，使其从身体的一侧回到中线位置）、内旋（向身体的中线方向旋转大腿）、外旋（向远离身体中线的方向旋转大腿）及环转（摆动腿部，做圆周运动）。

股骨位于胫骨平滑表面的上方，膝关节也位于这里。膝关节是一个很明显的铰链关节。腿部还有髌股关节，它可使髌骨沿股骨的光滑表面滑动。髌骨并不附着于股骨。虽然和手指一样，膝关节是一个铰链关节，但它的结构异常复杂。膝关节真正神奇的地方在于它的韧带。内侧副韧带在膝关节内侧或膝关节之间连接股骨和胫骨。外侧副韧带在膝关节外侧连接股骨和胫骨。这些韧带能够防止骨头内翻形成 O 形腿，或者膝关节外翻。在美式橄榄球里，典型的夹击阻挡动作可能会使内侧副韧带受损。

膝关节内还有两个交叉韧带，它们都从胫骨开始，插入股骨下端的大凹口内。前交叉韧带从胫骨前面开始，斜着向大凹口的侧壁延伸，而较大的后交叉韧带从胫骨后面开始，穿过前交叉韧带的后面，插入大凹口的内侧壁。这两条韧带都能防止股骨和胫骨互相扭曲。前交叉韧带还可以防止胫骨在股骨下方移动得太靠前，而后交叉韧带可防止胫骨移动得太靠后。

膝关节内还有一对月牙形的软骨（即内侧半月板和外侧半月板）和一个关节软骨，关节软骨覆盖在股骨和胫骨的表面及髌骨的背面。两个半月板和关节软骨使膝盖能够自由运动，但它们经常在足球及其他运动中受伤。损伤的半月板的边缘会变得比较尖锐，它可以破坏关节软骨，而当这种情况发生时，半月板损伤将很快发展成骨关节炎。前交叉韧带损伤及其造成的不稳定性则会导致早发性关节炎。

铰链关节的主要动作是屈曲（弯曲膝关节）和伸展（伸展膝关节）。但是膝关节不仅仅是一个铰链关节，因为它还有一些较小的但同样重要的动作，如股骨和胫骨相互之间的旋转。另一个经常被提及的动作是外翻（膝关节外翻）或内翻（O 形腿），在回应一些对侧产生的力量时，这种情况经常发生。医生可以通过撬开关节的内侧或外侧来鉴别膝关节内翻和外翻的不稳定性，但这听着就让人害怕。实际上，导致前交叉韧带撕裂的是一些看似微小但相互作用的动作。例如，在有足够牵引力的情况下，以几乎伸展的膝关节着陆或者制动，同时髋部的股骨进行内旋，可能使胫骨在股骨下向前滑动并撕裂前交叉韧带。膝关节的撞击似乎更多是前交叉韧带发挥作用失败的结果，而不是其原因。预防方案旨在传授安全的疾行和着陆技术，不会使前交叉韧带处于危险之中。膝关节更为复杂的结构和功能还有待了解。

擅长膝关节矫形的外科医生几乎每天都会学到新的东西。

腓骨是一块平行于胫骨的较细的骨头。靠近膝关节的胫骨与腓骨之间的骨连接是相当坚实的，但它并不像脚踝那样强壮。脚踝内侧和外侧上的大粗隆（即踝骨）实际上是胫骨和腓骨的末端。它们在跗骨、距骨上方形成一种骨钳似的结构，即踝关节。韧带将胫骨和腓骨的末端与附近的跗骨相连，以增强脚踝的稳定性。踝关节的主要动作是内翻和外翻，以及跖屈和背屈。踝关节的内翻是脚掌向内旋转，而外翻是脚掌向外旋转。屈脚和伸脚更加准确的叫法是背屈（脚尖上抬）和跖屈（脚尖下伸）。跖屈脚踝可以完成强有力的踢球。观察踝关节的解剖结构我们可以知道，出现脚踝外侧扭伤（内翻扭伤）的可能性要比出现脚踝内侧扭伤（外翻扭伤）的可能性大得多。如果力量足够大，距骨可以破坏胫骨和腓骨之间的平行状态，从而导致扭伤，这经常被称为高位踝关节扭伤。

就像手和手腕一样，踝关节和足部也有一系列令人眼花缭乱的韧带，它们有序地排列着。只有跖骨的命名规则与手和手腕处的骨头的命名规则相同，而掌骨的命名规则不尽相同。

腿部肌肉

在第5章中，我们描述了这样一些肌肉，它们起始于骨盆，嵌入股骨，其作用是移动腿部。膝关节、足部和踝关节附近的肌肉则是本章的主题。

大腿肌肉分成3组。股四头肌（大腿或股骨区域的四头肌）有4个不同的起点。其中股内侧肌、股外侧肌和股中间肌都起始于股骨的长轴（见图6.1），而股直肌起始于髂前下棘。你可以很容易地看到4块肌肉中的3块，因为股中间肌位于其他3块肌肉的下方。这4块肌肉聚集在一起，形成统一的股四头肌肌腱，它越过髌骨，向下嵌入膝关节上方胫骨上端的结节处。在解剖学中，一旦股四头肌肌腱越过了髌骨，其名称就被更改为髌骨韧带。当股四头肌收缩时，肌肉会将髌骨拉回到原来的位置，因此膝关节得以伸展。股直肌也有助于髋关节的屈曲。

构成腘绳肌的3块肌肉（见图6.2）是与股四头肌相反的拮抗肌。它们都起始于骨盆。股二头肌是这3块肌肉中最大的，处于最外侧；它向下延伸，嵌入腓骨顶端附近。半腱肌和半膜肌沿着大腿的内侧向下延伸，并嵌入膝关节内侧的后面。有些人可能没有全部的3个肌腱，但至少有两个肌腱。腘绳肌的主要作用是屈曲膝关节，但因为所有的肌肉都起始于髋部，所以它们还能伸展髋关节。在防止前交叉韧带受伤等方面，腘绳肌也扮演着重要的角色。

髂腰肌：
腰大肌
髂肌

耻骨肌
阔筋膜张肌
缝匠肌
股薄肌

短收肌
长收肌
大收肌

股四头肌：
股直肌
股外侧肌
股中间肌
股内侧肌

胫骨前肌

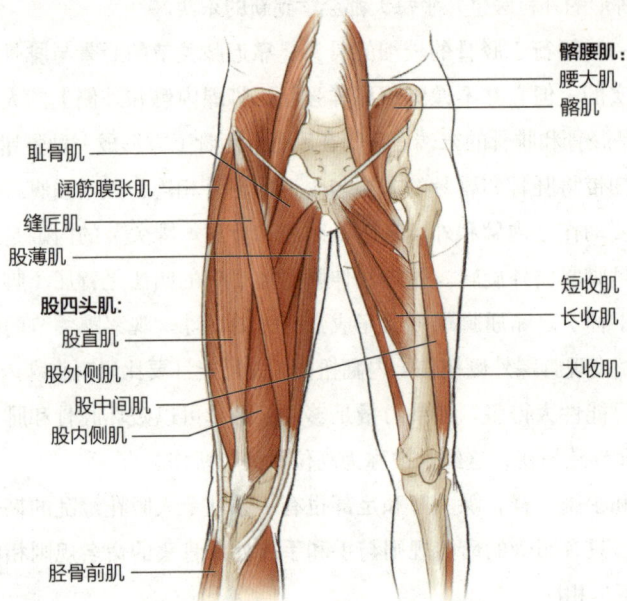

图 6.1 腿前侧的肌肉

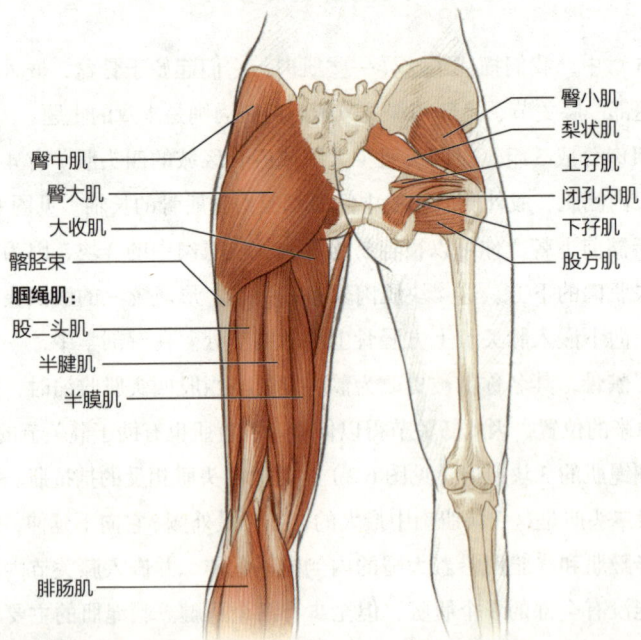

臀小肌
梨状肌
上孖肌
闭孔内肌
下孖肌
股方肌

臀中肌
臀大肌
大收肌
髂胫束
腘绳肌：
股二头肌
半腱肌
半膜肌

腓肠肌

图 6.2 腿后侧的肌肉

大腿内侧肌群始于靠近中线位置的骨盆，呈斜线状延伸，从侧面嵌入股骨。它们当中的大多数都属于内收肌群，可以移动大腿，使大腿向身体的中线方向运动。大腿内侧肌群的尺寸跨度很广，从非常小的肌肉（耻骨肌）逐渐变大（短收肌和长收肌），最后到非常大的肌肉（大收肌）或很长的肌肉（股薄肌）。足球运动员的长收肌特别容易拉伤，因为所有这些肌肉都有助于股骨和其他骨头的外旋。直到拉伤腹股沟，以致每走一步都疼痛万分时，足球运动员才会意识到这些肌肉的重要性。

可以说，大腿的最后一块肌肉是阔筋膜张肌。阔筋膜张肌的肌腱部分比肌肉要多。这种较短的扁平肌肉起始于髋部的顶端，沿着大腿的外侧向下延伸，止于髋关节两侧的结节处附近。根据身高的不同，它的肌肉部分的长度也不尽相同，可能是 10 ~ 15 厘米。从这里开始，阔筋膜张肌大多是肌腱，一直沿着大腿的外侧向下，直至嵌入膝关节周围的软组织。它可以收缩，沿着内侧（内部）旋转，有助于髋关节屈曲。

膝盖后面是一系列肌肉，它们能够移动脚踝、脚和脚趾（见图 6.3）。起始于胫骨前面的肌肉可以使踝关节背屈，而其他延伸到脚趾的肌肉可以使踝关节跖屈。腿部的外侧（外面）有一组肌群，由 3 块腓骨肌组成，它们起始于腓骨，主要作用是使足部外翻。腿部的后面有两块主要的肌肉。腓肠肌起始于股骨的后面，常常被称为小腿肚肌肉，下面是比目鱼肌，起始于胫骨。这两块肌肉的肌腱共同组成跟腱，嵌入脚跟（跟骨）。当这些肌肉收缩时，你可以用脚尖站立。在行走和跑步时，它们还有助于提升你的跳跃能力，使你在蹬离地面时获得更大的推力。在腿部的前面、外侧及后面部分，这些肌肉组成不同的肌群。一般来说，没有一块肌肉是向内侧延伸的。

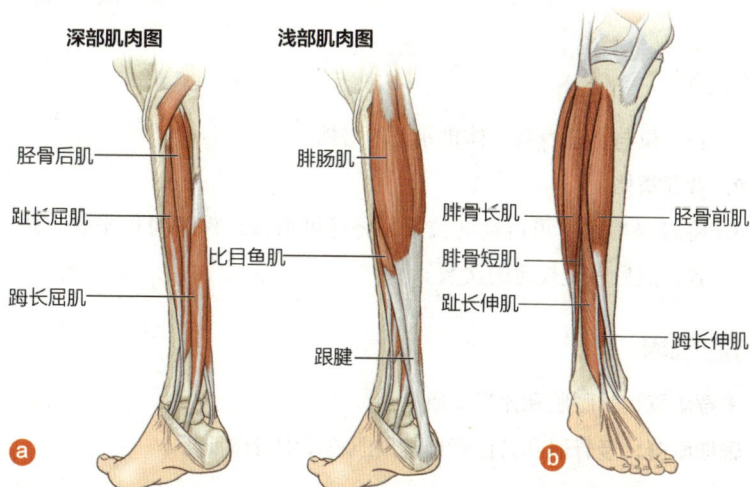

深部肌肉图　　　　**浅部肌肉图**

胫骨后肌　　　腓肠肌

趾长屈肌　　　　　　　腓骨长肌　　　　　胫骨前肌
　　　　　　　比目鱼肌　腓骨短肌

踇长屈肌　　　　　　　趾长伸肌

　　　　　　　跟腱　　　　　　　　　踇长伸肌

ⓐ　　　　　　　　　　　　ⓑ

图 6.3　小腿和足部的肌肉：（a）后侧图；（b）前侧图

背搭档提踵

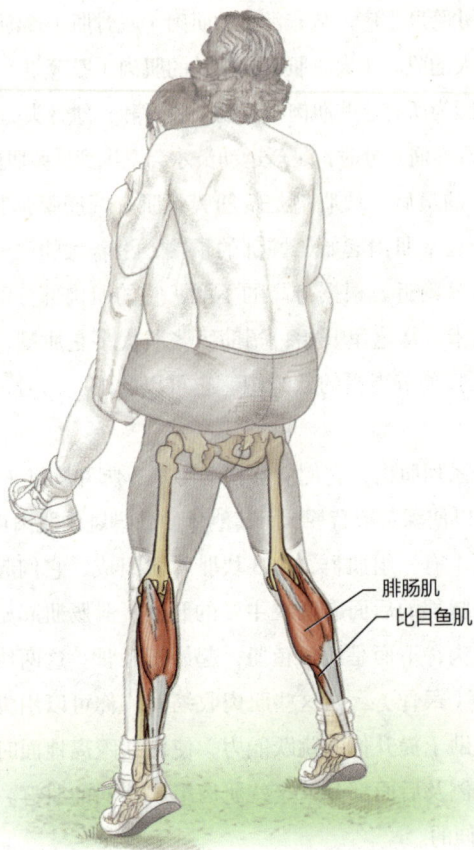

腓肠肌
比目鱼肌

动作分解

1. 找一位与自己身高、体重相近的搭档。

2. 背起搭档。

3. 将脚跟抬到尽可能高的位置，将速度放慢，保持身体平衡。两人互换位置，然后重复规定的次数。

参与的肌肉

主要肌群： 腓肠肌和比目鱼肌

辅助肌群： 竖脊肌和其他背部辅助肌群（如背阔肌等）

足球专项训练

跳跃的动力来自伸髋、伸膝和跖屈（脚尖蹬地动作）的协调作用。其涉及的所有肌肉组织都需要接受专门的训练，以确保每块肌肉在跳跃中都起到一定的作用。在跑步时，小腿肌肉也参与其中。在蹬离地面阶段，许多力量都来自腓肠肌和比目鱼肌，尤其在短跑的起跑和加速阶段。在很大程度上，步幅与跑步速度的增大得益于腓肠肌和比目鱼肌提供的更大的推力。另外，在踢球时，小腿肌肉还有助于脚踝保持稳定。如果在踢球时脚和脚踝不能保持稳定，那么在踢球的摆动阶段腿部产生的大部分力量可能会损失。

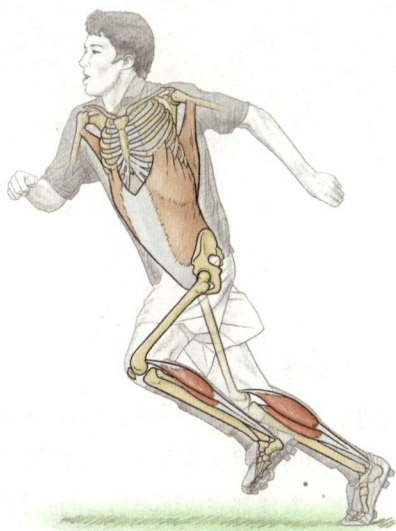

变化动作

单腿罗马尼亚硬拉

左腿保持平衡，右手持哑铃放于大腿前。髋部向后坐，左膝微微弯曲。在整个运动过程中，右腿应该是伸直的，并与上半身形成一条直线。弯曲腰部，直到哑铃大约在胫骨的中间，保持背部平直。脚跟用力蹬地，推动髋部向前，回到起始位置，换另一侧重复练习。（注：完整的罗马尼亚硬拉在第11章中有介绍。）

俯卧小腿屈伸

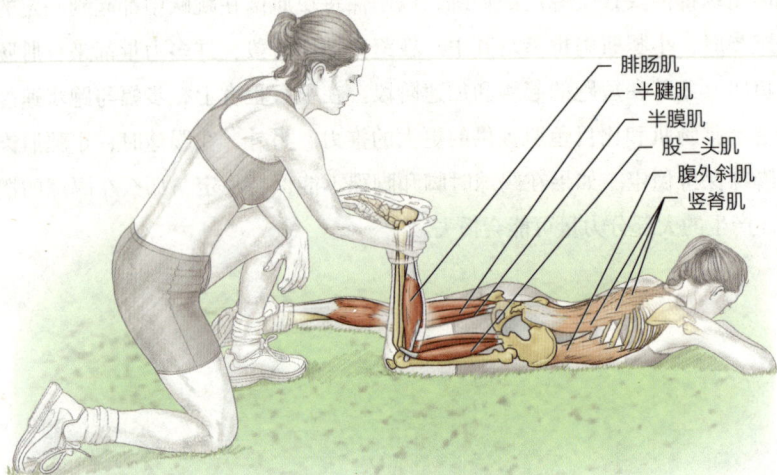

腓肠肌
半腱肌
半膜肌
股二头肌
腹外斜肌
竖脊肌

动作分解

1. 趴在地上，一条腿伸展，另一条腿屈曲。

2. 搭档在你的脚边单腿跪下，并一手握着你的屈曲腿的脚踝。

3. 进行膝关节屈曲，同时搭档反向用力，让你的屈曲腿在一定范围内运动。

4. 换腿重复以上动作。双腿都完成练习后，与搭档互换位置。

参与的肌肉

主要肌群： 腘绳肌（股二头肌、半腱肌和半膜肌）和腓肠肌

辅助肌群： 保持姿势及稳定核心的腹部核心肌群（腹外斜肌、腹内斜肌、腹横肌和腹直肌）和竖脊肌

足球专项训练

对于前几代足球运动员而言，腘绳肌拉伤是一种罕见的损伤。一些研究发现，现代比赛的快节奏与爆发性使这种曾经罕见的损伤变成了足球运动中的"头号杀手"。有研究表明，一年之内，一支专业的球队会发生6次或更多次腘绳肌拉伤。而腘绳肌拉伤的球员都需要一段时间才能痊愈，这意味着球队可能会在很长一段时间内缺少一些核心球员。有3种危险因素会导致腘绳肌拉伤。首先，腘绳肌拉伤最大的危险因素是腘绳肌拉伤史，相应的损伤史对于任何一种损伤而言几乎都是最大的危险因素。其次，年龄越大，球员越有可能受伤。最后，腘绳肌缺乏力量也会增加拉伤的风险。这3种因素中，唯一可以改变的就是腘绳肌的力量。因此，明智的做法是提升腘绳肌的力量，以防止严重的拉伤。

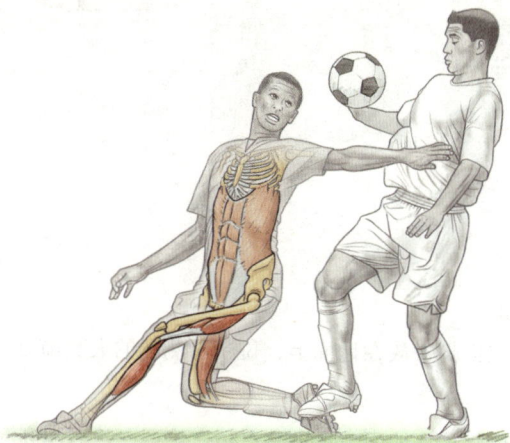

变化动作

器械辅助小腿屈伸

腘绳肌的力量可以使用一种为站姿、俯卧姿势或坐姿下的小腿屈伸而设计的练习器械来提升。这种器械一般称为等速肌力仪。无论采用哪种姿势，屈膝练习都能集中锻炼腘绳肌，并有效地增加其力量。锻炼腘绳肌可以大大提升其力量，从而减少拉伤。屈膝练习在国际足联热身运动中常被称为北欧腘绳肌卷曲（见第52页）。

卧姿大腿内收

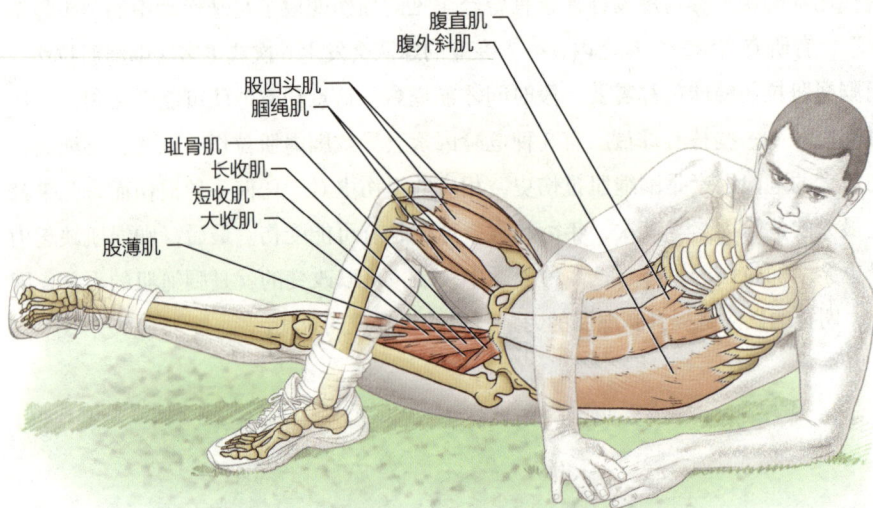

腹直肌
腹外斜肌
股四头肌
腘绳肌
耻骨肌
长收肌
短收肌
大收肌
股薄肌

动作分解

1. 侧躺在地面上。
2. 上侧腿弯曲，将脚平放在地面上，位于下侧腿的大腿前方。下侧腿完全伸展。
3. 慢慢地将下侧腿抬离地面。在最高点稍作停留，然后回到起始位置。
4. 换另一侧腿重复以上动作。

注：

这项练习可以配合哥本哈根内收肌训练（见第 33 页）一起进行，后者的难度可能更高。

参与的肌肉

　　主要肌群： 内收肌群（长收肌、短收肌、大收肌、耻骨肌、股薄肌）

　　辅助肌群： 保持姿势的腹部核心肌群、股四头肌（股内侧肌、股外侧肌、股中间肌、股直肌）和维持膝关节伸展的腘绳肌（股二头肌、半腱肌、半膜肌）

足球专项训练

长期参与一个特定的运动项目时，动作模式相对固定，这会导致一些特定的缺陷。足球运动员大多存在膝关节、腹股沟和踝关节灵活性较差的问题。这些缺点可能是由足球运动的专项特征决定的。较差的灵活性被认为是导致各种损伤的危险因素。例如，腹股沟拉伤在下列情形中经常发生：防守、阻挡传球和射门，进行高难度的射门，快速改变方向。腹股沟处最容易拉伤的肌肉是长收肌。直到腹股沟拉伤时，大多数人才意识到它在日常活动中有多重要。大腿通过球窝关节（髋关节）固定到骨盆上，腿部因此能够围绕髋关节旋转。在屈曲和伸展时，大腿可以在一个相当大的锥形范围内运动，而当腿部通过髋关节屈曲和伸展时，内收肌群能最大限度地减少它的侧向运动。那些遭受过腹股沟拉伤的人通常更愿意接受辅助训练，因为它有助于防止或推迟下一次拉伤的到来。另一种烦人的腹股沟损伤是运动疝气，有时也叫作运动疝。尽管这种疼痛位于腹股沟处，但真正出问题的可能是其他地方，而且球员可能并不能回想起准确的受伤时间。为了能够准确诊断，球员需要求助运动医学方面的医生，因为腹股沟拉伤和运动疝的治疗方法截然不同。

变化动作

绳索髋内收

卧姿大腿内收可以在球场上进行。为了在球场上持续锻炼内收肌群，球员要注意多做重复性练习，这样可以增强周围肌肉的耐力，而不只是单纯增强内收肌群的力量。（我们甚至会看到一些球员在脚踝上绑沙袋进行练习。）要想真正增强内收肌群的力量，可以在健身房使用滑轮拉力器来增大运动时的阻力。

127

蜘蛛式

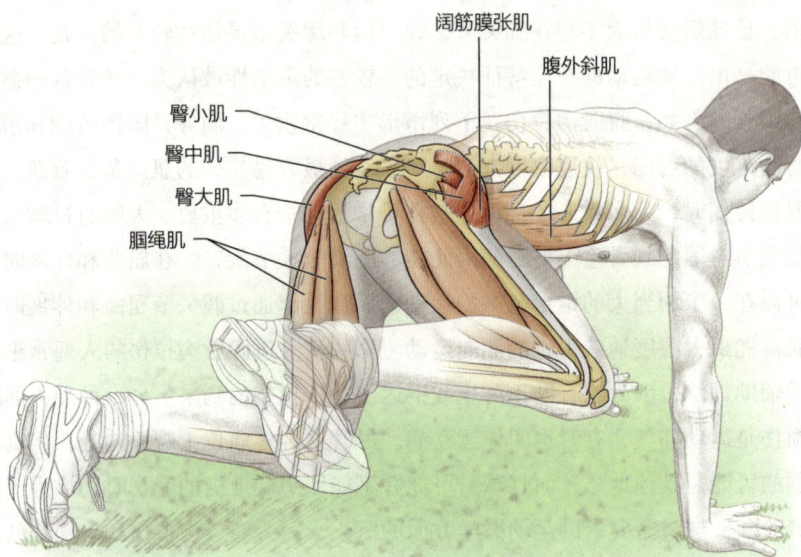

阔筋膜张肌
腹外斜肌
臀小肌
臀中肌
臀大肌
腘绳肌

动作分解

1. 双腿跪在地上，双手撑地。

2. 抬起一条腿，并保持膝关节处于弯曲状态，直到大腿与地面接近平行。稍作停留后，放下这条腿，回到起始位置。

3. 换腿重复以上动作。两腿交替进行。

参与的肌肉

主要肌群：臀肌（臀大肌、臀中肌和臀小肌）和阔筋膜张肌

辅助肌群：股外侧肌、腘绳肌（股二头肌、半腱肌、半膜肌）和保持姿势与平衡的腹部核心肌群

足球专项训练

髋关节是一个奇怪的关节，许多球员并不记得导致髋关节损伤的特定事件。而大量的退役球员在很多人认为还很年轻的时候就进行了全髋关节置换手术。似乎是骨盆里的股骨缺乏控制造成了髋关节接口部分的小毛病。随着时间的推移，髋关节会受到磨损，最终需要置换。为了使髋关节保持稳固，强大的肌肉力量至关重要。因此，我们需要寻找像蜘蛛式这种能够增强髋关节肌肉力量的练习，它可以锻炼各种参与髋关节外展的肌肉。同时，如果练习动作正确，大腿的运动范围会变大，球员就可以动态地进行内收肌群的拉伸练习。

变化动作

侧躺练习

最好是在垫子上侧卧，双腿伸展，双脚并拢，用前臂支撑头部。将另一侧上臂放在髋部上。髋部和肩膀应该垂直于地板；头部应该与脊柱对齐。轻轻地将上腿从下腿上抬起来，保持膝盖伸直，脚处于中间位置。保持髋部与地板垂直，抬起腿，膝盖向前。将腿抬到髋部开始向上倾斜的位置，或者使你感到下背部或腹内斜肌和腹外斜肌紧张的位置。慢慢地将抬起的腿恢复到起始位置后翻身，然后换另一条腿进行相同的动作。

129

拉绳后踢

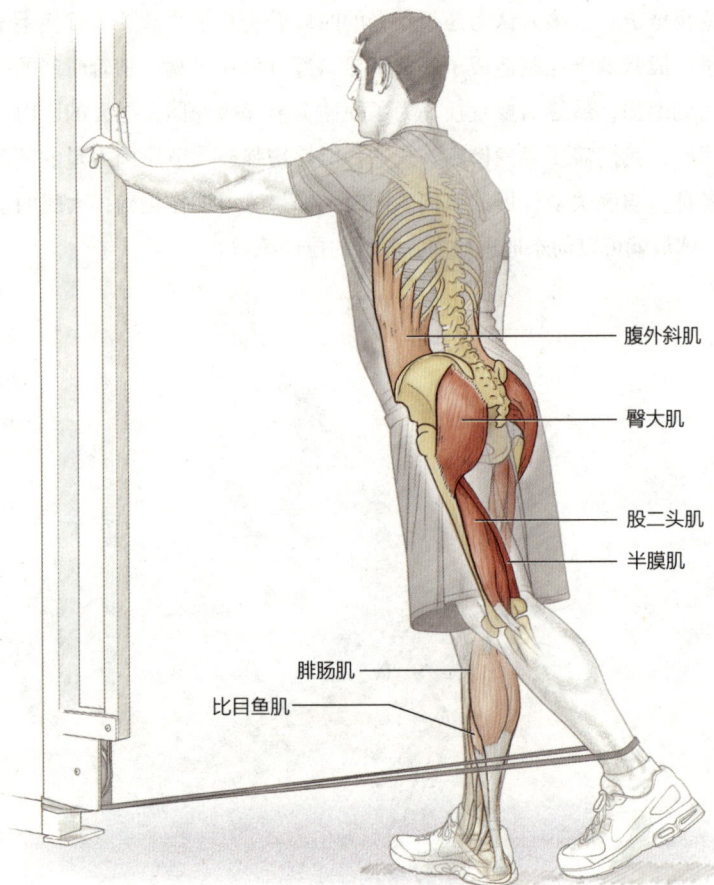

腹外斜肌

臀大肌

股二头肌

半膜肌

腓肠肌

比目鱼肌

动作分解

1. 面向滑轮拉力器或其他固定的物体站立，把绳子或弹力带的两端系在一起，形成一个圈，将一只脚的脚踝置于圈中。

2. 尽可能保持支撑腿伸直，在髋关节处拉伸大腿（向后移动腿部），尽可能向后拉伸。稍作停留后，回到起始位置。需要的话，也可以扶住器械，以保持平衡。

3. 换腿重复以上动作。

参与的肌肉

主要肌群： 臀大肌和腘绳肌（股二头肌、半腱肌、半膜肌）

辅助肌群： 保持姿势的腹部核心肌群和平衡腿部的肌肉（如股四头肌、腓肠肌、比目鱼肌、腓骨长肌、腓骨短肌和第三腓骨肌）

足球专项训练

抛球或踢球时的任何动作都需要髋关节具有一定的摆动幅度。摆动时间越长，球就踢得越快或者越远。髋关节自身的构造及髋关节的特殊韧带（髂骨韧带或 Y 形韧带）限制了踢球时的后摆动作。踢球不仅仅是踢球腿向前摆动。增强髋伸肌的力量，可以使你在踢球摆动阶段尽可能地增大髋关节的摆动幅度，从而增强踢球的力量。

变化动作

健身球髋关节伸展

髋关节伸展练习还可以用健身球来完成。躺在地板上，一条腿放在健身球上。将另一条腿交叉放在高高垫起的那条腿上面。向下挤压地板和健身球，以伸展髋关节。使用健身球练习髋关节伸展，加入了对平衡性的训练，增加了练习的难度。

坐姿腿屈伸

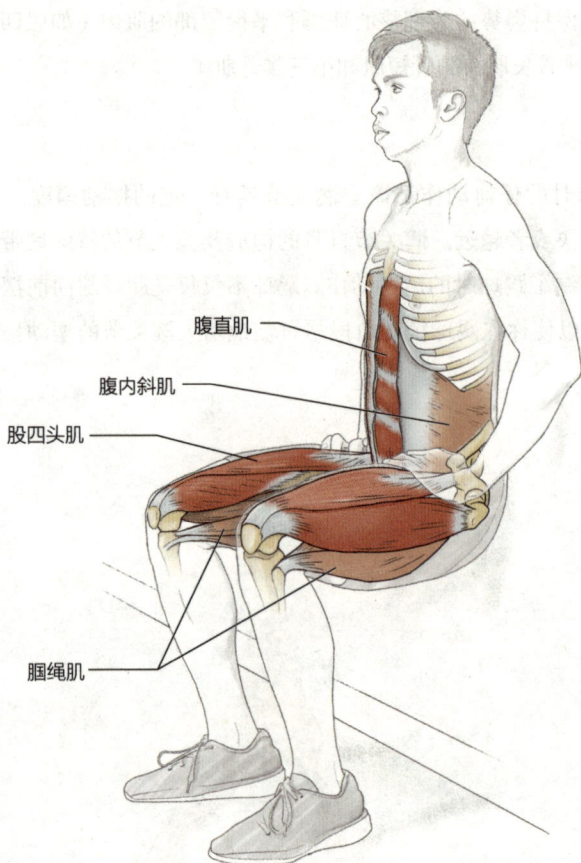

腹直肌

腹内斜肌

股四头肌

腘绳肌

动作分解

1. 从背靠墙站立开始，两脚分开，与肩同宽，双脚离墙大约 60 厘米。

2. 腹部发力，慢慢地让背部滑下墙壁，直到大腿与地面平行。

3. 调整脚部位置，使膝盖在脚踝正上方，且不超过脚尖。

4. 保持背部紧贴墙壁。

5. 保持这个姿势 20 ～ 60 秒。

6. 让背部沿着墙壁慢慢地回到站立姿势。

参与的肌肉

主要肌群： 股四头肌（股内侧肌、股外侧肌、股中间肌、股直肌）、腹直肌

辅助肌群： 腹内斜肌、腹外斜肌、腘绳肌（股二头肌、半腱肌、半膜肌）

足球专项训练

股四头肌（由股外侧肌、股内侧肌、股中间肌和股直肌组成）负责完成屈髋和伸膝动作，是足球运动中脚踢球的主要发力方式。从技术的角度来看，踢球有多种不同的方式，如脚内侧传球、脚背正面抽射等。股四头肌主要用于保证上述技术动作的稳定性和准确性，最重要的是确保动作具有足够强大的力量。坐姿腿屈伸可以增强股四头肌的力量，减少受伤的风险。因为该练习是一项静态的练习，我们还应该注意使股四头肌的力量和运动速度相结合，最终增强股四头肌在单位时间内产生的爆发力。

健身球仰卧腿弯举

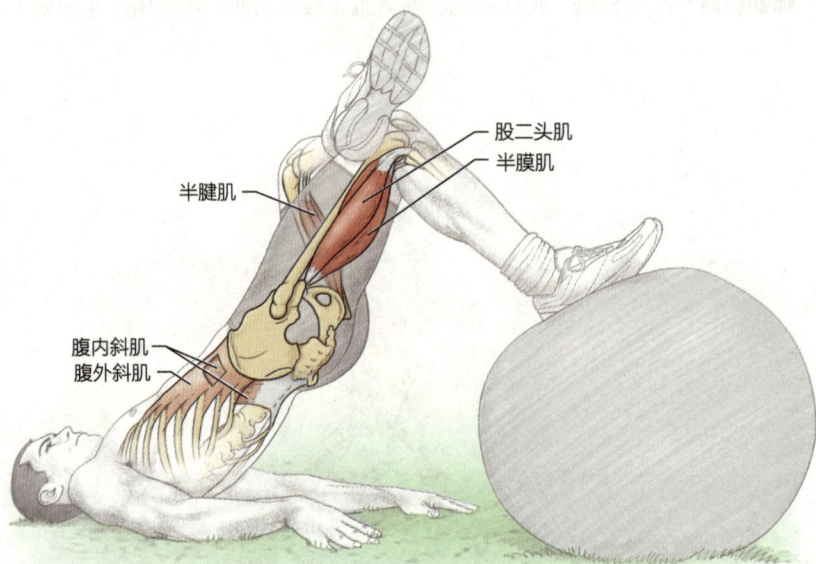

股二头肌
半膜肌

半腱肌

腹内斜肌
腹外斜肌

动作分解

1. 仰卧在地面上，将一只脚的脚跟抬高放到健身球上，另一条腿交叉搭放在这条腿的膝盖上。抬起躯干，使其离开地面，让肩部承受身体的重量。
2. 屈膝，同时利用脚跟让健身球向身体方向滚动。稍作停留，然后缓慢回到起始位置。换腿重复以上动作。

参与的肌肉

主要肌群： 腘绳肌（股二头肌、半腱肌、半膜肌）
辅助肌群： 保持平衡的腹部核心肌群

足球专项训练

俯卧小腿屈伸（见第 124 页）与足球运动的关系十分密切，旨在加强腘绳肌的力量，以避免其拉伤。腘绳肌也与前交叉韧带撕裂有关。如果你沿着顺时针方向扭伤右胫骨，前交叉韧带将绷紧。但情况并不都是这样的，如果在股骨下方，胫骨向后滑动，前交叉韧带将变松。每当你跳跃着陆或伸脚断球时，胫骨都会向前滑动。试想如果在胫骨开始向前滑动的同时，腘绳肌开始收缩，将会发生什么呢？最终胫骨不会向前滑动太远。通过训练腘绳肌的收缩力量和反应时间，能够明显优化着陆和断球等动作的效果，并能够防止前交叉韧带过度拉伸。因此强有力的腘绳肌对于团队运动，尤其是足球运动而言，尤为重要。

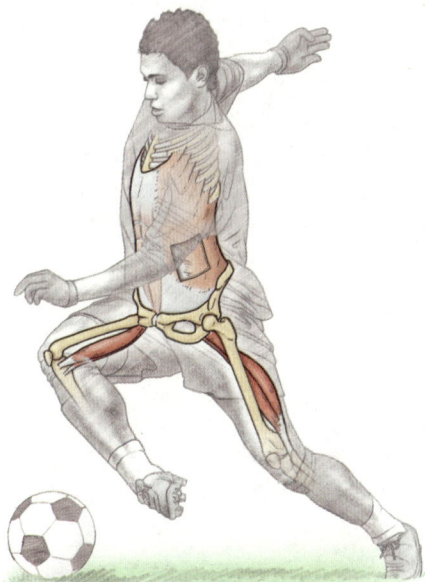

第 7 章

肩部和颈部

足球这类运动的关注点一般在腿部。足球运动员使用腿部执行大量的带球、射门、过人等技术，但在训练中只关注腿部的抗阻训练是不合理的。在比赛中避免受伤、保持平衡、提高速度、产生并传导力量、保持空间、投掷边线球等也需要腿部以上的身体其他部位的配合。

在选择辅助训练时，教练要意识到不止腿部，足球运动员的整个身体都必须进行训练。身体各个部位的不平衡都会影响运动表现，同时可能增加受伤的风险。整体身体素质都很不错的足球运动员能够延缓疲劳并更好地参与比赛，增加自身对比赛结果的影响，身体健康的足球运动员也更能避免受伤。在球队替补队员较少且赛季中轮换机会不多的情况下，足球运动员更需要保持全面的身体健康。

肩关节解剖

关节或骨连结是骨头连接的位置。3 种主要类型的关节分别是固定关节、微动关节和活动关节。例如，成人头盖骨的骨连结和构成骨盆的 3 块骨头之间的关节都是固定关节。肋骨与胸骨连接的地方是微动关节。大多数人一提到关节就能想到活动关节，如肩关节、肘关节、膝关节、踝关节等。足球运动员最常见的两种损伤是踝关节或膝关节完整性受损。

活动关节一般都被包裹在结缔组织里，这类结缔组织被称为滑膜囊。特定部位的滑膜囊可以形成韧带。韧带连接骨头与骨头，肌腱则连接肌肉与骨头。大多数韧带在关节外，也就是在包围着两块骨头的滑膜囊的外部。一个值得注意的例外是，膝关节的前交叉韧带和后交叉韧带在关节囊中。（第 6 章详细地介绍了膝盖。）

上臂通过一个看似非常简单却功能复杂的结构连接到骨架的中间部位（即中轴骨）。肱骨（即上臂骨）与关节盂相连，关节盂是肩胛骨几乎平坦的表面上由一个称为盂唇的软骨杯形成的凹槽。肩胛骨盖在背部的一些深层肌肉上，它可以绕着肋骨的弯曲表面稍微滑动和旋转。但是它只能通过锁骨和胸骨与中轴骨相连。因此我们可以看到 3 个不同的关节：胸锁关节（锁骨到胸骨）、肩锁关节（锁骨到肩胛骨的特定位置，也就是肩膀上面的位置）和盂肱关节（肩胛骨上扁平的关节盂到肱骨的圆形头部）。虽然肩胛骨和肋骨之间没有明显的骨连结，但是你可能听说过肩胛骨和肋骨之间有一个肩胛胸关节。

胸锁关节的韧带非常强韧，而且这个关节在足球运动中不会经常受伤。肩锁关节有很多具有稳定和移动功能的韧带，这些韧带在足球比赛中容易受伤，而且经常发生在肩膀顶端直接受到撞击时（例如，摔倒时以肩膀顶端着地）。盂肱关节是身体中最灵活的关节之一。关节囊会变厚成为大量明显的盂肱韧带。这个关节在手臂伸展并转换方向时（一般是向后）可能会脱臼。

身体可以分成 3 个平面。额状面（也称冠状面）将身体分成前后两个部分，矢状面将身体分成左右两个部分，而水平面将身体分成上下两个部分。肩膀的所有动作都是根据动作发生的平面描述的。作为身体最灵活的关节之一，肩膀可以在这 3 个平面中移动，而且动作类型较多（见表 7.1）。

较大的关节活动范围是一个优势，但是同时也增加了受伤的潜在可能。在足球运动中，上肢和肩胛带损伤大多数都是碰撞和摔倒造成的。肩部肌肉强壮的运动员能够更大程度地避免这些损伤，同时保护肩膀。

表 7.1 肩膀的动作

平面	动作	描述
额状面	屈曲	手臂在身体前面举起
	伸展	手臂在身体前面放下，幅度超过身体躯干
矢状面	外展	手臂向身体外侧抬起
	内收	手臂放回体侧
水平面	内旋	肱骨朝着人体中线旋转；屈肘后更加明显
	外旋	肱骨远离人体中线旋转；屈肘后更加明显
	水平内收	首先将手臂向身体外侧抬起，然后水平地向人体中线移动
	水平外展	手臂在身体前面举起，然后水平地向远离人体中线的方向移动
多维	环行	绕大圈甩臂（集合了所有手臂动作）

肩关节脱臼发生在盂肱关节，肩关节分离发生在肩锁关节。

肩部肌肉

大多数肩部肌肉附着在肩胛骨上。一块肌肉有两个附着点。起点一般在固定端，而止点一般在移动端。在大多数情况下，肌肉受到刺激收缩时，会从止点拉向起点。多数肌肉都附着在一个关节处，因此肌肉动作都作用于这个关节，但是当肌肉附着在两个关节上时，肌肉动作可以影响两个关节。掌握肌肉的起点和止点就可以推出动作发生的原因。

三角肌

三角肌（见图 7.1）在肩关节上形成了一个盖子。这里有 3 块肌肉：正面是三角肌前束，中间是三角肌中束，背面是三角肌后束。三角肌前束的起点在锁骨上，三角肌中束的起点在肩胛骨的肩峰上（在肩膀的顶端），而三角肌后束起点在肩胛冈，也就是肩胛骨的背侧面。这些肌肉都附着在同一块肌腱上，该肌腱横向（远离人体中线）插入肱骨。

三角肌可用于伸展手臂。就单独的肌肉功能来看，三角肌前束可以弯曲肩膀而三角肌后束可以伸展肩膀。将一只手放在三角肌上，然后举起手臂（肩膀弯曲），你就可以感受到三角肌前束而非三角肌后束的收缩。

肩袖

肩袖可以旋转关节盂中的肱骨，同时稳定肩膀。与髋部不同的是，肩膀并没有太多的结构约束，因此必须有肌肉提供支持。肩袖（见图 7.2）由 4 块肌肉组成。肩胛下肌在肩胛骨的下侧，沿着手臂向前嵌入肱骨。这是肱骨在关节盂中向内旋转的主要肌肉，当棒球投手的肩袖撕裂时，肩胛下肌往往会受伤。肩袖的其他 3 块肌肉大部分在肩胛骨的背面：冈上肌（在肩胛骨冈上窝内）、冈下肌（在肩胛骨背面的冈下窝内）和小圆肌。这 3 块肌肉执行肱骨在关节盂中的外旋动作，同时协助完成大量其他的动作。

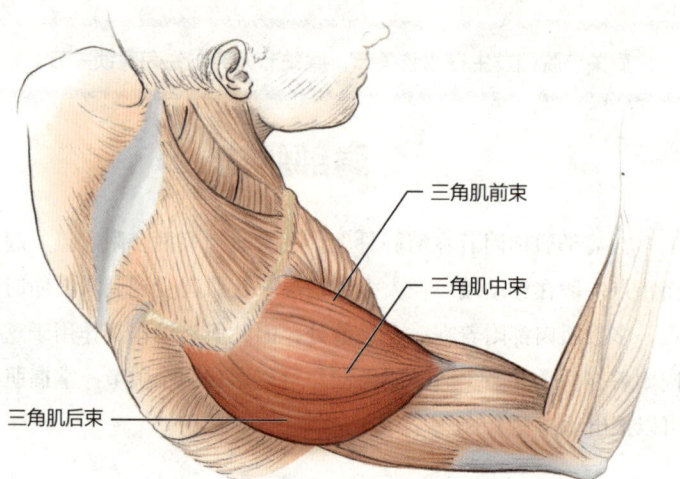

三角肌前束

三角肌中束

三角肌后束

图 7.1　三角肌

正面视图

胸锁乳突肌

头夹肌

斜方肌

肩胛提肌

小菱形肌

大菱形肌

肩胛下肌

冈上肌

冈下肌

小圆肌

大圆肌

背面视图

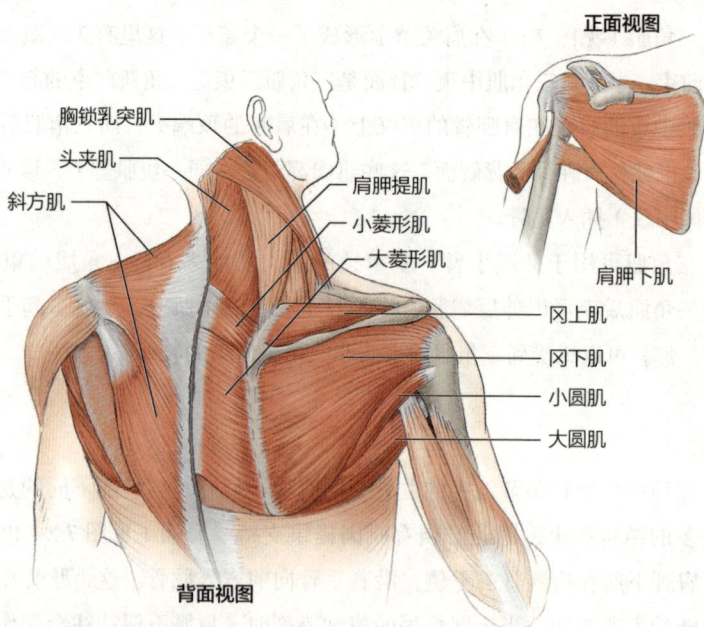

图 7.2　肩袖和颈部肌肉

其他肩部肌肉

有助于提高肩膀灵活性和稳定性的其他肩部肌肉如下。

·大菱形肌和小菱形肌。这些肌肉主要起始于上胸椎（椎骨是肋骨附着的地方），并斜向下嵌入邻近的肩胛骨边缘。由于菱形肌的肌纤维沿斜对角方向排列，因此它有助于内收肩胛骨（将肩胛骨拉向脊柱）、上提肩胛骨（耸肩）和向下旋转关节盂（远离头部向下）。

·肩胛提肌。肩胛提肌起始于上颈椎，并嵌入肩胛骨的上角。从名称可以看出，它有助于上提肩胛骨，还可以辅助向下旋转关节盂和内收肩胛骨。

·前锯肌。前锯肌很难形象化。它起始于大量肋骨的外侧面（远离人体中线），同时和肋骨一样延伸到菱形肌嵌入的垂直边缘。前锯肌会在肋骨的曲面拉动肩胛骨远离脊柱，如拳击手打拳时。前锯肌将在第 8 章进行详细阐述。

·斜方肌。这块宽且平的上背部肌肉就在皮肤下面。它起始于所有颈椎和胸椎，并嵌入肩胛骨的脊柱外侧末端，可以内收肩胛骨。在功能上，斜方肌可分为 3 块：上斜方肌、中斜方肌和下斜方肌。其中，上斜方肌可以上提肩胛骨和向下旋转关节盂，而下斜方肌可以在向上旋转关节盂的同时稳定肩胛骨不转动。

颈部肌肉

颈部非常灵活但也是身体中的一个脆弱部位。因为头部动作，颈部肌肉在足球运动中显得非常重要。颈部动作包括弯曲（下巴向下移动）和伸展（下巴向上移动）、侧屈（头部朝一边肩膀倾斜）和旋转（转头）。这些动作都是圆弧运动。

颈部的主要屈肌是胸锁乳突肌，这块肌肉起始于锁骨和胸骨，并嵌入头骨乳突（在耳朵后面）。胸锁乳突肌有助于左右转动头部：收缩右侧的肌肉，脸就朝左边转动；反之，脸就朝右边转动。颈部的主要伸肌是头夹肌，这块肌肉起始于大量的椎骨，并且嵌入颅骨底部。肩胛提肌和上斜方肌辅助颈部伸展。颈部的侧屈通过收缩左边或右边的颈部肌肉来实现，能让头部转到对应方向。

在头球技术中，颈部肌肉有两种功能：一种功能是控制头部的运动，以准确地改变球的移动路径；另一种更重要的功能是在前进时保持头部与躯干的平衡。调动颈部肌肉可以使与球接触的总质量（头部加上躯干，在某些情况下，还要加上身体的其他部位）远远超过来球的质量，从而可以保护头部。导致脑震荡的主要因素有两个：直线加速度和角加速度。如果颈部肌肉不收缩（如一个毫无警觉的球员意外被球击中头部），一定速度和质量的球的冲击可能导致脑震荡。虽然我们知道颈部肌肉可以得到强化，但关于颈部肌肉的强化对预防脑震荡的作用的试验尚未进行。

熊爬

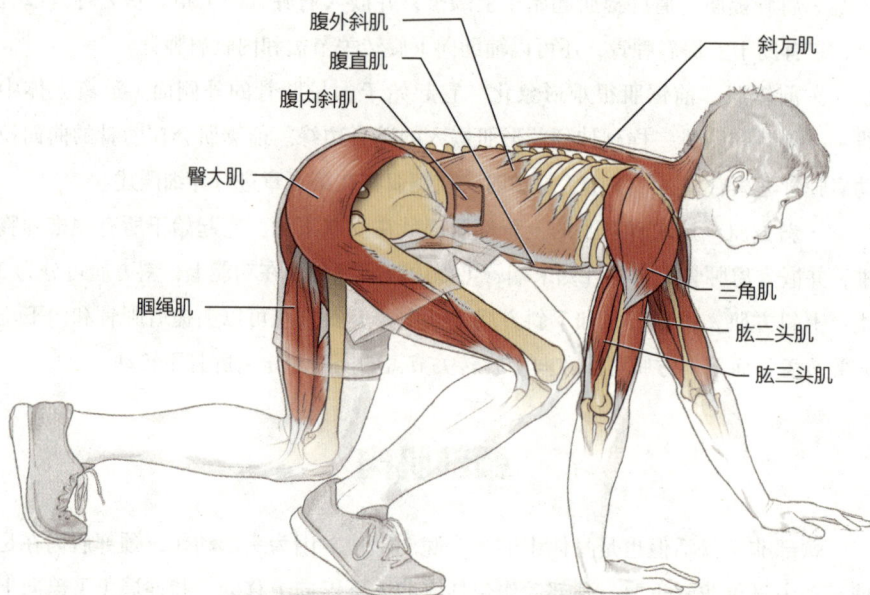

腹外斜肌

腹直肌

腹内斜肌

臀大肌

腘绳肌

斜方肌

三角肌

肱二头肌

肱三头肌

动作分解

1. 下蹲，双臂伸展，双手分开，与肩同宽，并向前撑地。脚掌蹬地，髋部向上，眼睛平视前方。

2. 向前爬行，从左手右脚开始，右手左脚随后。视所处空间爬行4步或更多步，然后转身爬回来。

参与的肌肉

主要肌群： 肱二头肌、肱三头肌、肩部肌肉、斜方肌、臀大肌和腘绳肌（股二头肌、半腱肌、半膜肌）

辅助肌群： 腹部肌群

足球专项训练

熊爬可以增强核心力量，提高核心的稳定性。然而，考虑到运动的性质及灵活性需求，在这里需要特别强调人体在复杂活动中所涉及的核心肌肉的稳定性，这在足球运动中尤为重要。在停球、传球、运球、阻挡对手、改变方向时，无论是否与对手接触和有无压力，无论是否有球，身体都必须有效地保持稳定。

变化动作

手推车练习

手推车练习需要搭档配合完成。在做这项练习时，由你而非你的搭档控制速度。在练习过程中，你负责拉而不需要搭档帮忙推。保持背部挺直。如果背部无法保持挺直，可以请搭档将你的双腿抬高。

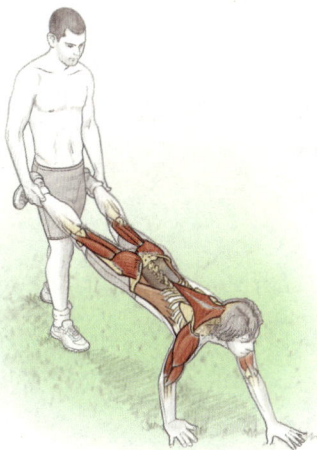

安全提示
做手推车练习时尽量保持背部挺直。最好在安全的地面（如草地）上进行熊爬和手推车练习，以避免尖锐物体割伤手。

143

手臂角力

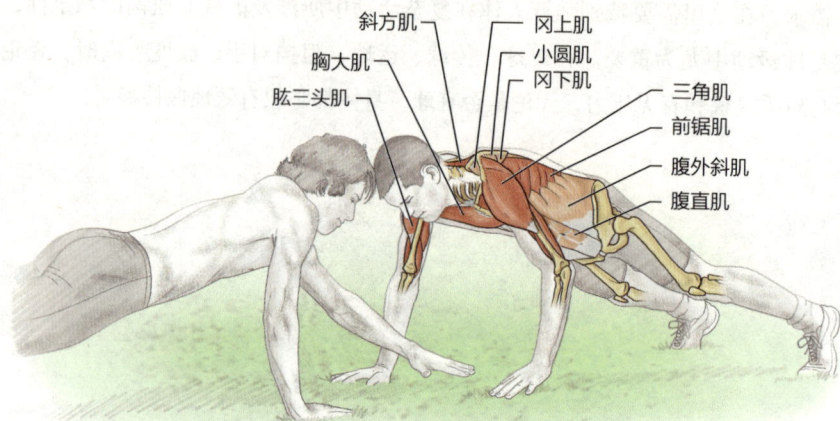

斜方肌
胸大肌
肱三头肌
冈上肌
小圆肌
冈下肌
三角肌
前锯肌
腹外斜肌
腹直肌

动作分解

1. 与搭档一起脸朝下趴在地上，头部几乎相互触碰，呈传统的俯卧撑姿势。
2. 听裁判的口令，尝试用左手（非惯用手）触碰或轻轻拍击搭档的左手，并避免被搭档触碰或拍击。身体可能会移动，但尽可能保持在原地。
3. 这项练习的持续时间依据手臂和腹部力量而定。第一次练习可持续 15 秒，随着力量的提升可以逐渐增加时间。

参与的肌肉

主要肌群：肱三头肌、胸大肌、三角肌、前锯肌和斜方肌
辅助肌群：肩袖、脊柱伸肌和腹部核心肌群

足球专项训练

　　这项练习可以锻炼各种不同的肌肉——双手撑地保持姿势时可以锻炼腹部和背部肌肉；当一只手离开地面时，姿势和平衡的保持可以锻炼附着于肱骨的肌肉；而与搭档之间的互动角力可以锻炼附着于肩胛骨的控制肩膀的肌肉。这项练习可以改善肩膀、手臂、躯干和背部的力量，平衡身体和增强局部肌肉的耐力。这些肌肉功能的改善有助于球员更好地参与比赛和抵抗疲劳。我们不能片面地训练腿部力量和有氧耐力。足球运动的复杂活动形式决定了我们必须关注身体各个部位的训练，只关注腿部是训练中一个常见误区。

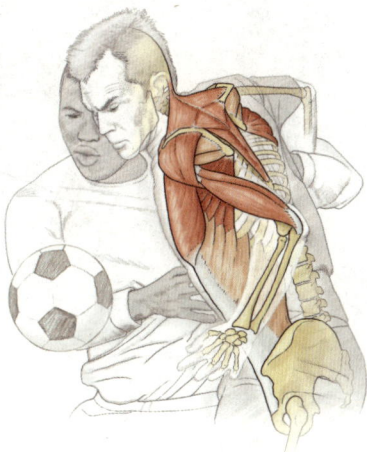

变化动作

非惯用手臂角力

　　与手臂角力类似，用左臂保持平衡，与搭档互抓右手（如果两人都惯用左手，则互抓左手）。你和搭档的目标都是保持自身平衡的同时让对方失去平衡。刚开始练习时，两人可互相抓住手并保持平衡姿势。当两人都可以保持平衡时，就可以进行比赛了。使用非惯用手臂进行角逐可能需要进行一些练习，但这本就是训练的目标。你不能只关注惯用手臂。

头对头顶球运动

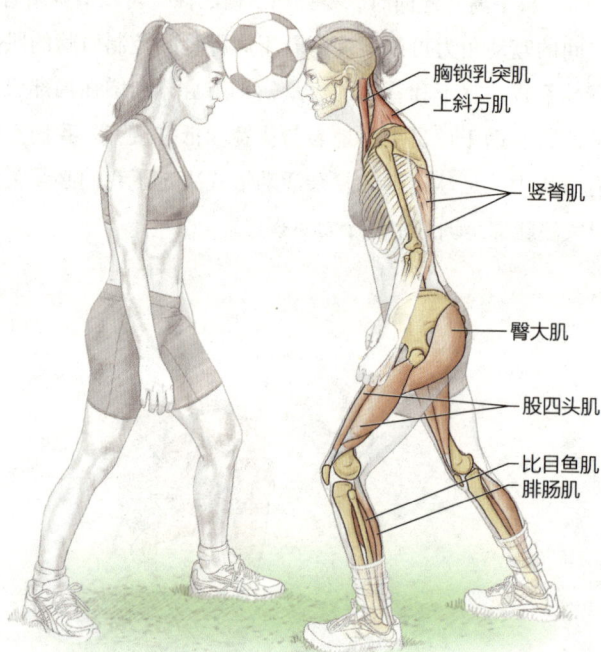

胸锁乳突肌
上斜方肌

竖脊肌

臀大肌

股四头肌

比目鱼肌
腓肠肌

动作分解

1. 找一位身高和体重与你相当的搭档。双腿前后分开面对面站立，将球顶在两人前额之间。互相抓住对方的上臂能起到一定的辅助作用。

2. 两人同时双腿用力，通过躯干、颈部将球向前推，迫使对方向后退。保持球稳定在头部之间。这不是一项竞争性质的练习，练习的目的不是打败对方，而是挤压球。

3. 一开始每次训练 10 秒，重复几次。水平提高后，可以增加持续时间和次数。

参与的肌肉

主要肌群： 胸锁乳突肌和上斜方肌

辅助肌群： 腓肠肌、比目鱼肌、股四头肌（股内侧肌、股外侧肌、股中间肌和股直肌）、臀大肌和脊柱伸肌

足球专项训练

对于青少年球员来说，头球比运球或踢球更新奇有趣。头部动作在足球运动中是比较少见的，大多数年轻的球员都无法做到空中用头停球或掌握正确的头球动作。随着球员年龄的增长和技术的不断成熟，头球成了比赛重要的一部分，因此很有必要进行增强颈部力量的训练。颈部力量在提升头球技术水平和避免头部受伤方面都是很重要的。球员通过颈部肌肉的收缩将头部固定到较重的躯干上，可以保护头部。当颈部肌肉不够强壮时，即使在头部没有受到直接冲击的情况下，头部也可能会出现肌肉抽搐，从而导致颈部扭伤或脑震荡。

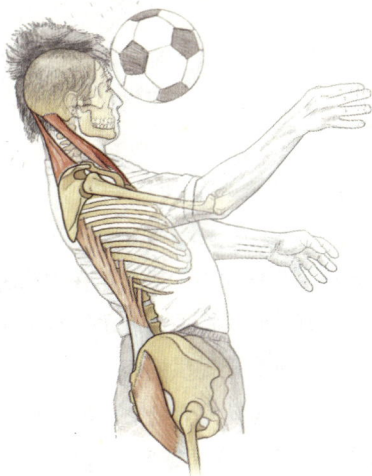

搭档协助式颈部阻力练习

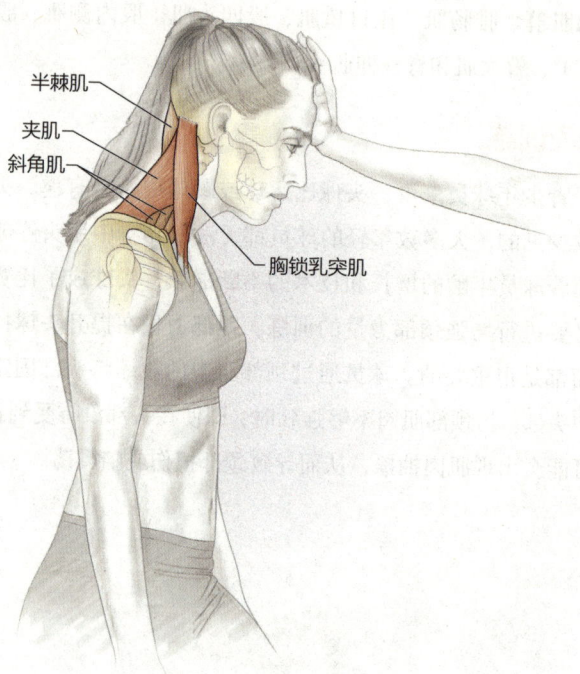

半棘肌

夹肌

斜角肌

胸锁乳突肌

动作分解

1. 找一位身高和体重与你相当的搭档。在训练时，搭档会提供阻力。让搭档站在你面前，伸直手臂并将手掌放在你的前额上。

2. 颈部向前弯曲以抵抗搭档提供的阻力。搭档所提供的阻力必须保证你仍可以全方位地运动，且运动的力量来自颈部而非躯干。

3. 在各个运动方向上重复这项练习。这项练习可以用来锻炼颈部伸展（搭档的手放在头部后面）及侧屈（搭档的手放在头部一侧，然后换到头部另一侧）。

参与的肌肉

主要肌群： 胸锁乳突肌（前屈和侧屈）、夹肌（伸展）和上斜方肌（后伸和侧屈）

辅助肌群： 颈部稳定肌群（头半棘肌和斜角肌等）

足球专项训练

头球是一项复杂技能，并且不是与生俱来的能力。为何有人愿意用头部主动挡住快速移动的物体？大多数球队都有球员愿意主动用头部迎球，也有球员尽量避免用头部接球，这主要是根据头球的难度而定的。当球在空中时，球员必须判断接球的位置、速度和方向。当用头部迎球时，球员是该站着还是跑动呢？如果要跑动，那该朝哪个方向跑动呢？需要跳跃吗？要跳多高？单腿离地还是双腿离地呢？要将球挡向空中、地面还是队友？如果是队友，是否需要挡到队友的脚下，或者跑动路径中的其他位置？如果是必须避开守门员的头球射门，那么守门员在哪个位置呢？这些决定几乎都不涉及对手，而且所有这些决定必须在对球或对手产生影响之前很好地完成。令人惊奇的是，几乎任何人都想尝试头球动作。头球动作做得漂亮，球员和观众都会感到兴奋。

变化动作

更多颈部练习方法

搭档协助式颈部阻力练习有很多变式，其中一个是使用毛巾进行练习。让搭档站在面前，将毛巾绕过你的头部后方，并抓住毛巾两端。然后你进行对抗毛巾阻力的颈部伸展。如果没有搭档协助，另一个变式是使用各种颈部动作对着墙壁挤压球。

149

引体向上

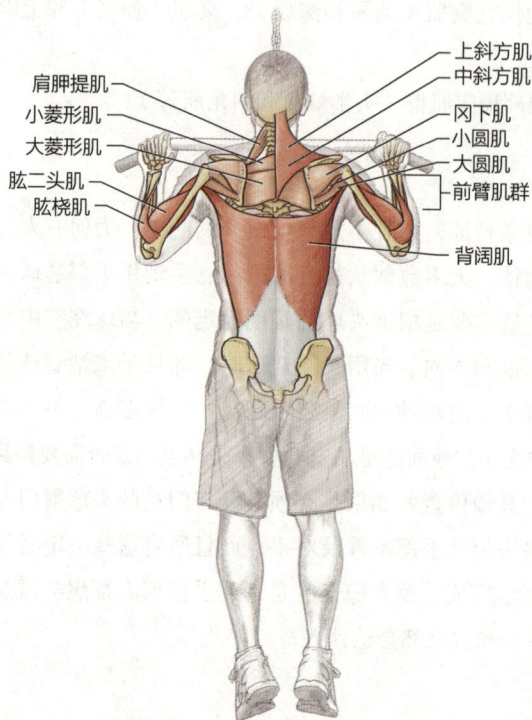

肩胛提肌
小菱形肌
大菱形肌
肱二头肌
肱桡肌

上斜方肌
中斜方肌
冈下肌
小圆肌
大圆肌
前臂肌群
背阔肌

安全提示
让身体慢慢下降，并且不要在低位悬挂过长时间，以免拉伤肩膀。

动作分解

1. 双手分开，间距大于肩宽，掌心向外正手抓住牵引架上的水平杆或把手。

2. 收腹吸气。将身体往上拉，直到下巴高过水平杆，到达最高位置时呼气。

3. 慢慢回到起始位置，并重复前面的动作。根据自身能力，重复尽可能多的次数。

参与的肌肉

主要肌群： 背阔肌、上斜方肌、中斜方肌、肱二头肌和肱桡肌

辅助肌群： 肩胛提肌、大菱形肌、小菱形肌、大圆肌、小圆肌、冈下肌和用于抓住水平杆的前臂肌群（大多数腕屈肌和指屈肌，包括桡侧腕屈肌、尺侧腕屈肌、掌长肌、指浅屈肌、指深屈肌和拇长屈肌）

足球专项训练

引体向上是一项以身体重量作为阻力且很难完成的多关节训练中的经典动作。一般情况下，综合性的肩部练习包括俯卧撑、引体向上和双臂屈伸等。这些练习可以很好地锻炼附着在肩胛骨和肱骨上的每一块肌肉。引体向上不仅可以增强力量，还可以通过不断增加重复次数改善局部肌肉的耐力。为了增强力量，有些运动员会在腰带或手腕上增加额外负重以增大阻力和提高运动强度。

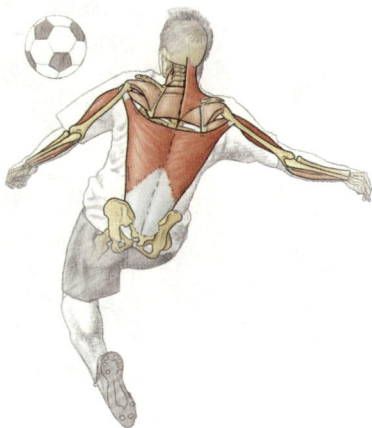

变化动作

滑轮下拉

坐在滑轮拉力器前，调整座椅使其适合你的体形，使垫子固定你的大腿，在整个练习过程中保持坐直。双手握住杆的两端。用肘部引导，做屈肘动作，当肩胛骨受到挤压时，开始将杆拉到下巴以下的位置。然后慢慢地回到起始位置。

151

俯卧哑铃飞鸟

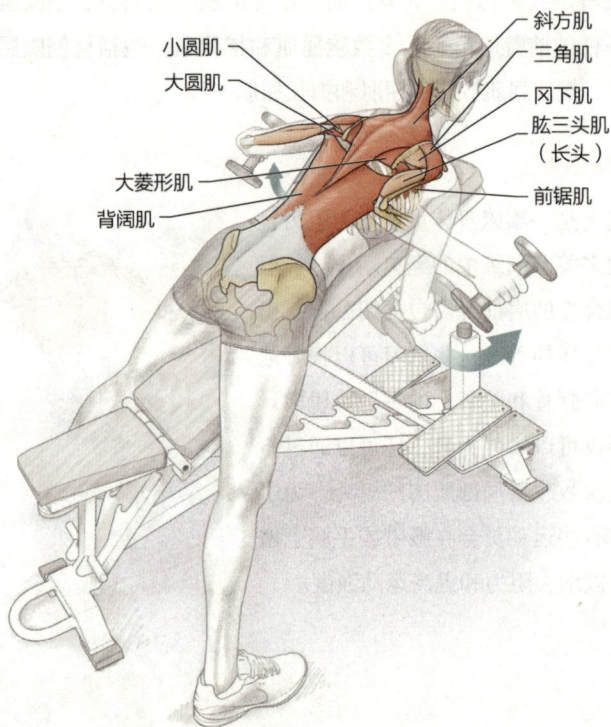

小圆肌
大圆肌
大菱形肌
背阔肌

斜方肌
三角肌
冈下肌
肱三头肌
（长头）
前锯肌

安全提示
这项练习难度很大，因此不要使用太大的阻力。

动作分解

1. 俯卧在略倾斜的加垫长凳上。在长凳末端抬起头部或颈部。确保长凳稳定地固定在地面上。

2. 双手握住哑铃。手肘稍微弯曲，吸气，用手臂举起哑铃，尝试让手臂与地面平行。

3. 呼气，慢慢放下哑铃。

参与的肌肉

主要肌群：斜方肌、大菱形肌、小菱形肌、前锯肌、三角肌、大圆肌和背阔肌

辅助肌群：肱三头肌（长头）、竖脊肌和肩袖

足球专项训练

观察专业比赛中球员在罚球区域发角球的准备过程。在实际发球之前的几秒内，其余球员之间会做出推搡、拉人和争夺位置等一系列动作。发角球是一个极好的得分机会，因此球员们在争抢接球位置方面会非常积极。（有趣的是，发角球得分的概率并没有预期的高，大概只有2%。一位教练告诉我，他的球队在一个赛季里发100次角球才能进1次球。）前锋在角球争夺中一般更具优势。但是，如果不能在比赛规则范围内使用手臂来争夺位置，那么也无法起到实际的作用。

变化动作

俯身哑铃划船

俯身哑铃划船是俯卧哑铃飞鸟的一个不错的替代练习。在练习俯身哑铃划船时，必须保持良好的脊柱姿势，且不要拱背。这项练习主要是锻炼附着在肩胛骨上的肌肉，有利于做出良好的肩胛骨动作和一系列其他的动作，并有利于保持肩膀的灵活性。

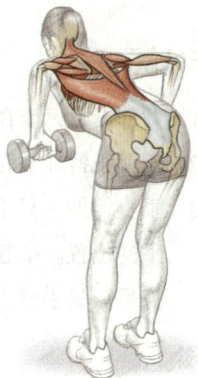

哑铃肩上推举

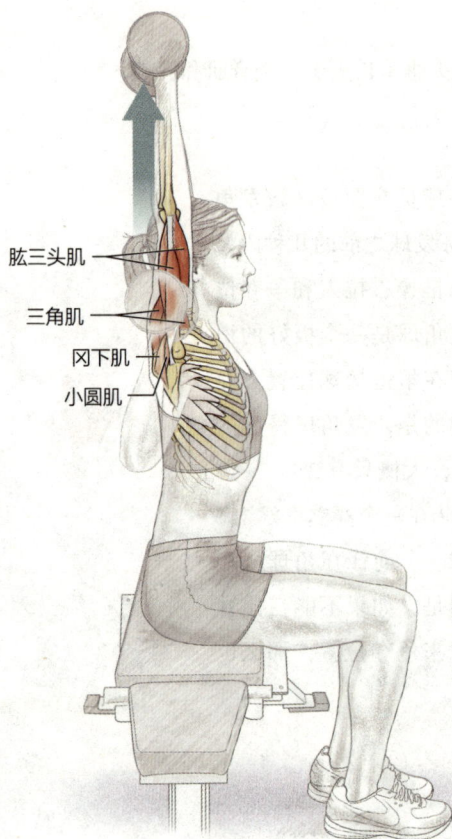

肱三头肌

三角肌

冈下肌

小圆肌

动作分解

1. 背部挺直，坐在凳子上，双脚平放在地面上。

2. 正握哑铃并举起，使之与肩膀齐平。

3. 垂直伸展一只手臂。在顶点处稍作停留，接着慢慢将哑铃下放到与肩膀齐平的位置。举起哑铃时呼气，放下哑铃时吸气。

4. 换另一只手臂重复上述动作，每只手臂完成相同的次数。

参与的肌肉

主要肌群： 肱三头肌和三角肌

辅助肌群： 肩胛稳定肌群（大菱形肌、小菱形肌、斜方肌、肩胛提肌和肩袖）

足球专项训练

很难想象，垂直伸展手臂的动作是足球运动中的主要动作之一。在一张团队集体照中，我们不难看出守门员是一支球队中肩部肌肉最发达的球员，因为他的手臂在比赛中有着重要的作用。但这并不意味着，除了守门员以外的其他球员可以忽视对肩部肌肉的训练。全面的辅助力量训练有助于解决所有动作中存在的问题，虽然有些动作在特定的运动中并不重要，但在足球运动中，所有球员都必须做好"正面交锋"的准备。正如之前所描述的，哑铃肩上推举是一项单边训练（每次只训练一侧），但是如果你的双手可以完全协调地伸展，那么你也可以进行双边训练。

变化动作

器械肩上推举

在所有自由重量训练中，哑铃肩上推举要求你掌握一定的技巧才能正确地进行。使用训练器械的一个好处就是，你可以设置特定的动作和重量，从而为训练提供安全保障。

杠铃耸肩

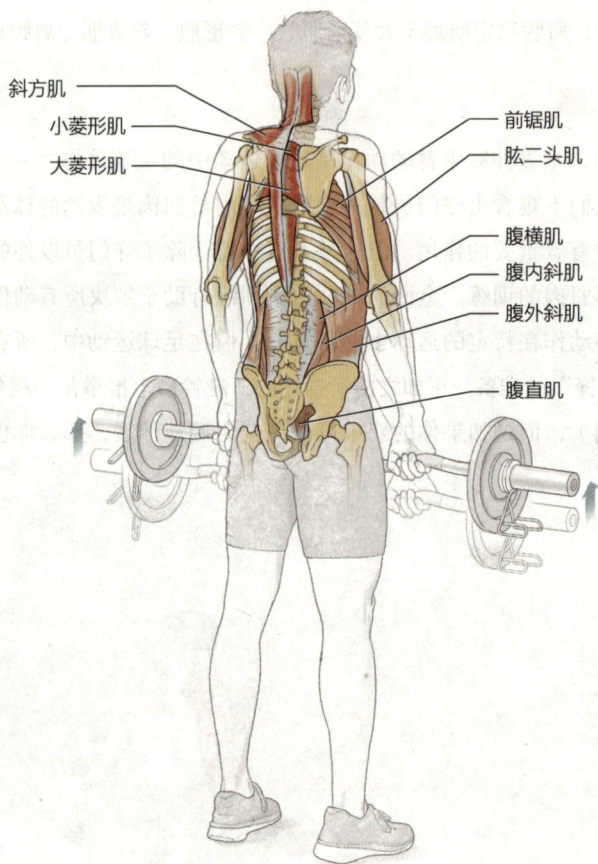

斜方肌
小菱形肌
大菱形肌

前锯肌
肱二头肌
腹横肌
腹内斜肌
腹外斜肌
腹直肌

动作分解

1. 站在杠铃后面，双脚分开，与肩同宽。双手正握杠铃，间距可以略大于肩宽。

2. 呼气时尽量抬起肩膀，保持 1 秒。

3. 吸气时慢慢回到起始位置。

参与的肌肉

主要肌群：斜方肌、大菱形肌和小菱形肌

辅助肌群：肱二头肌、前锯肌、腹直肌、腹横肌、腹内斜肌和腹外斜肌

足球专项训练

杠铃耸肩是加强斜方肌的有效训练。斜方肌是沿着脊柱运动的肌肉，主要负责控制头、颈、肩的运动及手臂的扭转运动。从技术角度来看，头球可以有多种形式。例如，防守头球强调力量、高度和距离，进攻头球强调准确性、方向及一定的力量，缓冲头球强调吸收来球的冲击力，而轻弹头球强调改变球的方向来帮助队友。在足球比赛中，运动员也经常使用手臂。除了投掷界外球，手臂还用于平衡、保护、提供力量、加速和改变方向。所有这些足球运动特有的技术和动作都可以通过增强斜方肌的灵活性来改进。

变化动作

哑铃耸肩

不需要杠铃，双手各拿一个重量合适的哑铃，置于体侧，掌心朝向身体，然后使用相同的方式进行练习。

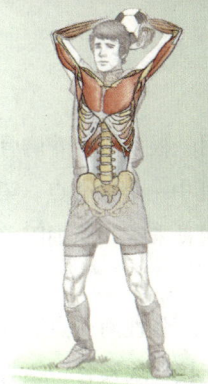

第8章

胸部

　　足球运动员可能由于多个原因对进行力量训练迟疑不定，包括缺乏对力量训练的认识和某些传统因素，如担心过于健硕的肌肉会影响其在赛场上的发挥等。还有一个原因是没有训练器械。本书的目的之一是为大家介绍既可以在健身房也可以在场地上进行的训练。想进行力量训练的运动员或许只将注意力放在了腿部，但这不利于保持身体平衡，会增加受伤的风险。运动员和教练们必须意识到力量训练的目的在于全身训练，而不仅仅是腿部训练。人体的所有部位，包括胸部，都必须得到锻炼。

　　仰卧推举是许多运动员想要强化胸部力量时最先想到的训练项目。虽然胸大肌是胸部最大、最明显的肌肉，但胸部其他肌肉也会对上肢运动起作用。

胸部的骨骼、韧带及关节

　　人体躯干中，有 10 对肋骨后与脊柱相连，前与胸骨相连，有 2 对肋骨只与脊柱相连，而不与胸骨相连。第 1、第 11 和第 12 肋骨与对应的椎骨相连，第 2 至第 10 肋骨位于两块椎骨之间。每块肋骨末端大致与乳头位置竖直对齐，并通过肋软骨（拉丁文"costa"意为"软骨"）与胸骨相连，形成软骨关节，其活动范围很小。第 1 至第 7 肋骨被称为真肋，因其每一根肋骨都通过肋软骨直接与胸骨相连。第 8 至第 10 肋骨被称为假肋，因其软骨先与上一肋骨的软骨相连，然后才与胸骨相连。第 11 和第 12 肋骨被称为浮肋，因为它们未与胸骨相连。在每对肋骨之间有一对小块肌肉，叫作肋间肌，起到辅助呼吸的作用。胸腔底部由膈肌构成。肋骨的运动在呼气和吸气时发挥作用。肋骨形成的胸腔可以保护心脏、肺、大的血管、神经及经肺部导出和导入空气的气管。胸部最常见的损伤是因冲击造成的肋骨骨折，通常中段肋骨最易骨折。

在生长期间，胸骨由3块骨骼连接融合而成。如果你用一根手指沿着胸骨下滑，在 1/4 ~ 1/3 处会感到一个水平方向上的凸起，这便是其中一个融合点。第三块骨骼是向下延伸且较为脆弱的部分，被称为剑突，位于胸骨末端，周围附着有大量组织使其不易被触及。

胸骨的重要性在于它是连接中央（轴）骨骼和上肢的唯一骨性附着点。锁骨和胸骨之间的韧带和软骨使得胸锁关节很强韧。一条韧带连接两块锁骨，锁骨与第 1 肋骨又由许多韧带连接。这些组织共同作用，确保关节的完整性。尽管有这些稳定的组织结构，胸锁关节还是能活动，因此胸锁关节具有很多活动性关节的典型特征。胸锁关节很少受伤。通常情况下，锁骨骨折发生在关节脱位之前。

肩胛骨与锁骨相连。尽管肩胛骨横跨肋骨的弯曲部分，但是肩胛骨和肋骨之间并没有骨性连接。起自胸骨和肋骨的肌肉也可止于肩胛骨，并对肩胛骨的运动进行一些控制。

胸部肌肉

对于大多数人来说，胸部肌肉即等同于胸大肌（拉丁语"petus"意为"胸部"）。胸大肌（见图 8.1）是胸部最大的肌肉，但并不是胸部唯一的肌肉。胸大肌起始于胸骨和第 2 至第 6 肋软骨（胸骨部或下部胸肌）及锁骨（锁骨部或上部胸肌）之间较宽的范围，通常被认为有两个完全不同的起点。胸大肌向肩部移行，止于肱骨上端的胸部一侧。记住，肌肉收缩是从止点拉向起点。因为胸大肌止于一块高度灵活的骨骼，所以胸大肌会在肱骨上产生许多主要动作和次要动作。胸大肌的主要功能包括水平内收（手臂与地面水平，从外侧向胸前移动）、肩内收、肩内旋及肩伸展。将一只手置于胸大肌上，做上述任意动作，你会感受到胸大肌的收缩。通过肱骨与肩胛盂的连接，胸大肌也可辅助部分肩胛骨的运动。

完全处于胸大肌包围之下的是胸小肌。（在解剖学中，如果有"大"，那就一定有对应的"小"。）胸小肌起始于第 3 至第 5 肋骨的外表面，与肱二头肌短头一起附着在肩胛骨上，有助于外展肩胛骨（沿着肋骨曲面移动肩胛骨，使其远离人体中线）、下压肩胛骨，并有助于关节盂下旋。

胸部最后一块重要的肌肉是前锯肌，因其锯齿状的外形而得名（想象一下牛排刀的锯齿形边缘）。前锯肌起始于第 8 或第 9 肋骨的侧面，并向后移行，沿着肋骨曲面止于肩胛骨下缘并紧贴脊柱。前锯肌的主要作用是外展肩胛骨（向远离脊柱的方向移动），但是它同时有助于关节盂上旋（像回答问题时举手一样）。

前锯肌因起始于肋骨，可以被认为是一块胸肌；又因附着于肩胛骨上，故也可以被认为是一块肩胛肌。

　　上背部和肩部的所有肌肉的平衡都依靠这 3 块肌肉，这意味着几乎所有涉及肱骨和肩胛骨的练习都有这些肌肉的参与，但是拮抗肌的锻炼则需要更有针对性的单独训练。在足球运动中手臂和肩部的动作意味着扩大身体空间，使对手更不容易得到球，因此训练胸部拮抗肌以保持神经肌肉的平衡也是很明智的选择。

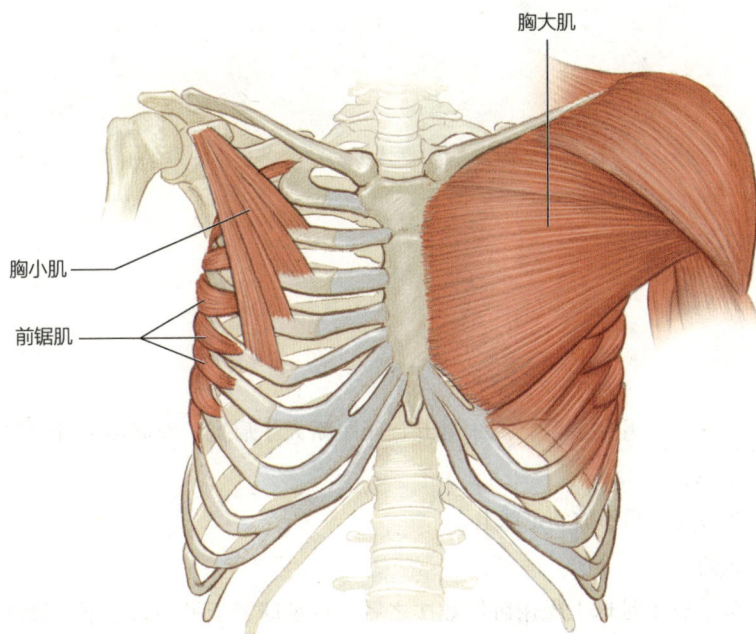

胸大肌

胸小肌

前锯肌

图 8.1　胸部肌肉解剖图

足球俯卧撑

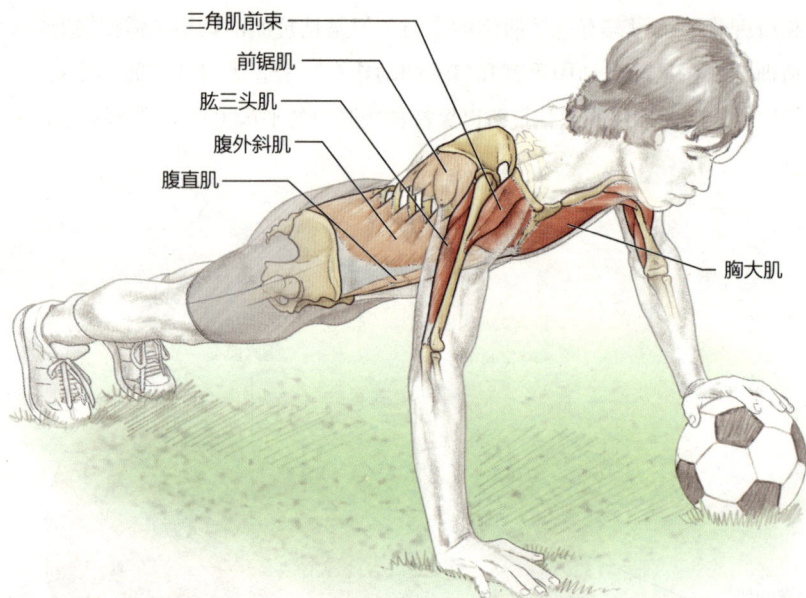

三角肌前束
前锯肌
肱三头肌
腹外斜肌
腹直肌

胸大肌

动作分解

1. 呈俯卧撑开始姿势，双手分开，间距略大于肩宽。双脚略分开，以脚趾撑地。

2. 慢慢将一只手放到足球上。

3. 做俯卧撑。

4. 单手放于足球上做俯卧撑数次之后，将足球置于另一只手下，继续做俯卧撑。

参与的肌肉

主要肌群： 胸大肌、肱三头肌和三角肌前束

辅助肌群： 前锯肌、保持正确姿势涉及的腹部核心肌群（腹外斜肌、腹内斜肌、腹横肌和腹直肌）和脊柱伸肌（竖脊肌和多裂肌）

足球专项训练

现代足球比赛中身体接触出现的次数远远超过以前。对于现代足球运动员来说，速度和体能意味着眨眼之间逼抢对方前锋，也意味着频繁的身体接触。发角球时，拥挤的禁区内的碰撞次数或许会让绝大多数观众感到惊讶。直觉上，更为强壮的运动员会在身体接触中占据优势。虽然许多必要力量都从腿部产生，但是腿部动作会像链条一样带动全身其他部位产生运动。与普通的俯卧撑相比，足球俯卧撑能使身体降得更低。此外，因为足球会移动，所以练习者需要进行一些平衡反应。

变化动作

双球俯卧撑

双手下方各放置一个足球，这样可以进一步降低身体，增强力量。使用两个足球训练时，保持身体平衡是非常重要的。

安全提示
先从普通的俯卧撑做起，以在尝试这项练习之前增强自身力量，打好基础。抬高一只手或者双手抬高进行训练意味着可以进一步降低身体。在俯卧撑训练中，身体降得越低，对肩部产生的压力就越大。一定要根据自身实际情况选择身体降低幅度。由于需要保持平衡，你可以在拥有足够的力量和自信之前，选择采用膝盖触地的方式完成训练。

163

健身球俯卧撑

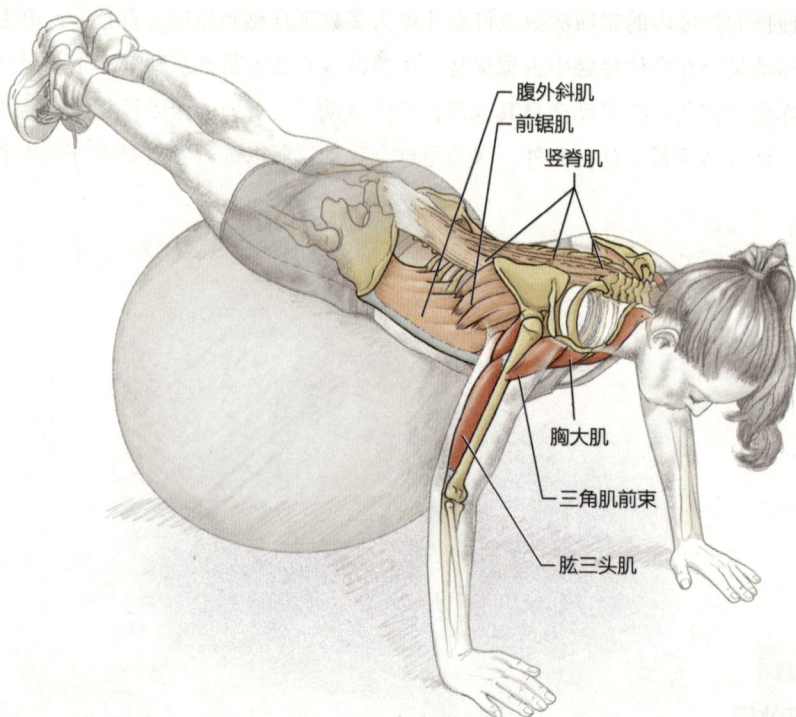

腹外斜肌
前锯肌
竖脊肌
胸大肌
三角肌前束
肱三头肌

动作分解

1. 俯卧在健身球上。身体前倾，双手支撑于地面上。

2. 双手撑地向前挪动，将健身球调整至躯干、大腿或者脚的正下方。健身球距离双手越远，训练难度就越大。

3. 双手以俯卧撑姿势撑起，之后按照常规俯卧撑做法进行训练。

参与的肌肉

主要肌群： 胸大肌（尤其是锁骨段）、肱三头肌和三角肌前束

辅助肌群： 前锯肌、保持正确姿势涉及的腹部核心肌群和脊柱伸肌

足球专项训练

力量与体能教练有一套训练计划，确保几乎每块肌肉的每一部分都能得到锻炼。标准方法是向对抗阻力的方向扭动身体。在这种情况下，运动员会以不同的方式倾斜身体。抬高腿部会有效改变胸大肌的受力方式。在常规俯卧撑运动中，2/3 ~ 3/4 的肌肉都会得到锻炼。抬高腿部会让胸大肌上端也得到锻炼。

这项简单的练习可以有很多种变式。例如，你可以使用健身球，将双手放在健身球的顶部或侧面，双脚撑地做俯卧撑；或者将双手放在健身球上，双脚支撑在与健身球等高的长凳上做俯卧撑；或者双脚撑地，双手分别置于不同健身球上做俯卧撑；还可以用与健身球等高的长凳代替健身球来做俯卧撑。想来点儿真正的挑战吗？那你可以在双手和双脚下各放一个健身球做俯卧撑，或者根本不需要健身球，将双脚放于长凳上，双手撑地做俯卧撑。

仰卧推举

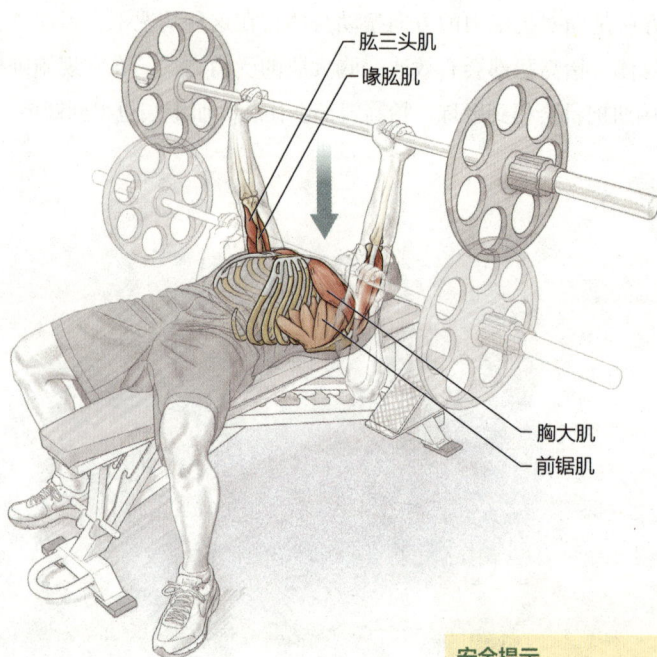

肱三头肌
喙肱肌

胸大肌
前锯肌

动作分解

1. 仰卧在长凳上，长凳应足以使躯干从臀部到肩部都得到支撑，双脚平放于地面上。杠铃可放于乳头正上方的支架上。

2. 正握杠铃，双臂分开，大约与肩同宽。

3. 双臂上举伸直但不要锁住肘关节，将杠铃从支架上举起，并稳定身体重心。此时背部或许会稍微拱起。

4. 将杠铃放低到胸部，停留片刻，然后再次伸臂托举杠铃。保持双臂平稳地支撑杠铃，但是不要锁住肘关节。放低杠铃时吸气，上举杠铃时呼气。

参与的肌肉

主要肌群：胸大肌、肱三头肌和三角肌前束

辅助肌群：前锯肌和喙肱肌

足球专项训练

在拥挤的禁区内，足球运动员要占领一个属于自己的地盘，更重要的是将对手推离自己以获取更大的活动空间，而非将对手拉向自己。俯卧撑和仰卧推举等练习对此十分有益。从本质上讲，仰卧推举是倒着进行的俯卧撑，所锻炼的肌肉大部分都相同。这两项练习最大的不同是，仰卧推举中使用了杠铃，因此训练中的阻力更大，但对于增大俯卧撑的阻力来说，并不是增加杠铃的重量那么简单。

变化动作

斜板仰卧推举

坐在倾斜的长凳上，双脚平放在地板上，拱起背部，然后后缩肩胛骨。正握杠铃，从杠铃架上取下杠铃，伸直双臂将其举到胸部上方。弯曲肘部，将杠铃降低至胸部。此时，背阔肌应保持绷紧，肘部应稍微收回。用杠铃触碰躯干，然后伸展肘部，使杠铃回到起始位置。

哑铃屈臂上拉

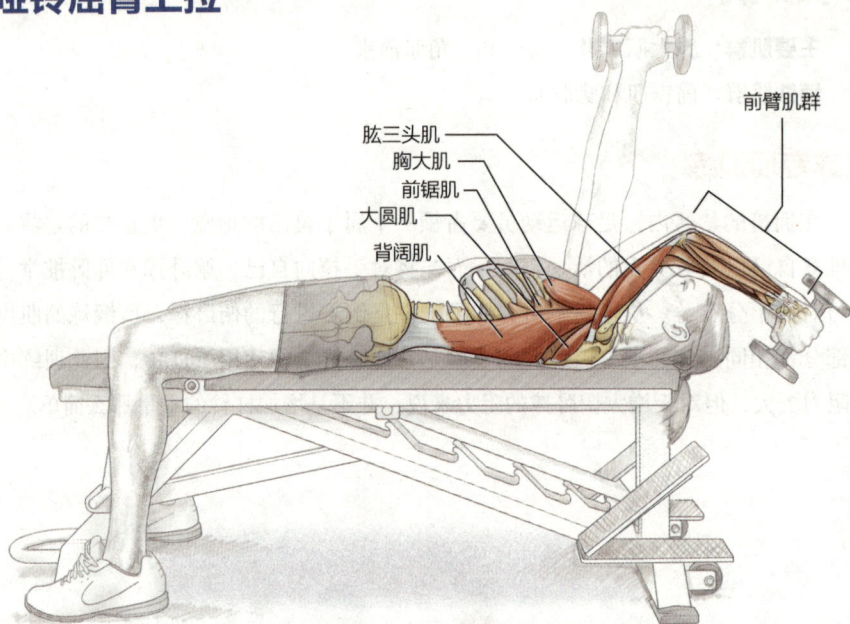

前臂肌群

肱三头肌
胸大肌
前锯肌
大圆肌
背阔肌

动作分解

1. 仰卧在长凳上，长凳应足以使躯干从臀部到肩部都得到支撑，双脚平放于地面上。

2. 两只手抓握哑铃的中间位置。双臂伸直，大致与地面垂直。

3. 使哑铃向头部方向下降，微屈双肘。

4. 短暂停留，反向移动，回到起始位置。

参与的肌肉

主要肌群：背阔肌、胸大肌、肱三头肌和大圆肌

辅助肌群：肩胛稳定肌群（大菱形肌、小菱形肌、斜方肌和前锯肌）和用于抓握哑铃的前臂肌群（大部分腕屈肌和指屈肌，包括桡侧腕屈肌、尺侧腕屈肌、掌长肌、指浅屈肌、指深屈肌和拇长屈肌）。

足球专项训练

这些年来，足球运动员变得越来越高大强健。运动员的这种身材上的改变也影响了这项运动的方方面面。例如，现代守门员可以一脚将球踢给对方守门员，男性职业球员将球踢出 64 米远很常见。还有一个改变是掷边线球。以前，防守球员会竭尽全力将球挡出边线（球场边线）而不造成角球，因为掷边线球到球门是少见的，但是角球就危险得多。如今，大多数球队都有 1 ~ 2 名掷边线球的能手，他们专门负责在靠近底线处开球。这些司职掷边线球的队员在掷球时更像是在踢角球，这是球队的一大进攻性"武器"。哑铃屈臂上拉这项练习与掷边线球相似，能使你胜任一支球队的司职掷边线球的位置。面对这种情况，现在的防守球员大多数时候都不知道该将球传往何处，但还是更倾向于将球挡出边线而不造成角球。

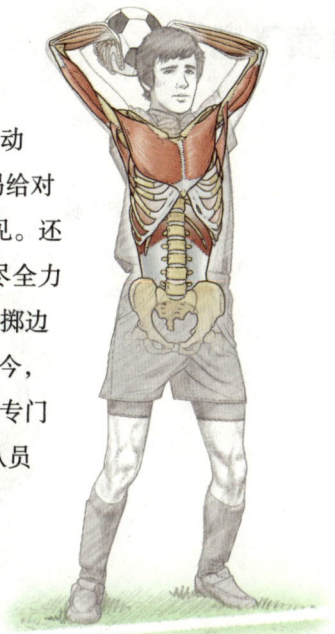

变化动作

器械屈臂上拉

跟大多数自由重量训练一样，有很多器械可供练习者选择，练习者能在相对固定和安全的位置进行锻炼。这些器械都很简单，适用于完成类似屈臂上拉的单一动作，而不适用于完成涉及多个关节的复合动作。

绳索飞鸟

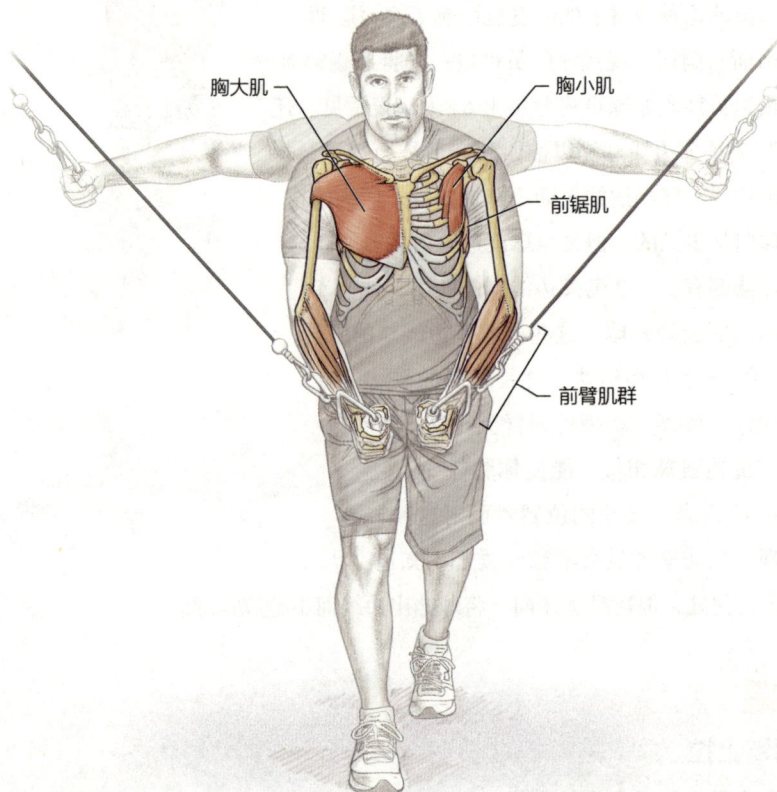

胸大肌　　胸小肌　　前锯肌　　前臂肌群

动作分解

1. 这项练习通常需要借助专门的器械来完成。保持站姿，背对器械。双脚前后分开站立，身体略前倾。

2. 向后抬起手臂，正握绳索把手。双臂向后伸展，微微屈肘。做这个动作时，想象自己是一只展翅飞翔的鸟。

3. 吸气时双臂同时用力内收，直到双手相碰。双手相碰时呼气。运动时尽量不要改变屈肘的角度。

4. 慢慢使双臂回到起始位置。由于容易受到重力牵引，在还原时要保持对身体的控制。

参与的肌肉

主要肌群： 胸大肌和胸小肌

辅助肌群： 用于抓握把手的前臂肌群和肩胛稳定肌群（前锯肌、大菱形肌、小菱形肌和中斜方肌）

足球专项训练

有人提出足球运动员可以将力量训练作为足球专项训练的补充。这样来说，足球运动员进行一些肩部和手臂大部分肌肉的复合训练就可以了。但是肌肉参与了一些动作的完成并不意味着这些肌肉就得到了锻炼。例如，通常情况下，仰卧推举并不能锻炼到胸大肌上部。因此，一个完善的力量训练方案应该包含不同的练习，以便对尽可能多的肌肉产生影响。绳索飞鸟可以强健胸大肌的大部分，也有利于激发胸小肌的力量。胸小肌位于胸大肌之下，止于三角肌起点区域下面的肩胛骨。在运动时，胸小肌可稳定肩胛骨。稳定的肩胛骨对于增强肩部功能意义重大，同时，可在足球运动员跌倒时对肩部起到保护作用。

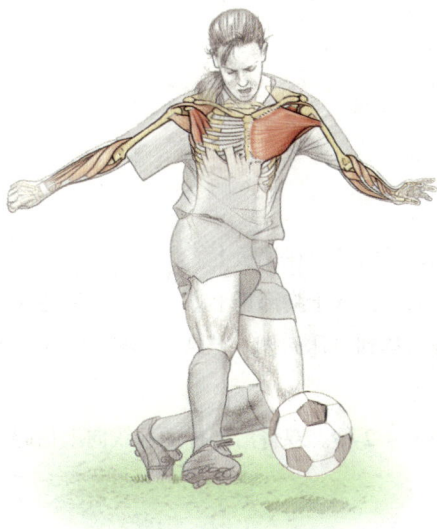

长凳飞鸟

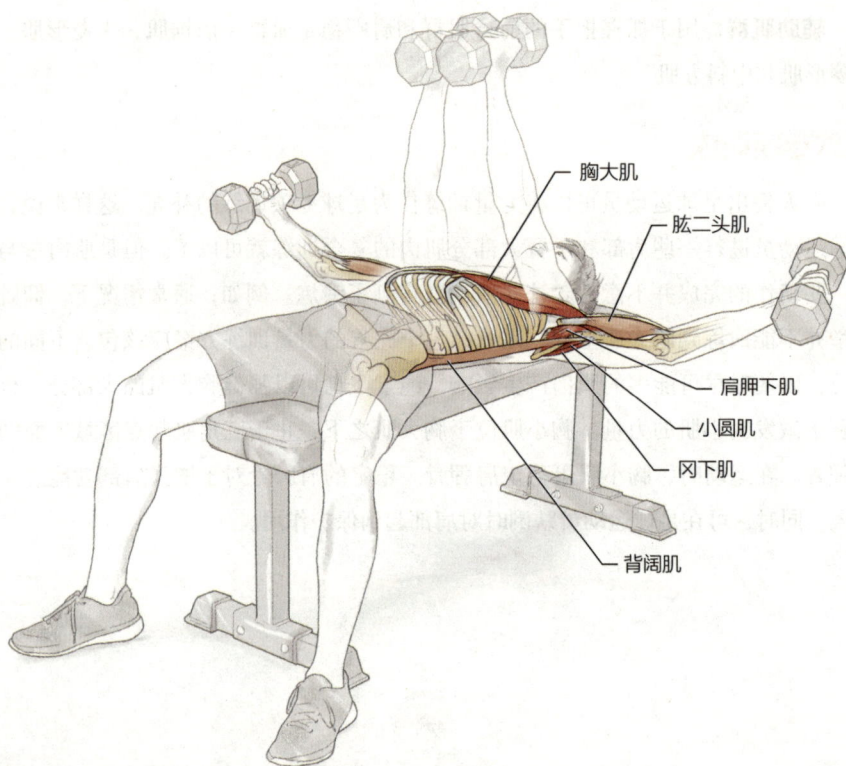

胸大肌

肱二头肌

肩胛下肌

小圆肌

冈下肌

背阔肌

动作分解

1. 平躺在长凳上，双脚平放在地板上。

2. 两手各拿一个哑铃，举于胸部正上方。肘部稍微弯曲，掌心相对。

3. 有控制地将哑铃移到身体两侧。保持掌心朝内，肘部稍微弯曲。当上臂与长凳平行时停住。

4. 保持这个姿势 1 ~ 2 秒。双臂沿同样的弧线向上抬起，回到起始位置。

参与的肌肉

主要肌群： 胸大肌、冈上肌、冈下肌、小圆肌和肩胛下肌

辅助肌群： 背阔肌、肱二头肌

足球专项训练

上半身力量对足球运动中的各种"决斗"至关重要。例如，在紧逼下控球并传给队友，或在紧密防守区域控球直到队友前来支援，这些都需要一定的上半身力量。此外，当与对手同时奔跑或冲刺时，足球运动员需要先触球并合理地阻挡对手以获得优势，此时上半身力量是决定性的。但阻挡对手可能导致推人或其他犯规行为。

第9章

上肢

大多数体育专业人士都曾经听过这样一句话：足球是一项腿部运动。为何球员还要关注上肢呢？持此疑问者不妨仔细阅览足球杂志或网页上的图片，了解躯干、肩部和上肢在足球运动中的作用。虽然上肢在足球运动中除了投掷界外球外，再没有起主要作用的地方，但是当今比赛对速度及球员竞技技法的要求需要球员在近距离接触其他球员时必须能够对上肢运用自如。在身体接触过程中，球员应具有较强的平衡能力，而上肢在保持平衡方面起着非常重要的作用。

现代的足球技术基本由传球和控球技术组成。控球技术要求球员能防止对手抢球。控球球员可以在比赛规则允许的情况下使用上肢，使自己看起来更强大，使对手截球的难度更高，从而更好地控球。有一种日渐流行的4-5-1踢法，这种踢法要求前锋具备良好的控球能力，可以将球传给快速跑过来的队友。球员在防守压力下的有效控球可以为胜利争取到更多的机会。

我们会看到，某些球员在赛后脱掉衣服，露出发达的肌肉以示庆祝（如果他们在进球后这么做，有可能会收到黄牌警告）。你若渴望拥有赛后庆祝的机会，就必须进行上半身抗阻训练。

上肢解剖

上肢可分为3部分。上臂的主要骨骼是从肩关节到肘关节的肱骨。前臂指肘部到腕部，包括桡骨和尺骨两部分。手部和腕部构成第三部分。腕部有8块骨头，而手部有19块骨头（包括5块掌骨和14块指骨）。

骨骼、韧带和关节

肱骨是上臂中的一块骨头。其近端，即靠近躯干的一端有一个连接肩胛骨关节盂的圆头，即球窝关节的球部。球部周围就是胸部和上背部肌肉附着的区域。肱骨基本上是很平滑的，三束三角肌共同附着在肱骨三角肌粗隆上。

前臂的两块骨头分别是尺骨和桡骨。尺骨靠近小指，桡骨则在拇指一侧。前臂的独特功能是可以使手掌朝下（旋前）和朝上（旋后）。当手掌朝上时，这两块骨头是平行的；当手掌朝下时，桡骨交叉于尺骨之上。肘部或尺骨（用手触摸肘部，关节后面的突起就是尺骨）近端，是一个环绕肱骨轴状表面的鹰嘴状物。桡骨近端有一个扁平凹槽，其与肱骨下端的圆形凸起相连。这两块骨头环绕肱骨移动以实现屈肘（减小肘关节角度）和伸肘（增大肘关节角度）。旋前是指桡骨的环状关节面旋转到尺骨上方时手掌向下。严格来说，旋前和旋后是前臂转动而非手肘部转动。许多韧带保证了手部关节的完整性，但是韧带容易受伤，如形成网球肘和棒球肘等。位于桡骨和尺骨之间的强壮韧带可以保持前臂骨头平行，并加宽前臂的肌肉附着区域。

腕部和手部的结构非常复杂，在"尺骨和桡骨平行、手掌朝前"这个解剖学角度看得最清楚。腕部由两组平行的骨头（腕骨）组成，每组腕骨有 4 块小骨和一些连接相邻骨头两端的小韧带。腕骨近端与尺骨和桡骨的远端相连，桡骨有更大的接触面。腕部的动作包括屈腕和伸腕，以及独特的尺侧偏和桡侧偏动作。尺侧偏指的是手向尺骨弯曲（即减小小指和尺骨之间的角度），桡侧偏指的是手向桡骨弯曲（即减小拇指和桡骨之间的角度）。腕骨远端连接着 5 块构成手掌的掌骨。这些掌骨从拇指开始分别编号为 I 到 V，都连接着一根手指（或拇指）。其余 4 根手指由 3 块指骨（近节指骨、中节指骨和远节指骨）构成，拇指则只有两块指骨（近节指骨和远节指骨）。

肌肉

　　所有肌肉都有两个附着点。起点是固定端，止点是移动端。在绝大多数情况下，激活的肌肉会收缩，从止点拉向起点。清楚骨骼的解剖结构和肌肉的起止点可以了解肌肉运动或骨骼绕特定关节的活动。上肢的肌肉主要作用于肘部、前臂、腕部和手指，但是在一些情况下也会影响肩部。

肘部的肌肉运动

　　肘部可以屈曲和伸展。肱三头肌（Triceps Brachii）（见图 9.1）控制肘部的伸展。"Triceps" 指的是肌肉的 3 个头，而 "Brachii" 指的是上臂。长头是沿着上臂后面移行下来的中间肌肉。它的起点刚好在肩胛骨关节盂下面。内侧头和外侧头的起点在肱骨上。3 个头的共同肌腱附着在肘关节的鹰嘴上。当肱三头肌从止点拉向起点时，就会拉动尺骨，促使肘部伸展。肱三头肌的长头跨过了肩部，可辅助肩部伸展。

　　肘部伸展的相反动作是肘部屈曲。肱二头肌（Biceps Brachii）（见图 9.2）控制肘部屈曲，其中"Biceps"指肌肉的两个头。这两个头都起自肩胛骨。一个头在关节盂上方，刚好与肱三头肌的长头相对，而另一个头在肩胛骨上的另一个位

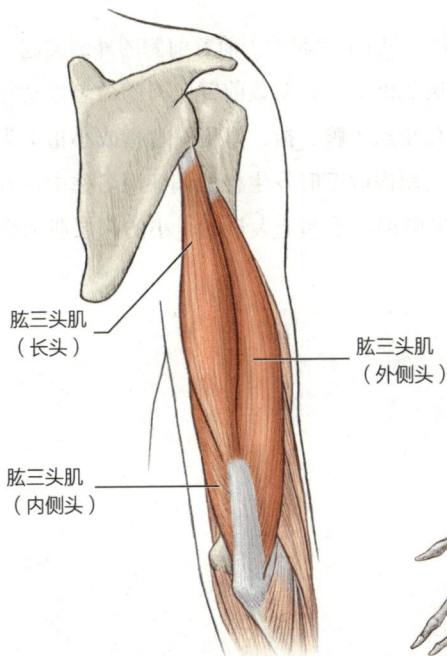

图 9.1　肱三头肌

肱三头肌
（长头）

肱三头肌
（外侧头）

肱三头肌
（内侧头）

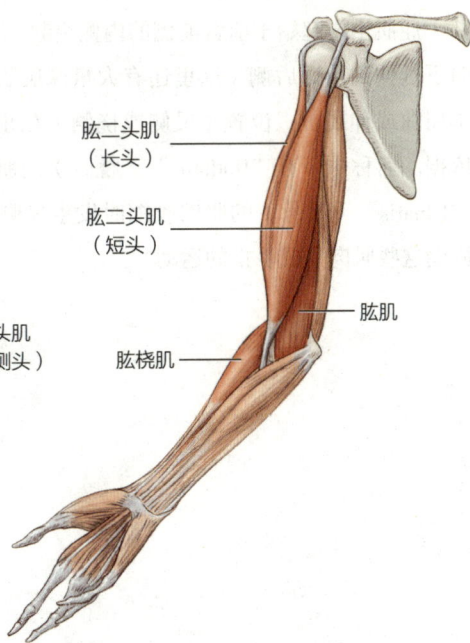

图 9.2　肱二头肌、肱肌和肱桡肌

肱二头肌
（长头）

肱二头肌
（短头）

肱肌

肱桡肌

置上，位于三角肌下面。这两个头合在一起构成肱二头肌的肌腹，肌腹止于肉眼可见且手可触摸的桡骨肌腱上。

第二块肘部屈肌是肱肌。它起始于肱骨前侧，止于尺骨前侧，刚好越过尺骨鹰嘴。第三块肘部屈肌是肱桡肌，起始于肱骨下端，止于桡骨茎突底部外侧。这3块肌肉共同控制着肘部屈曲。

肱二头肌止于桡骨近端。当它收缩时，前臂首先会旋后，然后才是肘部屈曲。当前臂旋后时，肱二头肌会用力收缩。右手旋前，然后将左手放在肱二头肌上，这样你就可以感受前臂旋后时肱二头肌的收缩。

注意，肌肉以相互对抗的形式灵活运动，一组肌肉屈曲则另一组肌肉伸展。彼此之间相互对抗的肌肉称为拮抗肌，协同执行同一动作的肌肉称为主动肌。

腕部和手部的肌肉运动

灵巧的手部是人体工程的奇迹。止于腕、手和手指的大量前臂肌肉控制着手部精细动作的完成。大部分前臂肌肉（见图9.3）起始于肱骨远端内侧或外侧的肌腱。在肘的两侧有很多小突起，其中肘内侧的小突起可以看作尺骨端。前臂肌肉的肌腱穿过一个被称为支持带的硬肌腱组织，它一般环绕在你穿衣服时的袖口位置。

屈肌主要起始于前臂前侧的内侧突起。伸肌主要起始于前臂前侧的外侧突起，向下延伸到前臂后侧（这里还有大量深层肌肉）。大多数前臂肌肉的命名以动作（屈曲或伸展）、位置（尺侧或桡侧）和止点（腕、指、拇指、食指或小指）为依据。名称中带有"Radialis"（桡骨）的肌肉收缩时发生桡侧偏，而名称中带有"Ulnaris"（尺骨）的肌肉收缩时发生尺侧偏。手部上大量的、小的深层肌肉会协助这些肌肉完成手指的运动。

　　执行手腕屈曲动作的肌肉分别是桡侧腕屈肌、掌长肌和尺侧腕屈肌。执行手腕伸展动作的肌肉分别是桡侧腕长伸肌、桡侧腕短伸肌和尺侧腕伸肌。执行手指屈曲动作的肌肉分别是指浅屈肌、指深屈肌和拇长屈肌。执行手指伸展动作的肌肉分别是指伸肌、小指伸肌、食指伸肌、拇长伸肌和拇短伸肌。

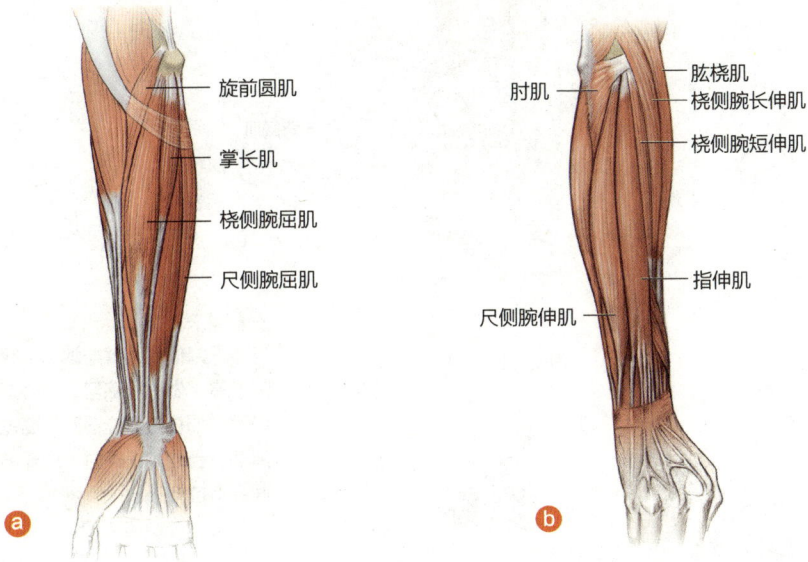

图9.3　前臂肌肉：（a）屈肌，（b）伸肌

双臂屈伸

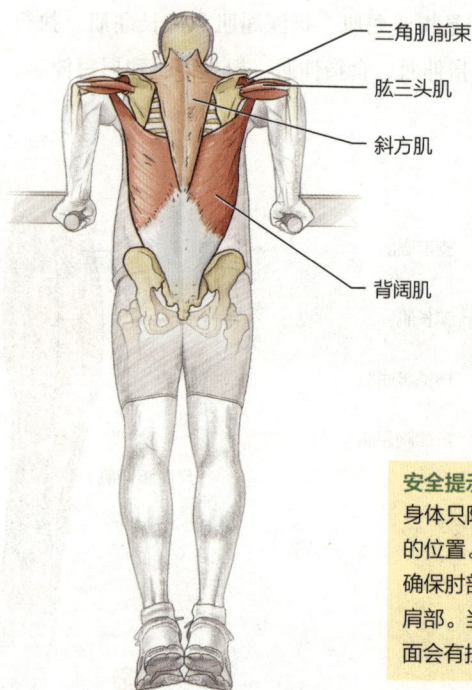

三角肌前束

肱三头肌

斜方肌

背阔肌

安全提示
身体只降低到上臂与地面平行的位置。做这项练习时，必须确保肘部在最低位置时不高过肩部。当动作正确时，肩部前面会有拉伸感。

动作分解

1. 大多数承重挂架都可以用于进行双臂屈伸练习。调整支撑高度，确保身体下降到最低点时，双脚不会碰到地面。
2. 抓住把手。往上跳，伸肘，以便手臂伸直。
3. 身体慢慢下降，直到上臂与地面平行。保持正确的姿势，垂直移动身体。
4. 身体在最低点时停住，然后做反向运动，向上撑起身体，直到手臂完全伸直。使用手臂抬升身体，不要借助双脚，双脚只用于保持平衡。

参与的肌肉

主要肌群： 三角肌前束、背阔肌和肱三头肌
辅助肌群： 胸大肌、胸小肌、斜方肌和肱桡肌

足球专项训练

双臂屈伸可以锻炼三角肌和肩部。虽然足球运动的重点在下肢，但是在对手逼抢时，球员几乎都会用手臂和肩部进行阻挡。忽视手臂训练的球员在身体接触时会处于劣势。带球的球员往往会使用手臂让对手无法靠近。要注意在身体接触时手臂的使用方式，当手臂接近或超过水平位置时，裁判可能会判犯规。

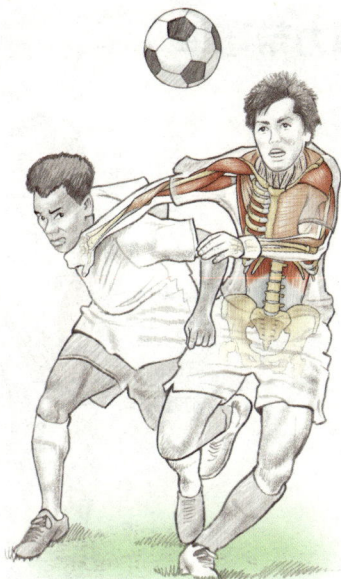

变化动作

球场双臂屈伸

你可以在球场上进行传统的双臂屈伸的变式练习。使用两张牢固的长凳，双手按住一张长凳，双脚放在另一张长凳上。向下移动身体，同时脊柱保持竖直，直到上臂与地面平行。短暂停留，接着向上移动身体。还可以将双手放在两个足球上练习双臂屈伸。因为球没有长凳高，所以双臂屈曲的幅度会减小。此外，由于球可能会移动，因此在球上保持稳定可以增强反应平衡能力。

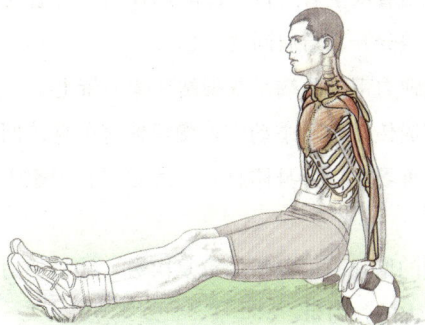

弹力带弯举

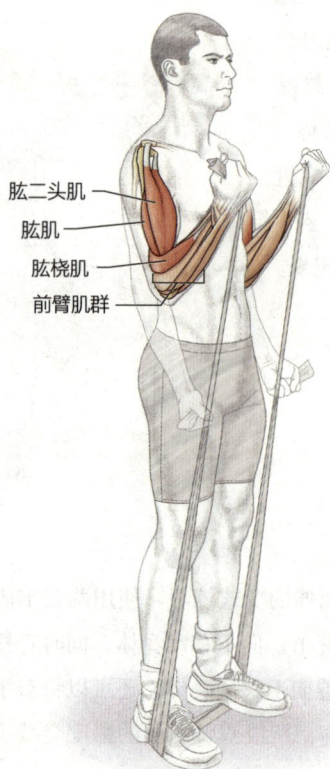

肱二头肌
肱肌
肱桡肌
前臂肌群

动作分解

1. 这项练习可以站着或坐着进行。你应选择阻力合适的弹力带。

2. 竖直站立，双腿分开，与肩同宽。

3. 双手分别拉住弹力带的两端，双脚站在弹力带上。

4. 肘部屈曲，完成传统的弯举动作。慢慢伸直前臂，回到起始姿势。可以双臂或单臂进行练习。保持身体直立，练习过程中躯干、髋关节或膝关节不要弯曲。

5. 随着上肢力量的增强，可以增加重复次数，缩短弹力带以增大阻力，或者换一根阻力更大的弹力带。

参与的肌肉

主要肌群： 肱二头肌、肱肌和肱桡肌

辅助肌群： 用于抓握弹力带的前臂肌群（主要是腕屈肌和指屈肌，包括桡侧腕屈肌、尺侧腕屈肌、掌长肌、指浅屈肌、指深屈肌和拇长屈肌）

足球专项训练

增强力量是训练中的一项挑战。俯卧撑是一项非常适合增强前臂伸肌和肩部力量的练习。训练前臂屈肌的难度较大，但是要实现上臂的肌肉平衡就必须训练前臂屈肌。在没有引体单杠的条件下，可以使用弹力带。弹力带功能性强且实惠，同时适用于大部分主要肌群的训练。弹力带有不同的阻力系数，通常用不同的颜色来表示不同的阻力。使用较短的弹力带可以进一步增大阻力。一名有创意的教练会将这种练习穿插在各种不同活动的训练环节中。

变化动作

哑铃弯举

哑铃弯举不仅可以锻炼相同的主要肌肉，还增加了一些额外的旋前和旋后动作。前臂旋后（手掌朝上）举起哑铃，前臂旋前（手掌朝下）放下哑铃。前臂旋前（手掌朝下）完成整个弯举动作，主要是训练肱肌、肱桡肌，而非肱二头肌。坐在健身球上训练会增加在长凳上训练中没有的平衡训练。

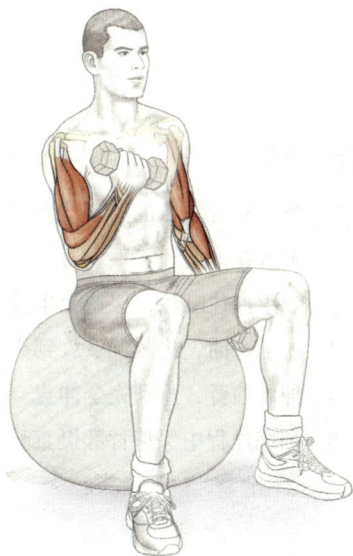

183

坐姿肱三头肌伸展

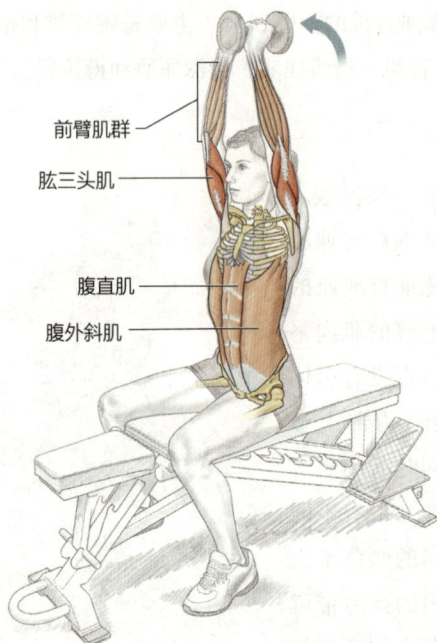

前臂肌群

肱三头肌

腹直肌

腹外斜肌

安全提示
姿势很重要。保持头部
与脊柱呈一条直线，肘
部固定，上举时双肩不
要借力。

动作分解

1. 坐在靠背较低的椅子或者没有靠背的凳子上。双腿张开，膝盖弯曲，双脚
   平放在地上。
2. 双手握住哑铃，保持上半身垂直于地面的姿势。
3. 肘部弯曲，将哑铃下放到头后。保持肘部接近双耳。
4. 伸展前臂，直到完全伸直。
5. 训练过程中保持背部挺直。

参与的肌肉

主要肌群：肱三头肌

辅助肌群：腹部核心肌群（腹外斜肌、腹内斜肌、腹横肌和腹直肌）、脊柱伸肌（竖脊肌和多裂肌）和用于抓举哑铃的前臂肌群

足球专项训练

虽然足球赛场的面积很大，但是攻守双方在赛场上总是处于胶着状态。虽然在对抗中垂直抬臂可能会被裁判吹哨并判罚犯规，但是调整手臂与地面的角度并保持肌肉等长收缩可以更好地抵抗对手，保持控球权。虽然足球运动的重点在于下肢动作，但是手臂在夺取或保持控球权方面也发挥着重要作用。

变化动作

肱三头肌后方伸展

单膝跪在长凳上，同侧手臂伸直并支撑在长凳上，身体前倾，躯干与地面大致平行。用对侧手握住哑铃，保持上臂与地面平行，然后向后伸直前臂，直到完全伸展。或者双脚前后分开站立，用与前脚相反一侧的手握住哑铃，另一只手放在前脚侧的膝盖上以增强稳定性。

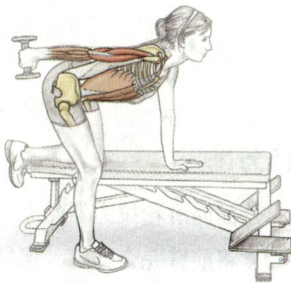

坐在大的健身球上进行肱三头肌后方伸展练习的难度更大。在训练过程中，你必须对健身球的移动做出反应。另外你也可以使用滑轮拉力器进行肱三头肌后方伸展练习：背对滑轮拉力器，双手抓住绳索的把手并伸直手臂。

站姿下拉

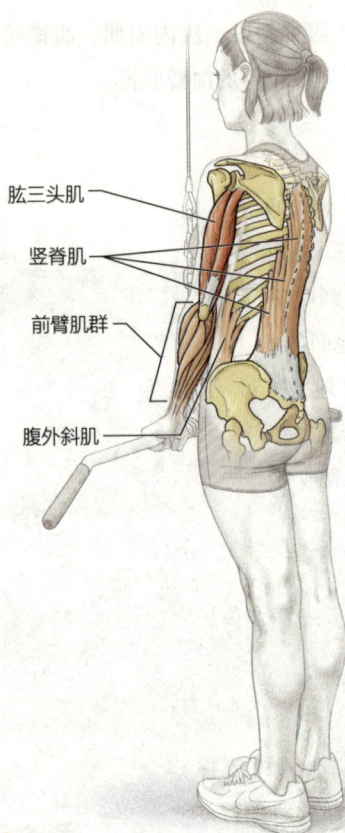

肱三头肌

竖脊肌

前臂肌群

腹外斜肌

动作分解

1. 面向滑轮拉力器站立。双手分开，与肩同宽，举手过头并紧握杆。
2. 将前臂完全伸直，保持肘部贴近身体。
3. 稍作停留，慢慢将杆放回起始位置。

参与的肌肉

主要肌群：肱三头肌

辅助肌群：腹部核心肌群、脊柱伸肌和用于抓住杆的前臂肌群

足球专项训练

美式橄榄球等运动比较看重身形，而篮球和排球等运动则比较看重身高。足球是一项大众化的运动，对参加和喜欢足球运动的人几乎没有任何特定的身体要求。足球运动员的身高和体重一般接近同龄和同性别人的平均值。我们很少看到身体（特别是上半身）高度发达的足球运动员。但是，忽视上半身力量意味着足球运动员在身体接触时会将自身置于不利位置。

变化动作

反向下拉

面向滑轮拉力器站立。手掌向上，反握住杆，完成相同的动作。这个变式会以不同的肌纤维募集方式训练相同的肌肉。

站姿杠铃弯举

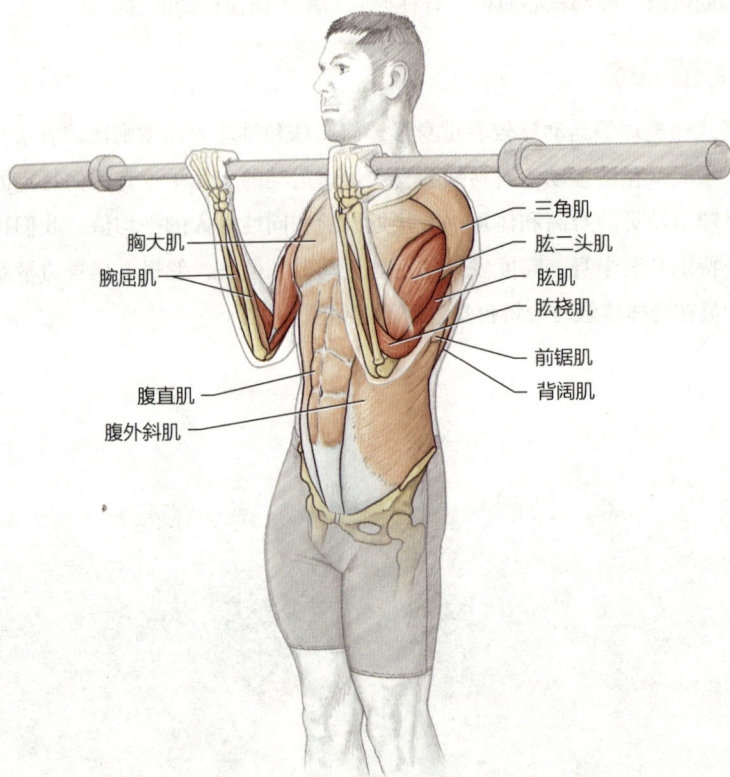

胸大肌
腕屈肌

三角肌
肱二头肌
肱肌
肱桡肌
前锯肌
背阔肌

腹直肌
腹外斜肌

动作分解

1. 双脚分开，与肩同宽，身体直立，杠铃杆置于身前。
2. 双手反握住杠铃杆。
3. 前臂弯曲，向肩膀方向举杠铃。在关节最大活动范围内举杠铃。稍作停留，慢慢将杠铃杆放回起始位置。

参与的肌肉

主要肌群： 肱二头肌、肱肌和肱桡肌

辅助肌群： 腕屈肌（桡侧腕屈肌、尺侧腕屈肌和掌长肌）、躯干稳定肌群（腹部核心肌群和竖脊肌）、肩带稳定肌群（三角肌、冈上肌、冈下肌、肩胛下肌、小圆肌、背阔肌和胸大肌）和肩胛稳定肌群（前锯肌、大菱形肌、小菱形肌和斜方肌）

足球专项训练

在赛场上，手臂主要用于在比赛规则之内挡住对手，以避免其接近球或在与对手一起跑动时抢占优势。这些动作一般不需要弯曲前臂。但是，只关注针对比赛的力量训练而忽视抗阻训练是很不明智的。这样会导致肌肉不平衡，不利于优化肌肉和关节功能。

变化动作

器械弯举

器械弯举也一样可以锻炼主要肌群。坐在弯举机上，调整座位，双手抓杆时，躯干挺直，双脚踩在器械平台上。重物在低位时，反握住杆或手柄。前臂弯曲，将重物朝肩部提。在关节最大活动范围内提起重物。稍作停留，然后慢慢将重物放回起始位置。

佐特曼弯举

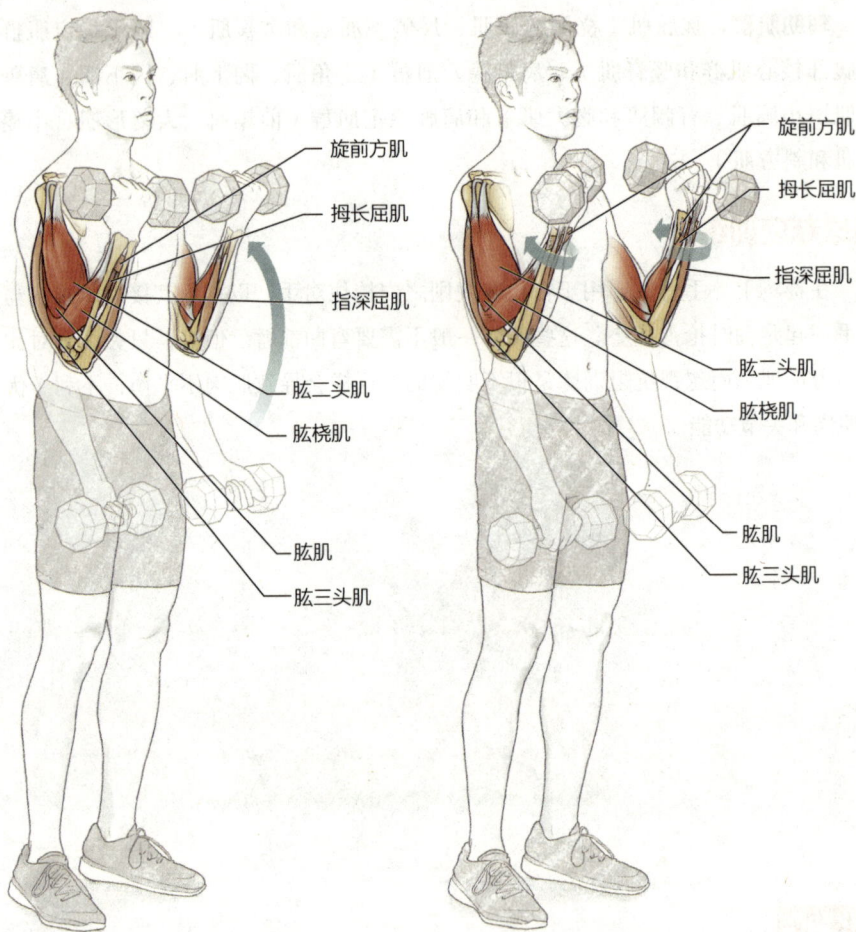

旋前方肌
拇长屈肌
指深屈肌
肱二头肌
肱桡肌
肱肌
肱三头肌

旋前方肌
拇长屈肌
指深屈肌
肱二头肌
肱桡肌
肱肌
肱三头肌

动作分解

1. 双脚分开站立，两手各持一个哑铃，置于体侧，手掌朝前（反握）。

2. 确保肘部屈曲锁紧，将哑铃向肩部移动。

3. 双手旋转180度变成正握，下放哑铃，然后再次旋转变成反握（图片展示部分动作），回到起始位置。

参与的肌肉

主要肌群： 肱二头肌、肱肌和肱桡肌

辅助肌群： 肱三头肌、指深屈肌、拇长屈肌和旋前方肌

足球专项训练

与普通的弯举相比，佐特曼弯举可以锻炼手臂的多块肌肉。它将前臂肌群纳入练习中。这些肌肉力量的增强有利于球员保护控球权，阻挡对手，或在对手身边奔跑时，利用上半身来合理地获得优势。此外，上臂和前臂力量的增强会对掷界外球的距离产生积极的影响。对守门员来说，持球时的抓力、摔倒或俯冲时承受的地面冲击力、分配各种传球时的距离等都可以得到改善。佐特曼弯举是一种单关节练习，只能孤立地锻炼肘部屈肌。与所有的单关节练习一样，球员还要进行其他的单关节练习，以确保肌肉平衡。

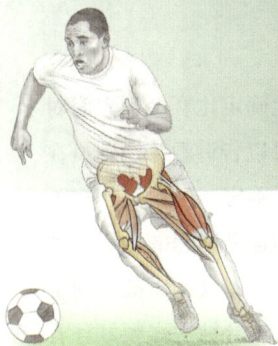

第10章

腿部：整体力量训练

本书中的许多训练看起来相对孤立。它们的设计目的是使动作聚焦于特定的肌肉或肌群，以确保特定的肌肉或肌群及其动作能够得到充分训练。

不过在体育运动中，各种动作几乎都不是孤立的。在比赛中，进攻性和反应性的动作通过多个关节和多块肌肉的协调工作来达到某一目的，如从简单的开角球前弯腰把球放好到高度复杂的落脚及提拉腿部踢出弧线球等。通过功能性训练来模仿体育运动中的每一个动作不太现实，因此与真正的运动本身相比，你应该花更多时间来训练每个动作。

本章粗略地介绍了更复杂的多关节训练。尽管这些训练几乎没有模仿任何特定的体育运动，但是每项训练所涉及的动作都是大部分体育运动中的共同动作，包括足球运动。因为足球运动的力量主要来自腿部，所以所有这些训练都致力于改善腿部的力量，包括奔跑、踢球、断球、跳跃及保持静止和反应性平衡等动作所需的腿部力量。

在体能训练中加入复杂的补充训练非常重要。例如你计划落右脚然后向左变向，但是鞋钉未能按预期插入地面或者插入太深，为了保持身体平衡，你的反应将是稍微向前跳以调整身体姿势，正是这一微调让你恢复平衡。大部分动作和反应都是由小脑和脊髓神经来处理的。如果所有的补充训练动作都是简单的单关节、单肌群动作，那你将浪费宝贵的练习机会，从而不能通过提高训练适应性来为技能的提高提供支持。这就是为什么你总会听到功能性训练这个术语。

最新的技术发展使得运动员和教练能够进一步更具体地确定比赛各个方面对身体的要求。例如，让运动员穿戴 GPS 设备而收集的数据可以告诉教练运动员在一场比赛中改变方向的次数及改变方向的强度。同样，除了确定一名运动员在不同的速度和强度下能跑多远，这项技术还能显示该运动员加速和减速的次数。教练还可以看到运动员横向和向后跑动的距离，而不仅仅是向前跑动的距离。训练有素的运动员如果能在比赛的最后 15 分钟像比赛刚开始的 15 分钟一样频繁且有效地完成这些动作，将会对比赛结果产生更积极的影响，因为比赛的最终结果往往是在比赛后期才能确定的。设计和实施一项包括本章所示的下半身、多关节、复合练习的训练计划，可以使运动员的身体准备好适应这些要求，从而使身体各方面得到改善。

教练也可以从训练课中收集数据，在训练课中，环境因素可以得到更好的控制。教练能根据收集的数据识别出哪些因素能提高或降低运动员的运动表现。了解哪些具体的身体特质需要改进，有助于教练选择针对运动表现缺陷的具体、可衡量的训练方法，增加每名运动员成功的机会。教练还需要知道哪些运动员已经具备超常的体能，以便设计具体的训练来确保这些体能良好的运动员能保持（甚至提高）体能水平。

虽然穿戴 GPS 设备并不适用于所有级别的比赛，但是也有其他方法可以用来整理这些数据（尽管用这些方法整理的数据可能不那么准确，而且需要更多的时间）。例如，在训练或比赛中使用笔和纸来记录运动方向的变化，或者用同样的方法查看视频片段并整理数据。这些来自不同层次（专业、半专业、业余，男性、女性等）的数据可以提供一个框架，有利于教练设计训练计划，使运动员为满足比赛需求做好准备。

一条简单但放之四海而皆准的法则是"10 年 10 000 小时法则"，它的意思是一个人在 10 年里投入 10 000 个小时到他所选的领域中，才能最终成就他的精英地位。尽管为期数年的训练中的大部分时间都是有策略的，但是大部分神经肌肉训练都是为了学习仅使用必要的肌细胞来展示技术的能力。想一想孩子们学习拍球的过程。他们会用到整个身体——躯干、髋部、腿部、肩部和上肢，身体的各个部位都随着球的上下运动而动起来。随着技能水平的日益提高，他们学会了让不必要的肌细胞不参与运动，最终仅使用必要的肌细胞。在专业的足球比赛中，你将会看到奔跑中的中锋给正在大步跑的队友传球，他必须估计自己的速度和接球队友的速度，然后决定如何传球（如是否使用旋球、从空中还是从地面传球、用脚的什么部位踢球等），以及击球力量的大小（力量太大，接球队友难以及时跑到位；力量太小，接球队友容易跑过头）。实际上，所有这些决策都不是运动员有意识地做出的，而是由潜意识来处理的，并且运动员仅使用必要的肌细胞来让有难度的传球变得简单。"10 年 10 000 小时法则"让运动技能具有条件反射性和无意识性，这样运动员可以集中精力进行策略执行、预判、反应、调整，以及所有其他属于战术执行功能范围的其他行为。除了选择传球对象是有意识的战术决策之外，传球球员在传球时的所有其他决策都是自动的、无意识的。

背靠背深蹲

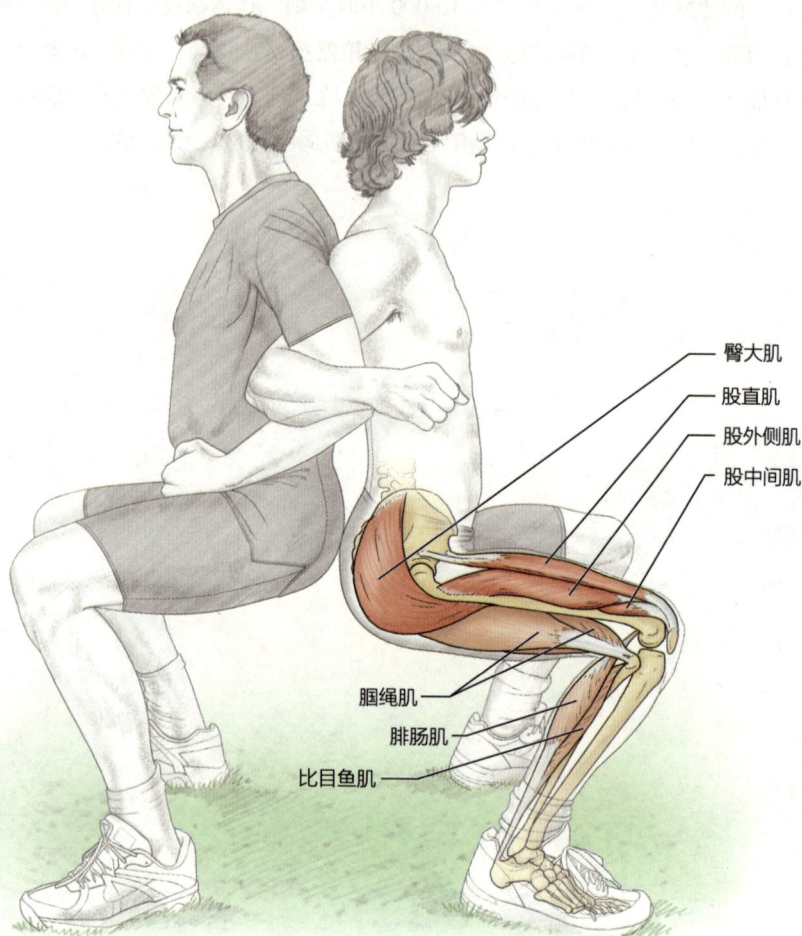

臀大肌
股直肌
股外侧肌
股中间肌

腘绳肌
腓肠肌
比目鱼肌

动作分解

1. 进行此项练习需要一位体形和身高与你相当的搭档。与搭档背靠背站立，两人均双脚分开，与肩同宽。

2. 两人把肘部对勾起来，然后紧靠对方的背部，就像靠在墙上一样。两人的脚跟之间应该留出 40 ~ 60 厘米的距离。

3. 两人同时下蹲，直到膝盖弯曲 90 度，然后回到站立姿势。

参与的肌肉

主要肌群：股四头肌（股内侧肌、股外侧肌、股中间肌和股直肌）和臀大肌

辅助肌群：腘绳肌（股二头肌、半腱肌和半膜肌）、内收肌群（长收肌、短收肌、大收肌、耻骨肌和股薄肌）、竖脊肌、腓肠肌和比目鱼肌

足球专项训练

足球运动需要瞬间的爆发性动作：守门员救球时从球门的一侧跃起扑向另一侧，防守球员腾空跃起进行拦截，或者前锋跳起用头顶球。所有这些动作都需要髋伸肌、膝伸肌等瞬间输出强大的爆发力。要想跳得更高或更远，必须依靠强壮的肌肉进行协调运动。对所有运动员而言，练习背靠背深蹲这样的动作是明智的，因为在比赛中经常需要肌肉的力量和爆发力。尽管运动员可以单独地训练每个肌群，但是像深蹲这样的复合动作能够更好地模拟比赛情景。

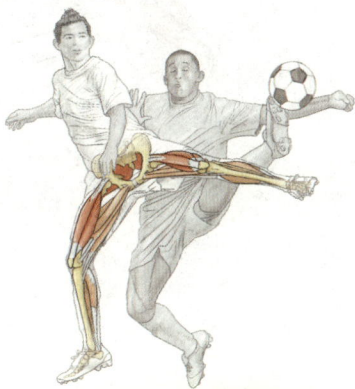

变化动作

支架深蹲

在安全的杠铃架下使用杠铃进行传统的深蹲练习。杠铃置于杠铃架上。走到杠铃架下，然后摆出正确的姿势并站起来。此时杠铃离开杠铃架，练习正式开始。当膝盖弯曲大约90度时，杠铃的安全停放点应该比肩部稍微低一些。

197

背搭档深蹲

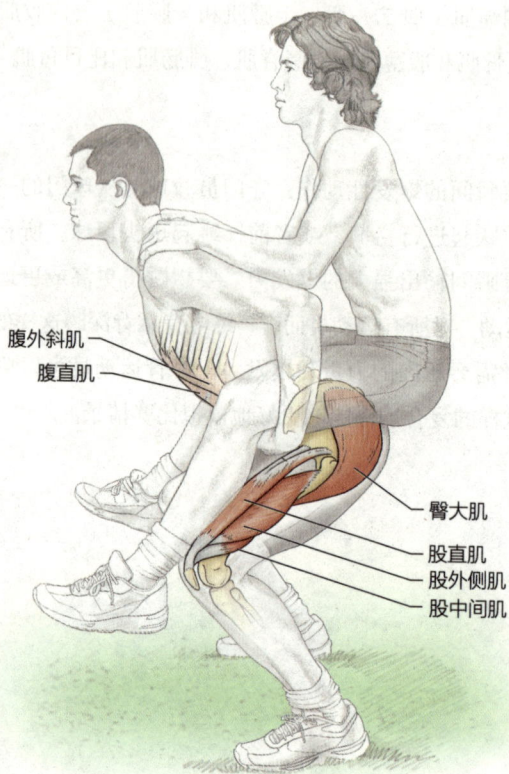

腹外斜肌

腹直肌

臀大肌

股直肌

股外侧肌

股中间肌

动作分解

1. 和背搭档提踵（见第6章）一样，选择身高和体重与自己接近的搭档。在选择搭档的时候要慎重，因为这项练习可能会损伤膝盖。该练习不仅可增强背人者上升和下沉时的力量，还可锻炼其平衡能力。让搭档爬上你的背部，就像小孩趴在大人的背上一样。

2. 双脚舒适地张开，让搭档处于背部的中央（你很可能需要稍稍向前倾），然后开始下蹲，膝盖弯曲约45度，不要弯曲超过90度。

3. 慢慢下蹲。下蹲到最低点时稍微停顿一下，然后回到起始位置，重复练习。在重复练习规定次数之后，与搭档调换位置。

参与的肌肉

主要肌群： 股四头肌（股内侧肌、股外侧肌、股中间肌和股直肌）和臀大肌

辅助肌群： 内收肌群、竖脊肌和保持姿势的腹部核心肌群（腹外斜肌、腹内斜肌、腹横肌和腹直肌）

足球专项训练

传统的深蹲练习有许多种变式。许多体育运动的补充训练项目通常都包含深蹲练习，其原因之一是深蹲练习能使运动员运用多块肌肉和多个关节来完成动作并保持平衡。深蹲练习用到的主要肌群是伸膝的股四头肌和伸髋的臀大肌。进行任何深蹲练习时最重要的一点就是姿势要正确。在深蹲过程中保持正确的姿势能够锻炼腹肌和竖脊肌。增大双脚的间距能够让内收肌群得到更多的锻炼。千万不要小瞧这些肌肉，它们可在比赛中运动员与对手近距离接触时，使运动员产生重要力量。拥有更强壮的臀肌、背肌、腹肌和股四头肌的运动员在抢球或其他与对手一对一对抗时将拥有明显的优势。

自重深蹲

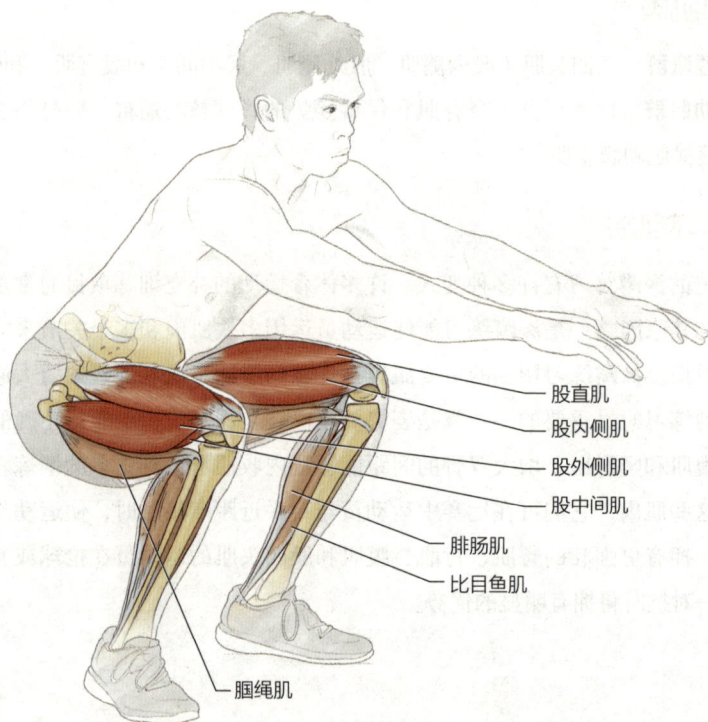

股直肌
股内侧肌
股外侧肌
股中间肌
腓肠肌
比目鱼肌

腘绳肌

动作分解

1. 双脚分开，与肩同宽，脚趾稍微向外。收紧腹肌，抬起头，眼睛向前看。

2. 屈膝，髋部下沉以降低身体，保持脚跟平放在地板上。

3. 在深蹲的最低位置短暂停留，然后通过脚跟向上推，回到起始位置。重复所需的次数。

4. 在整个练习过程中，尽量保持背部挺直。

参与的肌肉

主要肌群：股四头肌（股内侧肌、股外侧肌、股中间肌、股直肌）

辅助肌群：腘绳肌（股二头肌、半腱肌、半膜肌）

足球专项训练

自重深蹲有若干好处。对于年轻球员来说，这个动作简单、安全，而且随着自身的进步，球员可增加负重，以进行技术上的改进。在没有器械的情况下，自重练习是有用的。球员可以通过增加更多的重复次数来增强力量，而增强下肢力量和提高核心稳定性对于维持、提升运动表现和预防损伤至关重要。例如，在身体上，加速、减速、跳跃、落地和变向等动作都可以更高效、更频繁地做出；在技术上，射门、传球、截击、护球等能力也可以增强。

分腿深蹲

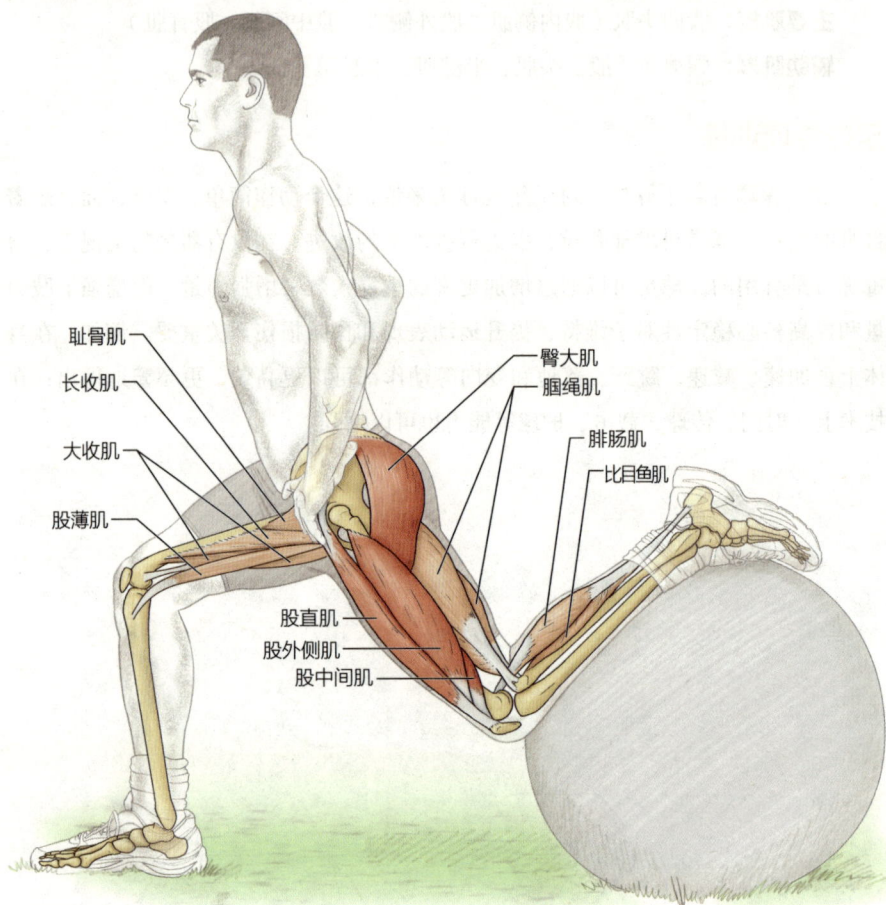

耻骨肌
长收肌
大收肌
股薄肌

臀大肌
腘绳肌

腓肠肌
比目鱼肌

股直肌
股外侧肌
股中间肌

动作分解

1. 单腿站在健身球前。另一条腿往后伸，将脚踝或小腿前部放在健身球上。

2. 前腿的膝盖弯曲约 90 度，同时用后腿稍微向后滚动球，以防止前腿的膝盖超过脚尖。

3. 回到起始位置，重复练习规定的次数。

参与的肌肉

主要肌群：股四头肌（股内侧肌、股外侧肌、股中间肌、股直肌）、臀大肌

辅助肌群：腘绳肌（股二头肌、半腱肌、半膜肌）、内收肌群、竖脊肌、腓肠肌、比目鱼肌

足球专项训练

在足球运动中球员需要注意对膝关节的控制，而分腿深蹲是测试球员在功能性运动中对膝关节的控制能力的好方法。膝关节不应左右摆动，也不应超过脚尖。类似的练习所需的力量和平衡能力应该能够在球员踢球或跃起落地时发生的反弹动作和反应动作中帮助控制身体下部，甚至能够为膝关节提供额外保护。若有需要，球员可在起始位置安排保护者或设置支撑物。这项练习需要球员具有良好的平衡能力和强健的股四头肌，只要缺少其中一项，球员就不适合开展该练习，而是应等到两项身体素质都达标后才进行。一只手提一个哑铃或者将无额外重量的杠铃放在肩上，随着肌肉力量的增强而增加重量，这样能够增加这项练习的难度。

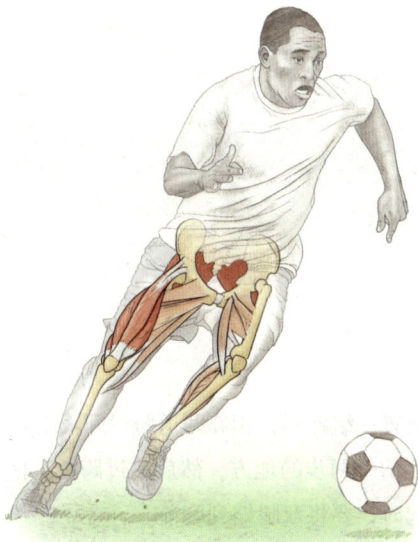

低跨栏

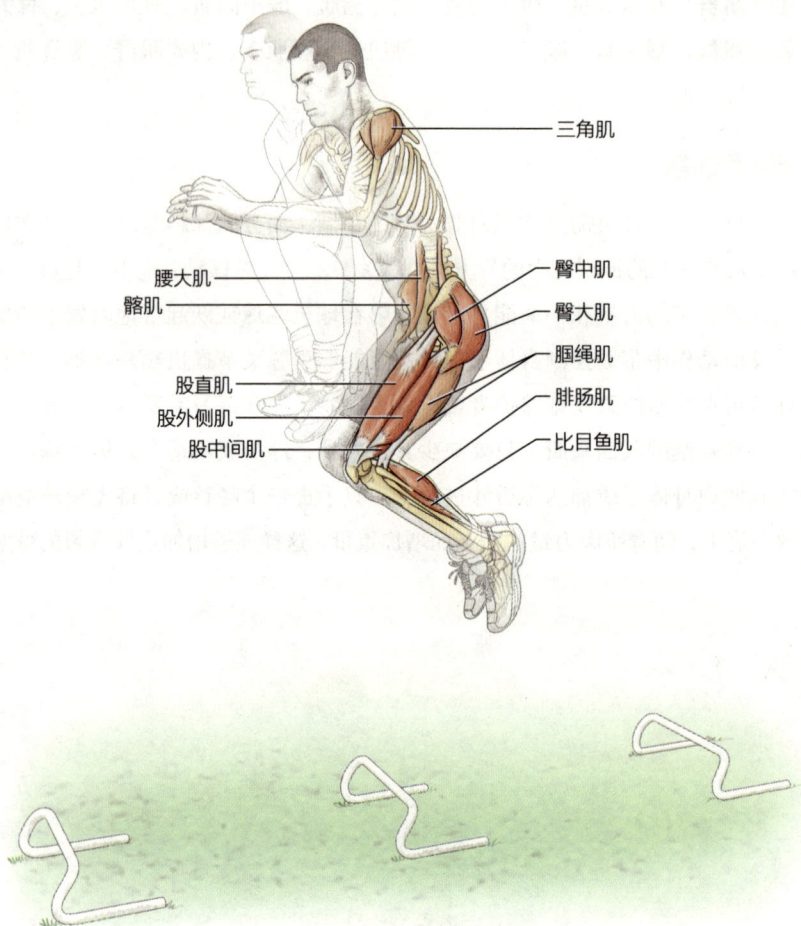

三角肌

腰大肌
髂肌

臀中肌
臀大肌
腘绳肌
腓肠肌

股直肌
股外侧肌
股中间肌

比目鱼肌

动作分解

1. 在一条直线上放置一组跨栏，相邻两道跨栏间隔 1 ~ 1.5 米。

2. 走到第一道跨栏前一两步的地方，然后跳过跨栏。使用双脚起跳、双脚落地的方法。跳起时，要将双腿缩到胸前。

3. 连续跳过后续的跨栏，尽量缩短每次跳过跨栏的时间和双脚触地的时间。这一系列动作应是连续的，而不应是单独进行的。

参与的肌肉

主要肌群：臀大肌、臀中肌、股四头肌（股内侧肌、股外侧肌、股中间肌、股直肌）、腓肠肌、比目鱼肌

辅助肌群：髋屈肌（腰大肌、腰小肌、髂肌、缝匠肌）、竖脊肌、三角肌、腘绳肌（股二头肌、半腱肌、半膜肌）

足球专项训练

连续跳跃能力是各个时代足球运动员都需要高度重视的一种能力，这让运动员在许多方面受益。教练应主动帮助并指导运动员，使其每次起跳和落地的动作到位，这样才能保证训练的安全及有效性。运动员在进行低跨栏的整个过程中都需要调动机体功能性和平衡反应性参与。了解腿的长度及刚好跨过每道跨栏所需的力量能够防止运动员跌倒或用力过大。该练习还涉及肌肉快速伸缩复合训练，因此是改善跳跃能力的最佳功能性练习之一。（肌肉快速伸缩复合训练是指在肌肉伸展之后马上收缩，这能让后续的跳跃高度更高。下蹲后停顿一下再跳跃的高度肯定比不上下蹲后马上跳跃的高度，因为停顿削弱了下蹲动作产生的张力。）该练习的特点是每次跨栏跳跃都是相互促进的，教练也可以通过敏捷梯、折返跑或之字跑来实现这一效果。目前，还有一些教练让运动员通过跳过球的方式进行练习，但不建议这样做，因为运动员在下落时踩到球可能会导致某些损伤。

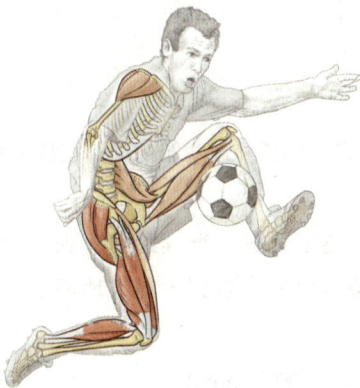

蹬步

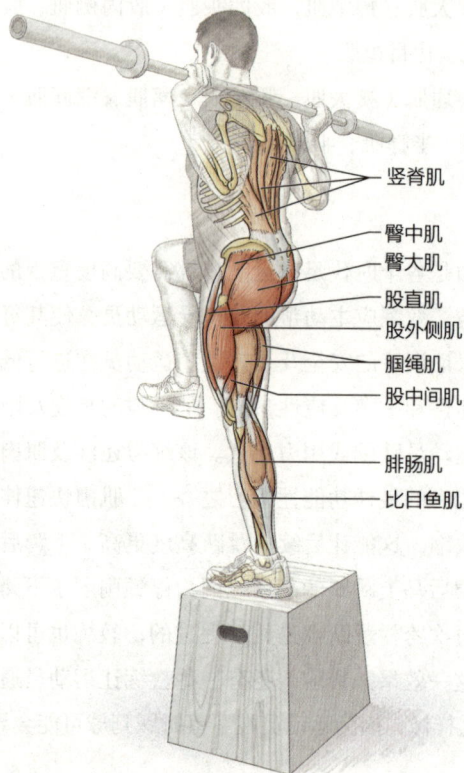

竖脊肌

臀中肌

臀大肌

股直肌

股外侧肌

腘绳肌

股中间肌

腓肠肌

比目鱼肌

动作分解

1. 站在与膝盖差不多高的长凳或跳箱前面。正握无负重的杠铃杆并将其横放在肩膀上。

2. 用起踏腿踏上长凳或跳箱。继续蹬腿直到起踏腿伸直，但同时抬起另一侧腿，让其膝盖弯曲，直到大腿与地面平行。另一侧腿不接触长凳或跳箱。

3. 向后踏步下落，另一侧腿先落地。

4. 以另一侧腿作为起踏腿重复以上动作。

参与的肌肉

主要肌群：股四头肌（股内侧肌、股外侧肌、股中间肌、股直肌）、臀大肌、臀中肌

辅助肌群：竖脊肌、腘绳肌（股二头肌、半腱肌、半膜肌）、腓肠肌、比目鱼肌、内收肌群

足球专项训练

我们知道，对大多数人而言，写字的那只手是惯用手。但哪条腿是惯用腿呢？是猛烈射门的那条腿还是跳远时起跳的那条腿？大部分人都有一条惯用腿，当两条腿同时运动时，它要比非惯用腿用得多。与同时锻炼两条腿的练习相比，单腿练习有一些优势。进行单腿练习时每条腿都必须全力以赴，这样两条腿都能得到同等的锻炼。尽管所花的时间要多一点，但这避免了双腿练习中惯用腿分担非惯用腿的工作。单腿练习的好处之一是增强力量。若运动员的两条腿都能够很好地控制膝关节和全身的平衡运动，他就能够有效预防损伤，尤其是膝关节损伤。在进行蹬步练习时，运动员要特别注意保持姿势正确和核心稳定。

变化动作

侧向蹬步

在身体左边放置一个高度适当/可变的跳箱或长凳，右腿保持平衡，左脚从侧面踩上跳箱。把身体重心移到左腿上，左脚跟蹬跳箱。确保左膝在左踝的正上方，同时右膝提高至髋部高度。跳下时，右脚先回到地上，注意保持身体重心稳定。侧向蹬步时也可以将杠铃杆换为哑铃。

前弓步

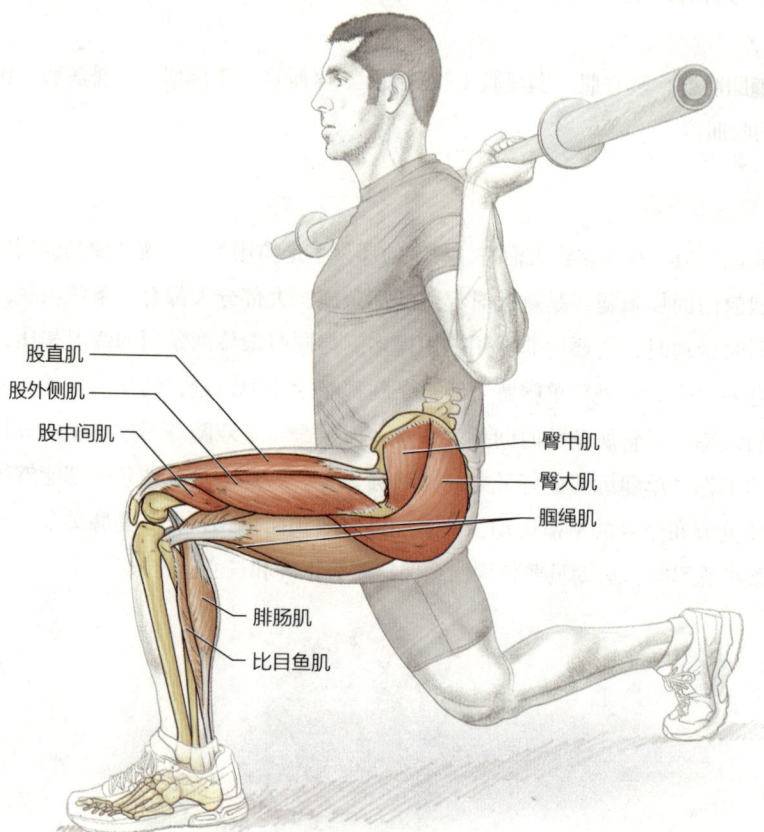

股直肌
股外侧肌
股中间肌
臀中肌
臀大肌
腘绳肌
腓肠肌
比目鱼肌

动作分解

1. 握住杠铃杆。站立，将杠铃杆放在肩上。

2. 向前跨出一步，要跨得足够远。跨步时前腿的膝盖应该弯曲约 90 度，且大腿与地面平行，后腿的膝盖应该快要接触地面。

3. 后退回到起始位置，换另一条腿重复同样的动作。每次跨步后都要换腿。

参与的肌肉

主要肌群： 臀大肌、臀中肌、股四头肌（股内侧肌、股外侧肌、股中间肌、股直肌）

辅助肌群： 竖脊肌、腘绳肌（股二头肌、半腱肌、半膜肌）、腓肠肌、比目鱼肌、内收肌群

足球专项训练

该练习与第3章中的弓步行走略有不同，第3章中的弓步行走主要锻炼髋部和腹股沟的动态灵活性，而前弓步使用杠铃杆在原地完成，更加注重力量训练。一些训练专家还根据许多不同体育运动的需求创造了向心、离心和平衡项目，从而使它变得非常重要。练习时，背部应保持挺直，且保持抬头向前看。弓步完成时，不要让前腿膝盖超过脚尖的位置或左右晃动。力量不足或疲劳将会影响该动作的正确完成。如果做正确跨步动作有点儿力不从心，则减少负重并缩短跨步距离，或者在每次跨步之间安排更长的恢复时间以避免疲劳。

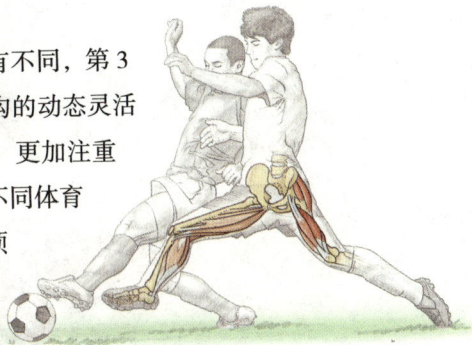

变化动作

侧弓步

练习在改变方向时控制膝盖的运动有利于预防膝盖损伤。在练习侧弓步时，起跨腿的膝盖必须在同侧脚的上方，且不可前后晃动。

209

守门练习

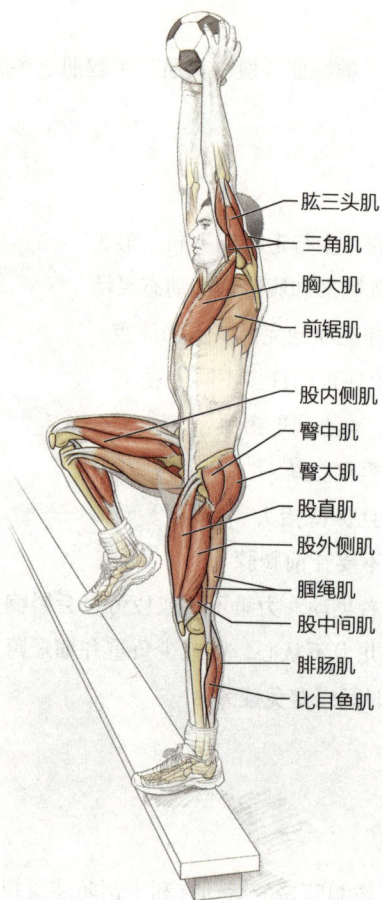

肱三头肌
三角肌
胸大肌
前锯肌

股内侧肌
臀中肌
臀大肌
股直肌
股外侧肌
腘绳肌
股中间肌
腓肠肌
比目鱼肌

动作分解

1. 站在一张矮长凳前，双手持足球。
2. 起踏腿流畅地踏上长凳，身体继续上升直到起踏腿的膝关节完全伸直。双臂向头顶上方高举的同时尽量抬高另一条膝关节弯曲的腿。
3. 以流畅的动作复原，并回到起始位置。
4. 以另一条腿为起踏腿并重复上述动作。每次完成后都要换腿。

参与的肌肉

主要肌群：股四头肌（股内侧肌、股外侧肌、股中间肌、股直肌）、臀肌（臀大肌、臀中肌、臀小肌）、腓肠肌、比目鱼肌、三角肌、肱三头肌、胸大肌

辅助肌群：腘绳肌（股二头肌、半腱肌、半膜肌）、竖脊肌、斜方肌、前锯肌

足球专项训练

顾名思义，守门练习对守门员有极大的帮助，而且对所有其他运动员也同样有用。想象一下奔跑起跳接住空中的球所需的各种关键动作。场上运动员和守门员的主要区别是后者需要用手臂和手来接球。场上运动员和守门员都必须接近球、计划最佳时间点、决定用哪条腿起跳最好，伸展身体并从地面跃起，以在跃起的最高点接球，然后安全落地。该练习的重点包括起跳和起跳前的各种动作，并且开展该练习有利于运动员在功能性训练中高效地进行各项独立的下肢练习。

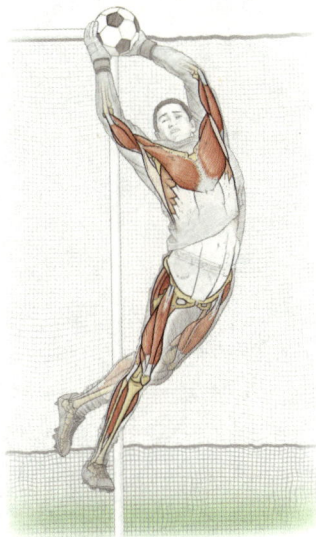

变化动作

台阶练习

守门练习的一种合理变式是使用体育场或露天看台的台阶进行练习，且可用哑铃代替足球。踏步时每隔一步，就举起起踏腿对侧手中的哑铃。你也可以选择每踏一步都把双臂举起来。

反弹跳跃

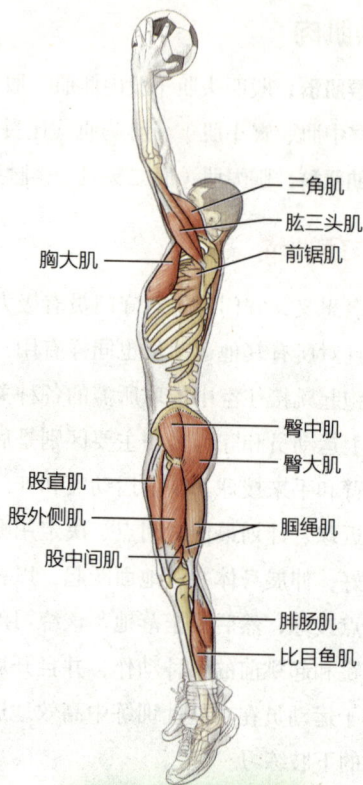

三角肌
肱三头肌
前锯肌
胸大肌

臀中肌
臀大肌
股直肌
股外侧肌
腘绳肌
股中间肌

腓肠肌
比目鱼肌

动作分解

1. 面对搭档，搭档手里持一只足球。

2. 在搭档尽力往地面拍球后，双脚离地跳起，在跳跃的最高点接住球。

3. 确保在原地落地。在接触地面的时候，不要让膝盖在脚上方晃动。

4. 为了避免频繁的全力跳跃带来疲劳感，最好与搭档交替进行跳跃。

参与的肌肉

主要肌群：股四头肌（股内侧肌、股外侧肌、股中间肌、股直肌）、臀肌、腓肠肌、比目鱼肌、三角肌、肱三头肌、胸大肌

辅助肌群：腘绳肌（股二头肌、半腱肌、半膜肌）、竖脊肌、斜方肌、前锯肌

足球专项训练

反弹跳跃练习可以看作功能性拓展训练。反弹跳跃练习需要你精确地估计时间，因为你在短时间之内就要到达起跳点、起跳、在跳跃的最高点接住球，就像比赛中守门员做出的实际动作一样。这通常需要你进行一些移动（因为球的反弹很少是笔直向上的），并且需要根据球的下降过程和起跳点正确估计时间，以便在尽可能高的地方接住球。然后，你还需要安全落地。本书中的许多练习在落地时都需要膝盖在脚上方弯曲，且不能前后晃动。尽管此时你的所有注意力都在跳跃和接球上，但也不要忘记安全落地。尽量安静地落地，吸收落地时的反作用力。许多运动员都喜欢完成该练习中的这些挑战——反弹、跳跃和落地。

变化动作

单脚反弹跳跃

反弹跳跃练习的一种简单的变式是使用单脚起跳。在大部分场景下，只有在球笔直向上弹起的时候才使用双脚起跳。在单脚反弹跳跃练习中，搭档将球扔向地面后，你必须跑一小段距离之后单脚跳起接球，然后以双脚落地。

213

伐木练习

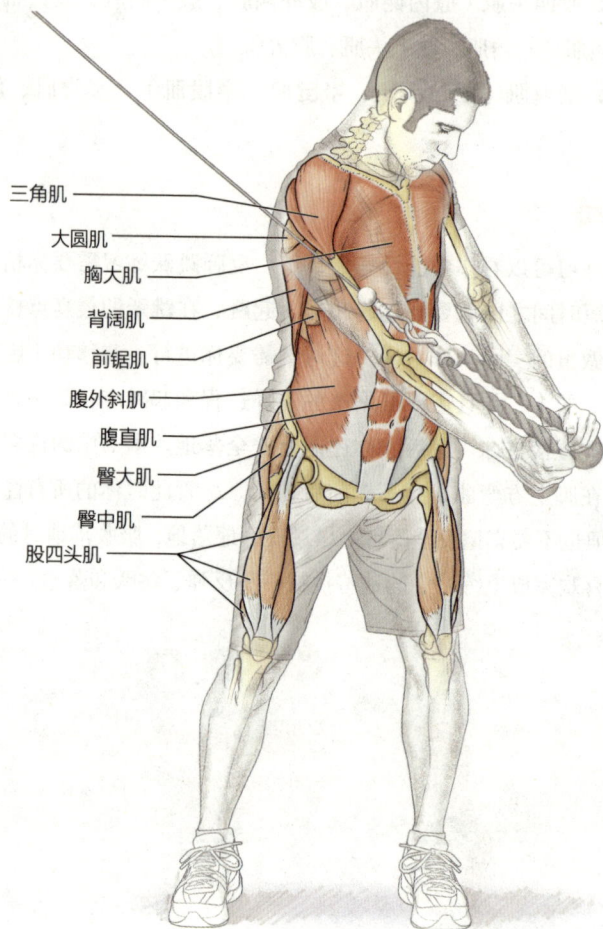

三角肌

大圆肌

胸大肌

背阔肌

前锯肌

腹外斜肌

腹直肌

臀大肌

臀中肌

股四头肌

动作分解

1. 站在离滑轮拉力器不远处的一侧。举起双臂，双手抓住滑轮拉力器的绳子（带子或把手）。

2. 开始往下拉绳子，让绳子越过身体。当双手过肩时，扭转躯干并收紧腹肌。在继续把绳子向对侧的膝盖方向拉的同时可以稍微弯曲双膝。

3. 缓慢地、有控制地反向完成刚才的动作，回到起始位置。在完成预定的重复次数之后，转过身来在另一个方向上重复刚才的动作。

参与的肌肉

主要肌群： 腹直肌、腹外斜肌、腹内斜肌、三角肌、背阔肌、胸大肌

辅助肌群： 股四头肌（股内侧肌、股外侧肌、股中间肌、股直肌）、臀肌、大圆肌、前锯肌

足球专项训练

该练习能使球员在一步一步的协调动作中调动躯干肌肉、臀肌和股四头肌。在进行该练习时，球员没有捷径可走，因为前一个动作是后一个动作的基础。从表面上看，手臂和腹部是关键受力点，但是腿部也起着非常重要的作用，因为它是各个动作能够发生的根基。要注意膝盖在脚上方的姿势，且不要前后晃动。该练习涉及多块肌肉和多个动作，这样的多关节运动是非常有用的补充练习，它符合足球这样的团体运动对球员身体素质的要求。需要注意的是，该练习的讲解中没有包括躯干弯曲和下蹲，这使它变成了纯粹的上肢伸展和躯干旋转练习。

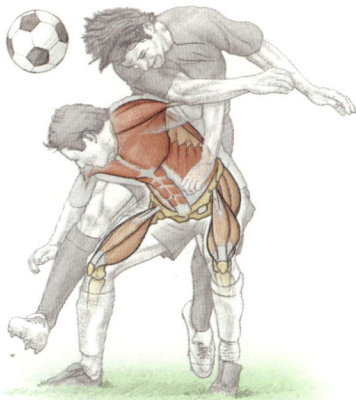

变化动作

反向及坐姿练习

使用颠倒滑轮可以让动作从低到高地做出。伐木练习甚至可以用坐姿完成，并用药球代替滑轮装置。

第11章

针对足球的全身训练

在本书中，力量训练的重点是具体动作及参与该动作的肌群。不管你到哪家书店或图书馆，力量训练专栏书架上都展示着几十本教你如何聚焦于训练肌肉的书。有针对性的力量训练能够确保每块肌肉都得到完全激活，并且适应现代比赛和运动发展的新要求。

在前几章了解了身体各个部位的相关训练之后，接下来我们需要将肌肉作为一个整体来看待。运动员不是在孤立状态下进行训练的，相反，整体的表现比各块神经肌肉的表现之和更重要。某项体育运动的表现是该项运动所需的技巧、特定身体素质（身体上的和精神上的）和取胜所需的独特战术的综合反映。在这些体育运动因素中，一些是可以计划的，而另一些是对阻碍做出的即时反应，但是它们都随着时间的推移而演化，因为体育运动在不断地发展变化。任何在整体系统中运用多个身体部位的训练都会让运动员获得进步，并且更加接近教练眼中的体育运动。这在团体比赛中尤为关键，因为最终结果受多种因素的影响——每个运动员、大团体和小团体间的相互作用、比赛方式、对手情况、裁判、环境及观众等。

本章所列出的训练有一条共同的主线：它们都需要多个关节、多块肌肉和多个肌肉动作来完成，没有任何具有较强针对性的肌肉训练。经历过或了解过早期训练的教练可能知道类似的基于场地的训练，这种训练在 20 世纪 60 年代及之前的指导教材中曾是体能训练的核心。

尽管年长的运动员可能还记得他们的训练项目中曾有过类似的训练，但是在当时，这些训练存在不足：具体表现在频率、强度、持续时间和进阶等方面。他们可能进行过类似的训练，但是那些训练不像如今的主流训练那样是高频率、高强度或者长持续时间的。显然，当时没有从长期比赛的角度考虑将训练分阶段进行。本书接下来要呈现的就是根据现代的训练原则重新设计的早期训练。

这些训练和其他全身训练的目的是帮助运动员为正确做出动作做好准备，而动作的正确做出是成功得分或阻止对方进球的关键。这些动作频繁涉及高能量输出的跳跃或冲刺。重复跳跃练习属于快速伸缩复合运动，并且它的各种变式还利用了拉长－缩短循环周期原理，而后者被认为不仅能改善跳跃的功率输出，还能改善冲刺跑的功率输出。如果把改善冲刺跑作为目标（也应如此），请观察短跑运动员的训练，你将看到大量针对重复跳跃的练习。

在足球比赛中，运动员们每隔几秒就会做出一些随机动作，引入全身训练方法有助于运动员在做出随机动作时协调身体。运动员可能会在瞬间进行双脚跳跃、单脚跳跃、跨步跳跃、飞跃和拦截，并且在做出动作或反应的时候通常是不受意识控制的。尽管很难通过模拟训练来模仿与真正对手（而不是训练中的队友）交锋时可能发生的情况，但是让每名运动员的神经肌肉系统做好准备并不难，这样他们在比赛期间就能够瞬间对未知情况做出反应。确保每名运动员都做好充分的神经肌肉系统准备是教练的责任。这就是为什么运动员所接受的指导性训练从表面上看与比赛毫不相关，但已成为现代训练的常态。这些训练可能用到长凳、训练环、跨栏、敏捷梯及其他相关的器械，它们会帮助运动员高效地使用身体，尽可能减少不必要的动作。尽管足球运动员的跑步形式与短跑运动员流畅高效的跑步形式大不相同，但是通过将几十年前的足球比赛与现在的足球比赛进行对比，我们能很容易地得出人们对训练、动作协调和运动素质等的认识都加深了的结论。

尽管过去25年以来各项训练都得到了改善，但是如果教练和运动员不关注其他专家的经验，忽略影响比赛表现的其他方面，那么训练将达不到预期效果。总体而言，教练和运动员需要考虑以下因素。

· 研究表明，仅仅脱水2%就会影响运动员的表现。因此，运动员不要以时间紧张为借口在足球比赛期间不喝水，并且比赛中有许多死球时间可以用于喝水。当天气比较炎热时，裁判有权暂停比赛让运动员喝水休息。当天气既炎热又潮湿时，喝水休息是青少年联赛的规则之一。你是否注意到，国际足联从2014年开始允许在酷热难耐的世界杯比赛期间让运动员喝水休息？

· 据报道，25% ~ 40%的足球运动员在走入训练场或赛场之前就已经脱水，因为他们在前一天的比赛或训练之后没有补足水分。

· 肌肉需要消耗能量，而足球运动的主要能量来源是碳水化合物。碳水化合物供给受到限制将会影响运动表现。碳水化合物储备不足的足球运动员在参加比赛时将走得多、跑得少，尤其是在比赛后期。出于某些原因，团体运动员在挑选食物时不如个体运动员认真谨慎。

· 在每半场的比赛中，随着时间的推移，运动员受伤的概率会增大，因此运动员需要较好的身体素质来预防受伤。预防受伤的措施之一是改善每名运动员的身体素质。运动员在刚到训练营的时候，其身体素质水平应该在合理的范围内，以便教练能够通过定向的赛季前训练来安全地提升他们的身体素质。一些团队比赛安排得非常紧密，因此在赛季中，教练很难进一步提升运动员的身体素质。在比赛密集的赛季，如果教练每周通过大量的高强度训练来提升运动员的身体素质，那么运动员将面临急性及过度使用损伤、表现下降、恢复缓慢和过度训练的风险。

· 一些研究表明，技术能力相对较差的运动员比技术娴熟的运动员更容易受伤。因此，预防受伤的另一个办法是增强技术能力。

· 运动员应花时间做有效的热身运动，比如第 3 章中描述的 The 11+（见第 38 页）。如果将热身运动纳入常规的训练计划，那么运动员所收获的益处将是巨大的；但是偶尔进行热身运动的训练效果是没有保证的。大部分教练都擅长计划训练课程，却忽略了引导团队进行热身运动。别忘了在比赛的下半场开始前要再次热身，没有再次热身的球队往往会在开场后的 5 ~ 15 分钟表现糟糕。如果你的球队在下半场开始之前进行了 5 分钟的热身运动，那么你的球队将比对手更有准备。对于没有再次热身的球队而言，他们会将下半场的前 10 分钟或更多时间用于热身，这对已经再次热身的球队来说就是一个机会。

· 足球运动中最危险的动作之一便是抢球。研究表明，危险的抢球动作包括跳跃、单脚或双脚前进时露出鞋钉，以及从正面或侧面袭来（头与头碰撞也是极其危险的，见下一条）。要记住，一条简单的定律就是双脚不能离地，普通运动员不应该模仿专业比赛中的双脚腾空铲球等危险行为。

· 不要忽视头部损伤。头碰头、肘碰头、头碰地、头碰门柱或者意外被球撞头都是危险的。不要同等看待头部撞击与踝部扭伤。遭到上述头部碰撞的运动员应该马上从比赛中退出，直到所有人都确定没有安全隐患之后他才能返回比赛。一个合理的建议是，只要怀疑某名运动员头部受伤，他就不能继续比赛。在美国，以华盛顿州为首的许多州都通过了这样一项法案：运动员头部受到撞击之后必须有书面的体检合格报告才能返回比赛。头部受伤不能敷衍了事，头部健康比任何比赛都重要。美国足球联合会还对允许使用头球的运动员的年龄进行了限制。

· 在训练的时候要遵循一些常识。首先，使用与运动员年龄阶段相匹配的球。年长的运动员不应该与年轻的运动员一起训练，因为年轻的运动员可能会被撞倒或者遭到球或年长运动员的高速撞击。其次，受伤的运动员在完全康复之后才能返回赛场。未完全愈合的小伤通常预示着更严重的损伤的到来。球门、球网也属于危险区域。在安装或取下球网的时候要采取正确的方法，必须站在凳子或梯子上进行。与球网距离较近的跳跃、翻滚等动作都有可能会产生缠绕、拉拽等危险，这些通常会导致严重的撕裂伤。最后，不要让任何人攀爬球门的门柱。儿童在不牢固的门柱下玩耍导致的严重损伤甚至死亡事件时有发生。

蹲踞跳

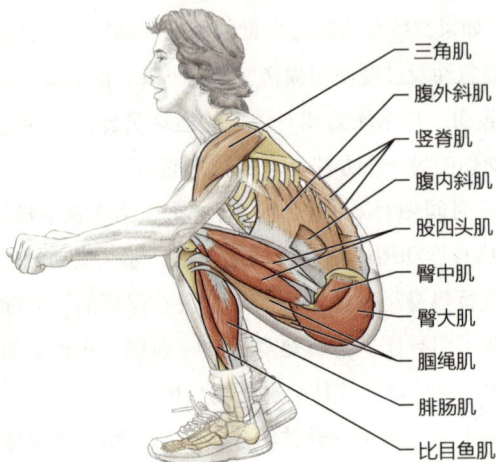

三角肌
腹外斜肌
竖脊肌
腹内斜肌
股四头肌
臀中肌
臀大肌
腘绳肌
腓肠肌
比目鱼肌

动作分解

1. 选择有良好缓冲功能的鞋子，在宽敞的地方进行练习。

2. 双脚起跳，尽力跳到最高。让双膝尽可能贴近躯干。在跳起的过程中用双臂保持平衡。

3. 轻柔地落地以减小冲击力，然后再次快速起跳，尽可能缩短在地面停留的时间。该练习是简单的连续垂直跳跃。

参与的肌肉

主要肌群： 股四头肌（股内侧肌、股外侧肌、股中间肌和股直肌）、腓肠肌、比目鱼肌、臀大肌、臀中肌和髋屈肌（腰大肌、腰小肌、髂肌和缝匠肌）

辅助肌群： 腹部核心肌群（腹外斜肌、腹内斜肌、腹横肌和腹直肌）、竖脊肌、腘绳肌（股二头肌、半腱肌和半膜肌）和三角肌

足球专项训练

大部分相关的书都将足球描述为耐力运动。它们的理由是一场足球比赛的走表时间为 90 分钟（尽管实际踢球的时间最多只有 70 分钟）且中间没有停顿，因此耐力因素是比较重要的。但是足球比赛的输赢取决于突然做出高功率输出的动作，例如短跑冲刺 10 ~ 20 米到达球的边上或者争夺角球时跳得比对手更高。尽管这些机会不会经常出现，但是运动员必须做好准备，在比赛的过程中只要时机恰当就要尽可能做出多次高功率输出的动作。我们可以找到许多针对高功率输出动作的练习，其中一些需要器械的帮助，而另一些表面上看起来很简单，但它们都非常有效。本书还有其他涉及跳跃的练习。若想要高效地进行此练习，你必须跳得尽可能高，使大腿向上贴近躯干，然后轻柔地落地。若一次跳跃就比较吃力，多次跳跃将是一种极大的挑战。随着力量的增强，你将会越跳越高，并且随着腿部肌肉的耐力增强，你重复跳跃的次数也会增多。进行此练习时应安排充足的恢复时间，如在比赛之前应有两天或两天以上的恢复时间。

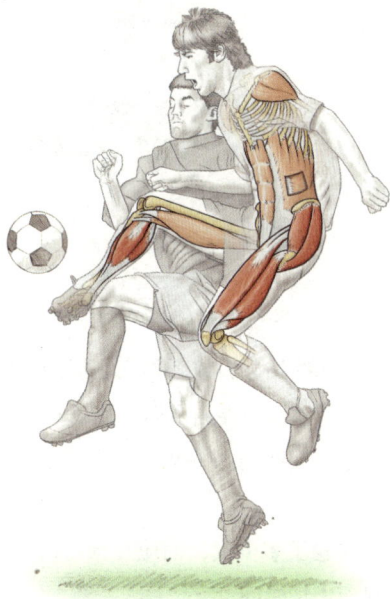

反复跳跃

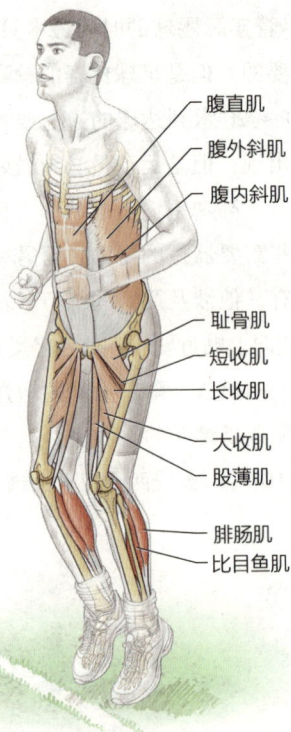

腹直肌
腹外斜肌
腹内斜肌

耻骨肌
短收肌
长收肌
大收肌
股薄肌
腓肠肌
比目鱼肌

动作分解

1. 面向球场的边线或底线站立，或者站在它们的一侧。

2. 使用双脚起跳，前后跳跃或左右跳跃，刚好跳过线即可。

3. 脚一着地，就尽快跳回线的另一侧。动作要极其迅速，空中停留时间和触地时间要降至最短。

4. 不要计算与地面接触了多少次，而应在预定的时间内尽可能快地跳跃，并随着体能的增强而增加时间。

参与的肌肉

主要肌群： 腓肠肌和比目鱼肌

辅助肌群： 腹部核心肌群、竖脊肌和内收肌群（长收肌、大收肌、短收肌、耻骨肌和股薄肌）

足球专项训练

耐力、力量、速度和敏捷性——足球运动几乎要求身体的各方面素质都是良好的。反复跳跃涉及的快速步法练习是技能训练项目的一部分，这要求运动员在很短的一段时间内通过尽可能多地接触球来完成一系列动作。曾经参加过这类练习的运动员都知道，快速步法练习对体力要求非常高并且很容易令人感到疲惫，因为在非常短的时间内进行又短又快的运动考验着身体快速提供能量的能力。

变化动作

多种跳跃选择

反复跳跃练习的展现形式是根据地面上的一条线前后跳跃或左右跳跃。因此，你可以想出许多类似的练习，如踩着线前后跳跃，在线条的两端来回跳跃，或者设想地面上有一个形状，依次跳到它的各个角，并增加侧身动作。充分发挥你的想象力，想出更多的练习，但要记住关键点——最短的空中停留时间和触地时间。你要随着身体能力的增强延长练习时间，然后你将对自己的快速进步感到惊讶。

跳深

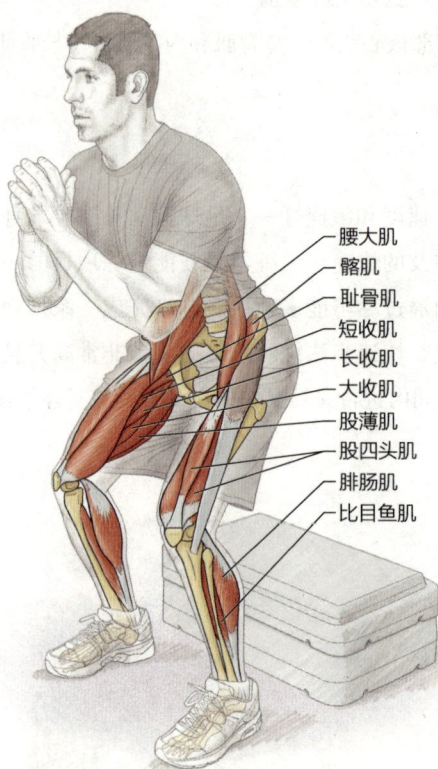

腰大肌
髂肌
耻骨肌
短收肌
长收肌
大收肌
股薄肌
股四头肌
腓肠肌
比目鱼肌

动作分解

1. 选择一个大约 30 厘米高的矮跳箱。

2. 站在跳箱上，双脚分开，与肩同宽，手臂置于体侧。

3. 从跳箱上跳下来，双脚同时着地，并把双手抬到胸前。

4. 落地时弯曲踝关节、膝关节和髋关节，以缓冲冲击力。保持落地位置固定，不因落地冲击力而调整位置。

5. 回到跳箱上重复此动作。

参与的肌肉

主要肌群： 髋屈肌、股四头肌（股内侧肌、股外侧肌、股中间肌、股直肌）、腓肠肌、比目鱼肌和内收肌群

辅助肌群： 竖脊肌和腹部核心肌群

足球专项训练

预防损伤是本书的一个主题。预防损伤不仅有利于运动员持续比赛，还能提高其比赛成绩。预防损伤的核心是对膝关节及踝关节、髋关节和躯干等部位进行良好的神经肌肉控制，尤其是在高要求的活动中，如跳跃后落地或者突然改变方向。跳深练习的目标是控制落地冲击，以及在落地时不让膝盖左右摆动。此外比较重要的是，在落地的时候让脚踝吸收冲击力，以免在着地过程中摆动躯干。如果其他关节之一移动不当，则膝关节必须做出调整，而这一调整将使膝关节处于不利位置，可能导致损伤。运动员应该在教练的观察下进行此练习，以确保姿势正确。记住，这是单一的落地训练。

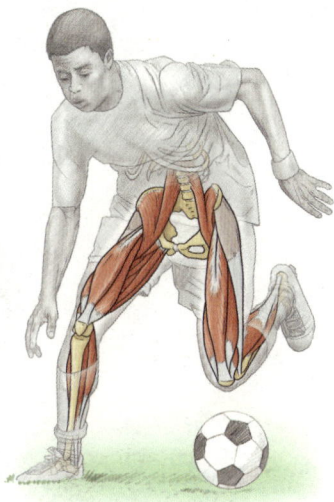

变化动作

回弹跳深

这更像是跳深的拓展延伸练习而不是变式。你在落地之后应马上跳到另一个高度大致相同的长凳上。这一改变可将跳深从减震练习转变为快速伸缩复合练习。

225

速滑跨步

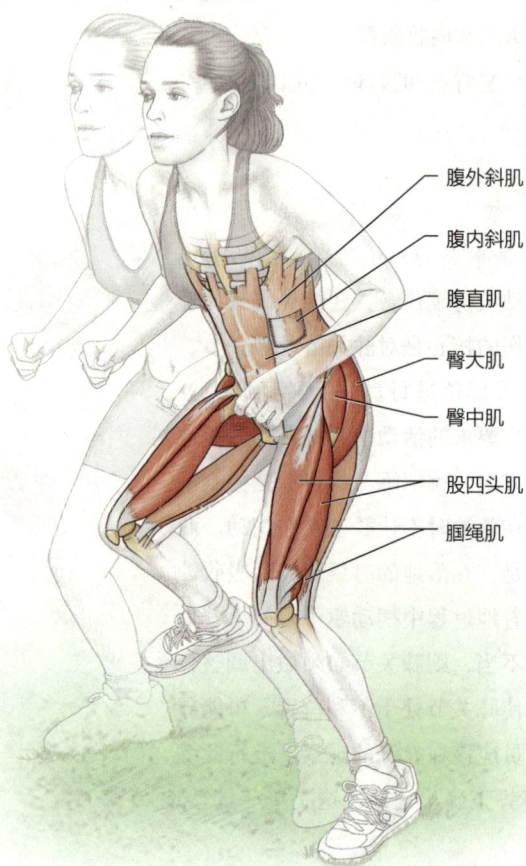

腹外斜肌
腹内斜肌
腹直肌
臀大肌
臀中肌
股四头肌
腘绳肌

动作分解

1. 双腿分开站立，与肩同宽，双手放在髋部或者身侧以保持平衡。
2. 保持躯干挺直，轻轻跳跨到右边，以右脚着地。左脚离开地面，身体重心完全在右脚上并保持平衡。
3. 稍作停顿，轻轻跳跨到左边。重复上述动作。

参与的肌肉

主要肌群： 臀大肌、臀中肌和股四头肌（股内侧肌、股外侧肌、股中间肌和股直肌）

辅助肌群： 竖脊肌、腘绳肌（股二头肌、半腱肌和半膜肌）和腹部核心肌群

足球专项训练

这项练习是真正的全身训练，需要利用大腿来驱动侧跨步，腹部核心肌群在起跳、悬空和落地时负责稳定躯干，手臂和肩膀帮助实现平衡。随着时间的推移，运动员将发现其侧向移动速度和敏捷性得到提高。当一名没有注意到的防守球员突然冒出来时，运动员可能会发现自己的控球速度提升了。运动员将在瞬间用一只脚站住，并朝另一侧方向跨步，同时将球踢到该方向上。但是运动员绝对不会真正思考这一动作，而是无意识地让它发生。通过这类简单的练习，运动员在比赛中的步伐将得到改善，快速果断地躲开对手的能力也将得到很大提升。随着肌肉的不断强健和神经肌肉控制能力的改善，运动员很快就会发现自己侧跨步的距离更远了，并且落地也更稳了。

平躺雨刷摆腿

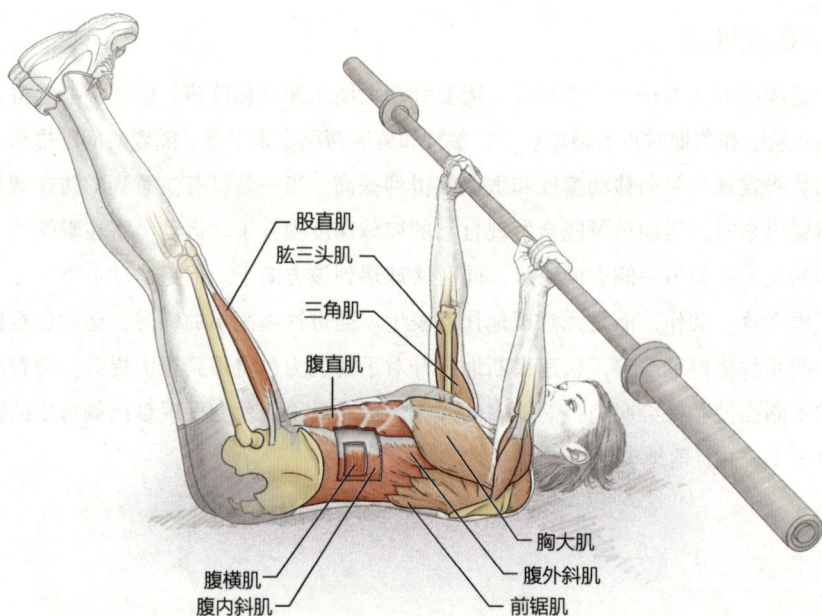

股直肌
肱三头肌
三角肌
腹直肌

胸大肌
腹外斜肌
前锯肌

腹横肌
腹内斜肌

动作分解

1. 仰卧在地面上，双手将杠铃杆举到胸部上方，双臂伸直。
2. 不要移动杠铃杆，双腿伸直并向杠铃杆的一端抬起。
3. 保持双腿伸直，坚持数秒，然后放回地面。
4. 双腿伸直并向杠铃杆的另一端抬起，坚持数秒，然后回到起始位置。双腿向左、向右各抬一次算一个回合，重复该动作。

参与的肌肉

主要肌群： 腹部核心肌群、股直肌、腰大肌、腰小肌和髂肌

辅助肌群： 缝匠肌、胸大肌、肱三头肌、三角肌和前锯肌

足球专项训练

在 V 形坐姿传球（见第 80 页）的"足球专项训练"部分内容中，我们提到 20 世纪 70 年代百事可乐为球王贝利制作的一系列电影中包含了许多训练方法，而其中的一些腹部练习是巴西联赛训练方案的一部分。平躺雨刷摆腿练习与那时的巴西球员进行的练习非常相似，只不过现在不是握住搭档的脚踝，而是在头顶上举一根杠铃杆并进行髋部弯曲，同时伴随着躯干的轻微旋转。在关于球王贝利的电影中，大部分腹部练习都是孤立的练习，而平躺雨刷摆腿练习用到了躯干的多块肌肉，显著优化了练习效果。不要小瞧这项练习，它是非常有挑战性的，尤其当你意识到最难的动作部分会限制呼吸时。练习时，不要忘记杠铃杆一直是举在空中的。

变化动作

哑铃平躺雨刷摆腿

这和平躺雨刷摆腿练习几乎是一样的，只不过将杠铃杆换成了哑铃。每只手上握一个哑铃，每侧的手臂和肩膀各自保持平衡。和使用杠铃杆练习时一样，在进行此项练习时将哑铃放在头部上方并且伸直肘部。

229

跳箱

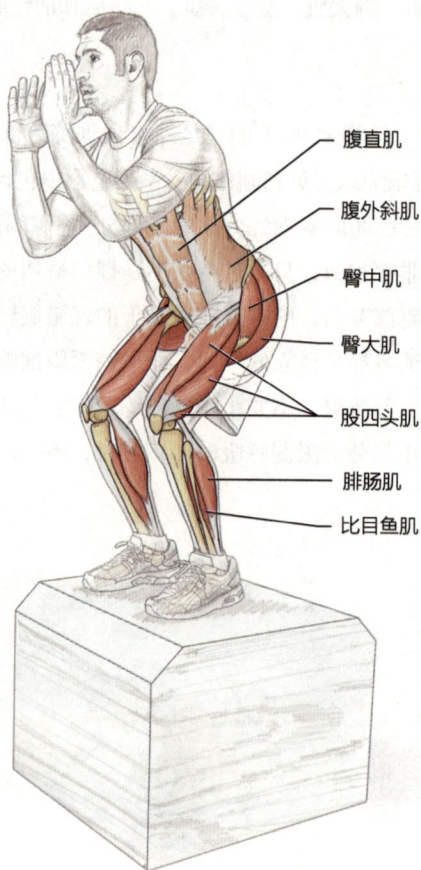

腹直肌

腹外斜肌

臀中肌

臀大肌

股四头肌

腓肠肌

比目鱼肌

动作分解

1. 站在一个高度在胫骨中点到膝盖之间的稳固箱子面前，确保箱子不会翻转。

2. 使用双脚起跳，跳到箱子的上方，双脚落在箱面上。高度不要刚好够到箱面，要跳高一些以便自然落在箱面上。

3. 跳下箱子回到原点，落地要轻柔安静，以缓冲落地时的冲击力。

4. 持续不停地重复该动作。刚开始时每次持续 5 ~ 10 秒，然后随着身体能力的增强增加时间。

参与的肌肉

主要肌群：股四头肌（股内侧肌、股外侧肌、股中间肌和股直肌）、臀大肌、臀中肌、腓肠肌和比目鱼肌

辅助肌群：腹部核心肌群、竖脊肌和髋屈肌

足球专项训练

现代足球是高功率输出和耐力跑的综合运动。在球场上的任何位置给对手施加压力的欲望和能力是每名运动员的宝贵特质。某名运动员在丢失控球权之后，通常会联合一名或两名队友给对手在多方面施加压力（如马上去抢夺控球权；封锁对手，让其跟不上球；快速封锁，迫使对手传球失误；或者封锁对手并延迟对手的进攻，让队友进行恢复）。不管是哪种情形，给对手施加压力都需要采取快速的、可控的方法，其主要特征是短时间内的高功率输出。给对手施加压力是高强度的动作，但是通常马上就会获得良好的反馈，如导致对手失误，让队友得到控球权。要想在必要的时候给对手施加适当的压力，运动员就要具备足够强健的体质。几乎每个教练都会说的是，运动员失去控球权之后，想要给对手施加压力是非常困难的，原因之一是失去控球权之后运动员会感到沮丧或失望，但也不排除运动员的体质不够强健。与跳箱练习类似的跳跃练习要求非常高的功率输出，再配合控球练习，就能使球队获得非常强的施压能力。

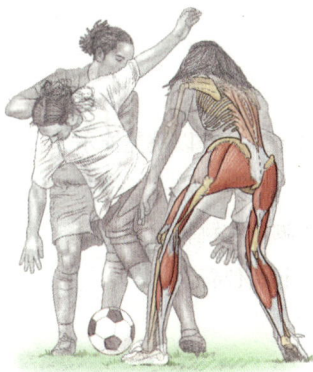

旋转跳箱

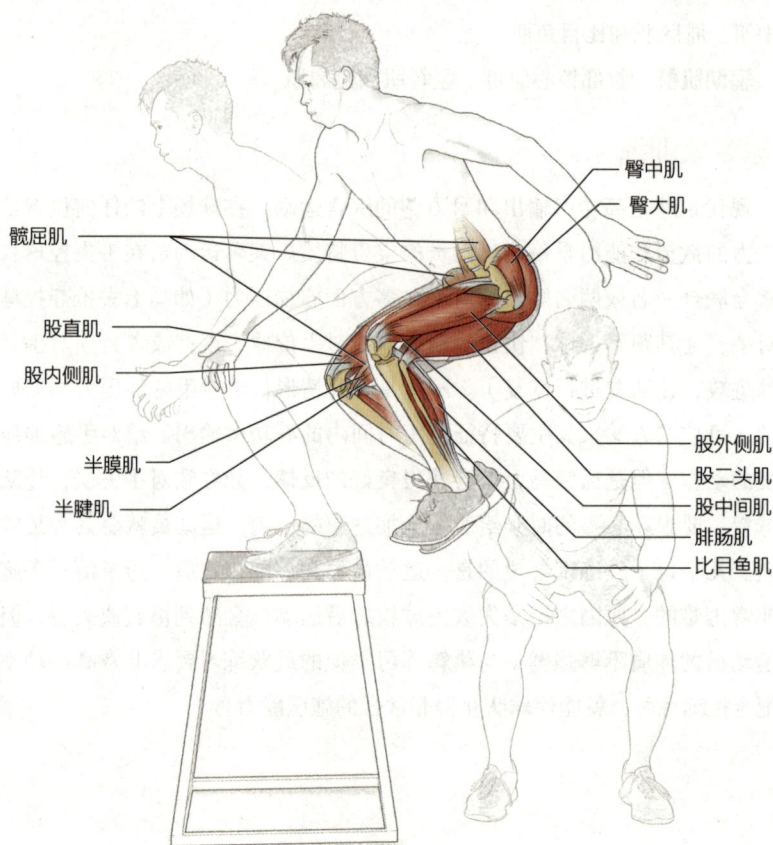

髋屈肌

股直肌

股内侧肌

半膜肌

半腱肌

臀中肌

臀大肌

股外侧肌

股二头肌

股中间肌

腓肠肌

比目鱼肌

动作分解

1. 将跳箱放在身体右侧（本动作以跳凳演示）。

2. 双脚起跳。

3. 在空中向右旋转，双脚落在跳箱上。

4. 从跳箱上跳下并回到起始位置。

5. 反方向重复这个动作。

参与的肌肉

主要肌群： 股四头肌（股内侧肌、股外侧肌、股中间肌和股直肌）、臀肌、腘绳肌（股二头肌、半腱肌和半膜肌）

辅助肌群： 髋屈肌

足球专项训练

旋转跳箱练习模拟了足球的一些特有动作，例如跳起顶头球、落地或跳起躲避铲球及守门员扑球等。旋转跳箱练习是一项双边练习，这意味着两条腿得到的锻炼基本是一样的。在跳箱练习中添加旋转动作增加了足球的某些特定动作的范围，例如起跳后落地顶头球或空中转身后落地。但增加了旋转动作的跳箱练习更难完成。落地时对身体的控制对于最大限度地降低受伤风险至关重要，落地时失去平衡则是导致膝盖和脚踝受伤的关键因素。

罗马尼亚硬拉

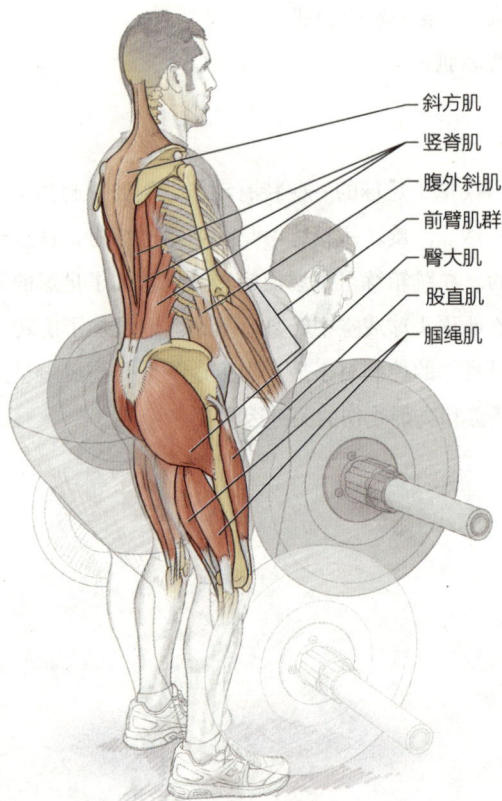

斜方肌
竖脊肌
腹外斜肌
前臂肌群
臀大肌
股直肌
腘绳肌

动作分解

1. 将杠铃放在地板上，双脚分开，与肩同宽或略窄于肩。站直，双脚在杠铃杆下方且稍微向外翻。

2. 做深蹲姿势。手臂伸直，正握杠铃，手掌朝下。背部保持平直或稍微拱起。肩膀往后，胸部往前。

3. 向前看并吸气。脚跟踩地，收缩股四头肌和臀肌，将杠铃从地面提起。保持背部挺直，使杠铃杆接近身体。身体直立，但不要让膝关节锁住，同时缓缓呼气。

4. 吸气，慢慢下放杠铃至小腿处，回到直立姿势并重复动作。

参与的肌肉

主要肌群： 竖脊肌、股直肌、臀大肌和腘绳肌（股二头肌、半腱肌和半膜肌）

辅助肌群： 肩胛稳定肌群（如斜方肌）、腹直肌、腹外斜肌、腹内斜肌、前臂肌群（主要是腕屈肌和指屈肌，包括桡侧腕屈肌、尺侧腕屈肌、掌长肌、指浅屈肌、指深屈肌和拇长屈肌）、股外侧肌、股内侧肌和股中间肌

足球专项训练

罗马尼亚硬拉属于全身训练，几乎每本体育训练手册中都会对它有所描述。该练习要求腿部、髋部、躯干和背部输出力量。如果你从来没有练过这样的硬拉，往往会认为它很容易，但是杠铃增加了它的复杂性，让原本流畅的动作变得困难。你在练习时最好有人现场指导，确保正确、安全地进行练习。在拉起杠铃的过程中过度拱背可能会导致椎间盘突出，因此要保持抬头（低头看杠铃会导致拱背）。此外，在拉起杠铃的过程中不要弯曲肘部，因为这会给肱二头肌带来不必要的张力。姿势正确是关键，练习硬拉时一定不要因图省事而走捷径。（注：在第6章中，单腿罗马尼亚硬拉是背搭档提踵练习的一种变式。）

参考文献

Ali, A., and M. Farrally. 1991. "Recording Soccer Players' Heart Rates During Matches." J Sports Sci 9(2): 183-89.

Bangsbo, J., L. Norregaard, and F. Thorso. 1991. "Activity Profile of Competition Soccer." Can J Sport Sci 16(2): 110-16.

Ekstrand, J., A. Spreco, and M. Davison. 2018. Elite football teams that do not have a winter break lose on average 303 player-days more per season to injuries than those teams that do: A comparison among 35 professional European teams. Br J Sports Med 53(19): 1231-1235.

FIFA. "Health and Fitness for the Female Football Player."

FIFA. 2010. "Nutrition for football."

FIFA. 2018. "Technical Report: 2018 FIFA World Cup Russia."

Flanagan, T., and E. Merrick. 2002. "Quantifying the Work-Load of Soccer Players." In Science and Football IV, edited by W. Spinks, T. Reilly, and A. Murphy, 341-49.London: Routledge.

Florida-James, G., and T. Reilly. 1995. "The Physiological Demands of Gaelic Football." Br J Sports Med 29(1): 41-45.

Grimm N. L., J. C. Jacobs Jr., J. Kim, A. Amendola, and K. G. Shea. 2014. "Anterior Cruciate Ligament and Knee Injury Prevention Programs for Soccer Players: A Systematic Review and Meta-Analysis." Am J Sports Med 48(8): 2049-56.

Grimm N. L., J. C. Jacobs Jr., J. Kim, A. Amendola, and K. G. Shea. 2016. "Ankle Injury Prevention Programs for Soccer Athletes Are Protective: A Level-I Meta-Analysis." J Bone Joint Surg 98(17): 1436-43.

Haroy, J., B. Clarsen, E. G. Wiger, M. G. Oyen, A. Serner, K. Thorborg, P. Holmich, T. E. Andersen, R. Bahr. 2019. "The Adductor Strengthening Programme Prevents Groin Problems Among Male Football Players: A Cluster-Randomised Controlled Trial." Br J Sports Med 53: 145-52.

Heidt, R. S. Jr., L. M. Sweeterman, R. L. Carlonas, J. A. Traub, and F. X. Tekulve. 2002."Avoidance of Soccer Injuries With Preseason Conditioning." Am J Sports Med 28(5): 659-62.

Lagunas, V. M., and D. Scott. 2016. "Physical Analysis of the FIFA Women's World Cup Canada 2015."

Ogushi, T., J. Ohashi, H. Nagahama, M. Isokawa, and S. Suzuki. 1993. "Work Intensity During Soccer Match-Play (A Case Study)." In Science and Football, edited by T. Reilly, J. Clarys, and A. Stibbe, 121-23. London: E. & F. N. Spon.

Owusu-Akyaw, K. A., S. Y. Kim, C. E. Spritzer, A. T. Collins, Z. A. Englander, G. M. Utturkar, W.

E. Garrett, and L. E. DeFrate. 2018. "Determination of the Position of the Knee at the Time of an Anterior Cruciate Ligament Rupture for Male VersusFemale Patients by an Analysis of Bone Bruises." Am J Sports Med 46(7): 1559-65.

Pedersen, A.V., Aksdal, I.M., Stalsberg, R. 2019. "Scaling Demands of Soccer According to Anthropometric and Physiological Sex Differences: A Fairer Comparison of Men's and Women's Soccer." Frontiers in Psychology 10:762.

Pfeifer, C. E., P. F. Beattie, R. S. Sacko, and A. Hand. 2018. "Risk Factors Associated With Non-Contact Anterior Cruciate Ligament Injury: A Systematic Review." Int J Sports Phys Ther 13(4): 575-87.

Reilly, T. 1997. "Energetics of High-Intensity Exercise (Soccer) With Particular Reference to Fatigue." J Sports Sci 15(3): 257-63.

Sawka, M. N., L. M. Burke, E. R. Eichner, R. J. Maughan, S. J. Montain, and N. S. Stachenfeld. 2007. "American College of Sports Medicine Position Stand. Exercise and Fluid Replacement." Med Sci Sports Exerc 39(2): 377-90.

Soligard, T., G. Myklebust, K. Steffan, I. Holme, H. Silvers, M. Bizzini, A. Junge, J. Dvorak, R. Bahr, T.E. Andersen. 2008. "Comprehensive Warm-Up Programme to Prevent Injuries in Young Female Footballers: Cluster Randomised Controlled Trial." BMJ 337: a2469.

Van Gool, D., D. Van Gerven, and J. Boutmans. 1988. "The Physiological Load Imposed on Soccer Players During Real Match-Play." In Science and Football, edited by T. Reilly, A. Lees, K. Davids, and W. Murphy, 51-59. London: E. & F. N. Spon.

动作索引

针对足球的全身训练

关于作者

唐纳德·T.柯肯德尔（Donald T. Kirkendall）在俄亥俄州立大学获得运动生理学博士学位，之后在威斯康星大学拉克罗斯分校和伊利诺伊州立大学教授人体解剖学、生理学和运动生理学。1995年，他加入了杜克大学医学中心的运动医学项目。后来，他加入了北卡罗来纳大学教堂山分校。他于2015年从杜克大学临床研究所退休。他的研究兴趣集中在运动医学和运动表现上，并专攻团队运动——尤其是足球。唐纳德·T.柯肯德尔是美国足球医学咨询委员会的成员，2004至2015年，他是国际足联医疗评估和研究中心（F-MARC）的成员。他经常在教练诊所、地方性和国家性的教练组织进行演讲，他在国际足联的所有6个地区性组织都做过演讲。

亚当·L.塞耶斯（Adam L. Sayers）博士是东田纳西州立大学运动训练与人体科学系的教员。他曾于2011至2019年在东田纳西州立大学担任女足主教练。2018年，他凭借自己带队获得的第80场胜利成为东田纳西州立大学历史上赢球次数最多的教练。

亚当·L.塞耶斯持有欧洲足球联合会A级教练证书和美国足球联合会A级教练证书，是美国青年女队的运动科学研究人员，与U18、U19和U20国家队合作。他也被美国国家体能协会认证为体能训练专家，曾在美国足球联合会教练教育项目和田纳西州足球联合会担任教练教育家。

亚当·L.塞耶斯于2006年在中田纳西州立大学获得运动人体科学博士学位。他在国家和地区会议上介绍了自己对足球运动员的各种生理方面的研究，包括美国运动医学会、美国国家体能协会国家运动专项训练会议。他曾向同行评审的科学期刊、教练期刊和网站投稿与足球相关的文章。

关于译者

　　李海鹏，国家体育总局体育科学研究所副研究员，中国体育科学学会体能训练分会副秘书长，美国佐治亚州立大学访问学者，中国足协精英青训教练员培训讲师；2011—2017年间任中国国家男子足球队、中国国奥男子足球队、U22中国国家男子足球队科研负责人，主要负责中国国家男子足球运动员的身体机能评定和体能训练；主要研究领域为运动训练理论与实践、足球专项体能训练；近年来主持研究部委级课题8项；在核心期刊发表论文10余篇；研究成果获中国体育科学学会科学技术奖二等奖。